Wolfram Elsner

China und der Westen

Wolfram Elsner

China und der Westen: Aufstiege und Abstiege

Vom alten Reich der Mitte zum gegenwärtigen Konflikt

PapyRossa Verlag

Luxemburger Str. 202, 50937 Köln
Tel.: +49 (0) 221 – 44 85 45
Fax: +49 (0) 221 – 44 43 05
E-Mail: mail@papyrossa.de
Internet: www.papyrossa.de

Umschlag: Verlag, unter Verwendung einer Grafik © by Alexan24, Dreamstime.com (#82379536) | Autorenfoto: privat
Druck: Interpress

Die Deutsche Nationalbibliothek verzeichnet diese Publikation in der Deutschen Nationalbibliografie; detaillierte bibliografische Daten sind im Internet über http://dnb.d-nb.de abrufbar

ISBN 978-3-89438-777-8

Inhalt

Vorwort 9

Einleitung 16
Langfristige Wachstumszyklen,
Auf- und Abstiege von Nationen und Staaten
Geo-struktureller Wandel und die erneute
Zeitenwende im 21. Jahrhundert

1. Langfristige kontinentale Aufstiegs-Abstiegs-Konstellationen 16

2. Aufstiege und Abstiege: Das alte China, europäischer Kolonialismus, US-Weltherrschaft und das neue China 26
Die Vorgeschichte: Multiple »Wiegen der Menschheit« – Ostafrika, Südostasien ... (26); Die Frühgeschichte: Die Herausbildung der chinesischen Hochkultur und des chinesischen Staates seit der Jungsteinzeit (32); Die zentralen Bewegungen: Ethnien, Wanderungen und multiethnische Reiche – und die Entstehung der Alten Seidenstraßen (38); 2.200 Jahre einheitlicher chinesischer Großstaat, 450 Jahre europäischer Kolonialismus, 75 Jahre US-Hegemonie – und Chinas Wiederaufstieg (51)

Teil I 56
Alte Normalität:
China über 2.000 Jahre lang ein Zentrum Eurasiens
Soziale, ökonomische, technologische, kulturelle und staatliche Besonderheiten – Größe, Niedergang und das Jahrhundert der Demütigung

1. Erfolgsfaktoren in Gesellschaft, Technologie, Ethik, Staat und internationalen Beziehungen 56
»Ethnien«, »Minderheiten« und »chinesische Nation« (57); Die chinesische Schrift als Stabilisator und Stifter nationaler Identität (58); Philosophisch-

politische Diskurse und Kämpfe (58); Wissenschafts- und Technikvorsprünge Chinas – ein Aufschlag (59); Das Beispiel Schiffbau und Navigation: Die großen See-Expeditionen (63); Kein Kolonialismus (64); Hintergrund 1: Keine Sklavenhaltergesellschaft und kein feudales Leibeigentum, ethischer (konfuzianischer) Beamtenstaat und die Rationalität der Wasserbewirtschaftung (65); Hintergrund 2: Selbständige Bauern als soziale Basis der chinesischen Geschichte (67); China als ein Zentrum der antiken, mittelalterlichen und neuzeitlichen Welt (69)

2. Naturkatastrophen, Rückzug und Machtverfall – Europas kolonialer Überfall, Verwüstung und Technologieklau 70

3. Das Jahrhundert der Demütigung 75

4. Wiederaufstieg und neues Geschichtsbewusstsein in China 80

5. Ausblick: Der »nicht-normale« Wiederaufstieg Chinas als Wiederherstellung der globalen historischen Normalität 85

Teil II
Wie gelang dem Westen der Aufstieg zur globalen Herrschaft? 90

1. Der Aufstieg Englands: »Bauernlegen«, »Freihandel« und koloniale Plünderung 91

2. Aufholprozess und Aufstieg Preußens: Militarismus und Erziehungsdiktatur, Schutzzölle und Industriepolitik gegen englischen »Freihandel« 96

3. Spätstart und wiederholte Aufholprozesse in Japan: Zwangsöffnung, Gottkaisertum, Rassismus und Militarismus – Technikimitation und moderne Industriepolitik 99

4. Die ostasiatischen »kleinen Tiger«: »Gesteuerte Demokratie« und Niedriglöhne, Technikimitation und Industriepolitik 108

5. Exkurs: Der Nachhol- und Aufstiegsprozess der Sowjetunion: Soziale Mobilisierung, Entwicklungsdiktatur und Ressourcenreichtum 111

6. Aufstieg der USA zur Weltherrschaft: Kontinentale Eroberung und Genozid, Wissensimport, Militarismus und Imperium 124

7. Quintessenz: Wie also gelangen Aufstiegsprozesse? 137

8. »Kicking away the ladder«: Reaktion des westlichen Hegemonialsystems auf weitere Aufsteiger 143

Die Leiter wegtreten… (143); »Bad Samaritans« (145); Gescheiterte Aufholprozesse: Kaum noch Aufstiege unter dem neoliberalen Hegemon (147); Zwangsgeöffnete und abhängige Länder: Nationale Oligarchien, Desinvestition und »Middle-Income Traps« (148); Erneute Aufbrüche: China und neue Konstellationen (152)

Teil III 154

Neue alte historische Normalität: Der Wiederaufstieg Chinas zur Nummer eins – Warum und wie?

1. Der Wiederaufstieg ist alles andere als selbstverständlich: Nationale Kräftemobilisierung und Stabilisierung 154

»Kaltstart« aus dem Nichts, Abhängigkeit vom Westen und die großen Krisen (154); Die Kraft des geschichtlichen Erbes und die Kraft von Multikulti (157); Reform und Öffnung, 30 Jahre »Wilder Osten«, riskanter Aufstieg – und die gelungene Stabilisierung (159); Die Neue Normalität aufhalten? Immer höhere Kampfkosten für den Westen (160); China kann Marktwirtschaft: Ein »Developmental and Entrepreneurial State« in sozialistischer Perspektive (163)

2. China im Kreis der »Marktwirtschaften« 167

3. Marktpolitik im neoliberalen Finanzkapitalismus und in der Sozialismus-Perspektive Chinas 170

Was sind, wie funktionieren und wie degenerieren »Märkte«? (170); Märkte als Hilfsinstrumente zur Lösung ökonomischer und gesellschaftlicher Probleme (174); Gestaltung von Rahmenbedingungen für effektivere und agilere

Märkte – Märkte in der chinesischen Mobilisierungs-Planung (179); Beispiel: Märkte und Marktpolitik unter »Corona« (184)

4. Wie China mit regulierter Marktwirtschaft seine Produktivkräfte entwickelt: Chinas regulierte UND agile Märkte 185
The long and winding road... (185); Experimentieren und Lernen in China (185); Glaubwürdigkeit und Vertrauen, Moral und Verhaltensweisen, Korruptionsbeseitigung und Sozialkredit (187); Chinas diverse instrumentelle Marktwirtschaft (190); Auslaufmodell »Neoliberalismus«, Experimentierfeld China... (192); Aufstieg und Abstieg: Beißreflexe, Neo-Hegemonie und Militärisch-Industriell-Medial-Akademischer Komplex ... oder ein vernünftiger Systemwettbewerb? (194)

5. Vom armen Entwicklungsland zu »bescheidenem Wohlstand« – Und mit »mittlerem« Pro-Kopf-Einkommen zur Nummer eins »gehebelt« 198
Wirtschaftlicher Aufstieg (198); Noch Schwellenland und schon »systemischer Rivale«? (203); »Inkommensurabilität«: Überholen ohne einzuholen (205)

6. Ausblick 206
»Der friedliche Aufstieg der VR China« (206); »Warum China weiter aufsteigen wird« (209); Die »Große Divergenz« (214)

Eine Bilanz 219
Der Weg zur Aufstiegs-Abstiegs-Konstellation des 21. Jahrhunderts – Und wie weiter?
Aufstieg 1: Von Chinas Frühgeschichte bis zur Neuzeit – Die alte historische Normalität (219); Aufstieg 2: Europäer und Angelsachsen etablieren eine Weltherrschaft (222); Aufstiegsverhinderung: »Kicking away the ladder« (224); Wiederaufstieg: Das endgültige Ende des Jahrhunderts der Demütigung (225); Der leise, aber unaufhaltsame Wiederaufstieg Chinas und Südostasiens (227); Die Aufstiegs-Abstiegs-Konstellation des 21. Jahrhunderts (228); Wie weiter? Aussichten auf unser Jahrzehnt... (234)

Anmerkungen/Endnoten 242

Ausgewählte Literatur 264

Vorwort

Es sollte eine einzige Monografie über die jüngsten Entwicklungen in China werden. Aber so einfach ist das mit China nicht: Es passiert zu viel Wichtiges, in zu kurzer Zeit. »China-Experimentalism« und »China-Speed« sind ja schon legendär in der Literatur über das neue China. Und vieles Neue ist zu atemberaubend und im schlecht- und fehlinformierten »Westen« oft schlicht zu unbekannt, und daher geradezu undenkbar und unter Denk-Verdacht gestellt, als dass man es bei einer einzigen Dokumentation belassen könnte.

Der ersten Dokumentation – und als solche ist mein erstes China-Buch (Das chinesische Jahrhundert. Die neue Nummer eins ist anders, Frankfurt/M.: Westend, 2020) auch überwiegend aufgenommen worden – wurde bescheinigt, eines der quellenmäßig am besten belegten China Bücher zu sein. Freilich wurde das Buch von der Mainstream-Presse, den Öffentlich-Rechtlichen und den Mainstream-Blogs und -Pressediensten – angesichts der Angst der Herrschenden und daher der engen ideologischen Leitplanken im heutigen absteigenden Deutschland kaum verwunderlich – weitgehend ignoriert und nicht rezensiert. Es »läuft« jedoch überraschend gut und hält mich seit zwei Jahren auf Trab. Vorträge landauf, landab, Online-Vorträge und Webinare, Interviews, bei einem breiten gesellschaftlichen Spektrum von lokalen Initiativen bis zu »Bankern«, meist im Inland, aber inzwischen auch international.

Das Gute daran: Man braucht heute die klassischen Formate nicht mehr, das Zeitungsfeuilleton, die öffentlich-rechtlichen Kulturprogramme der Regionalsender oder die Kanalisierung durch die Presseagenturen, um auf Tausende von Lesern und Hörern, von Aufrufen, »Klicks« und Downloads zu kommen. Selbst wo »unter Corona« physische Präsenz wieder möglich ist und man unter »2G« oder »3G« wieder Säle füllen kann, können mit Zoom & Co oft noch einmal so viele Zuschauer online zugeschaltet werden. Und wenn dann noch aufgenommen und die Dokumentation online gestellt wird, ist man nach jeder Veranstaltung schnell im Tausender-Bereich von »Klicks«. Vortragender und Veranstalter freuen sich gleichermaßen über das Vielfache an Wahrnehmung im Vergleich zu früheren rein analogen Zeiten. Es ergeht trotzdem *kein* Dank an »Corona«.

Zu alledem beigetragen hat dann nicht weniger auch das zweite Buch (Die Zeitenwende. China, USA und Europa »nach Corona«, Köln: PapyRossa 2021), ich bleibe bei »Dokumentation«, denn wiederum mehr und besser belegt als es übliche »mainstreamige« China-Basher-Bücher glauben leisten zu müssen – deren Autor*innen ja eh sagen, was alle »wissen«, da »es ja alle sagen«. Ein inzwischen internationales Experiment des Selbstbetrugs des Westens. Allerdings sollte allein schon ihre ständige Konjunktivsprache (»Es könnten sich bis zu einer Million Uiguren in Internierungslagern …«) und indirekte Passivsprache (»China wird vorgeworfen, dass …«) stutzig machen.

Eine zweifelhafte »Entschuldigung« erfährt man als recherchierender Autor übrigens neuerdings durch die von westlichen Geheimdiensten lancierte und gesprachregelte Formel: Viele westliche Intellektuelle wüssten gar nicht, dass sie bei ihren positiven Aussagen über China von der KP Chinas missbraucht würden.[1] Zweifelhaft, weil das »Kompliment« an die (mangelnde) eigene selbständige Urteilsfähigkeit in Wirklichkeit ein infamer Rufmord ist, infam, weil er zudem tautologisch ist, gegen den man sich also schon rein logisch nicht wehren kann: »Du bist missbraucht, aber du bist auch noch so blöde, dass du es noch nicht einmal merkst.« Danke für das Kompliment an meine kritische Urteilsfähigkeit – nach 45 Jahren beruflicher kritischer akademischer Quellenarbeit.

Solche dumm-gefährlichen Leute, die sich missbrauchen lassen, ohne es zu merken, muss man dann am Ende ja bekanntlich vor sich selbst schützen. Die staatliche »Schutzhaft« haben wir noch nicht offiziell wieder zurück, das müssen vorerst Mark Zuckerberg & Co für die Regierungen exekutieren, aber die privatkapitalistische Abschalt-Zensur gegen chinafreundliche Fakten existiert und lungert schon um jeden von uns nicht linientreuen, dissidenten Autoren herum.

In den USA ist die Hexenjagd gegen chinesische und mit China kooperierende einheimische Wissenschaftler an den US-Universitäten bereits in vollem Gange. Wissenschafts-De-Coupling als Ideologiekrieg. Nun gut, Wissenschaftsaustausch und -kooperation mit China wird in den USA nun eben erstickt, und lähmt Wissenschaft und Wissenschaftler. Angst und innere Emigration greifen wieder um sich. Jeder schießt sich ebenso gut ins Knie wie er kann.

Und auch hier geht es los. Als erstes und leichtestes Opfer hat man sich den chinesisch-deutschen Kultur-, Sprachen- und Wissenschaftsaustausch herausgepickt, dort unsere Goethe-Institute, hier die chinesischen Konfuzius-Institute. Während die ersten den Halbgebildeten in den früheren Kolonien »demokratische Werte« näherbringen, sind letztere ja ganz offenbar, definitionsgemäß sozusagen, Propaganda- und Spionagezentren.[2] Ich habe seit vielen Jahren mit Konfuzius-Instituten zusammengearbeitet, bin dabei selbstredend ständig ausspioniert worden (wohlgemerkt: von China), und infamer Weise haben die chinesischen Kommunisten dafür gesorgt, dass ich mit etlichen der Dozent*innen, die wir zur Lehre herübergeholt haben, heute als guten Kolleg*innen zusammen publiziere. Das darf natürlich nicht so bleiben. Also Wissenschafts- und Kulturaustausch »entkoppeln«, beenden, abwürgen. Aktionsradius schaffen für die geplanten hybriden Kriege gegen China.

Doch damit nicht genug: Wieder war das Manuskript zu lang, wieder mussten Teile abgetrennt und dann selbständig weiterentwickelt werden. Meine ursprüngliche Idee, in das eine Manuskript auch einen historischen Grundlagenteil und auch einen tagesaktuellen Teil über Aufstiege und Abstiege einzubauen, war zu viel auch für das zweite Buch, wurde wieder abgetrennt und nun zu einem weiteren, dem dritten China-Buch. Ein solcher »Grundlagenteil« bedeutet ja auch, innerlich einen Schritt zurückzugehen und zu erforschen, wo vieles Heutige seine Wurzeln hat, wie viel Aktuelles bei historischer Rückschau besser verständlich wird ... meine persönliche historische Grundlagenforschung als Nichthistoriker sozusagen.

Ich wollte dabei nicht nur die außergewöhnliche chinesische, südostasiatische und eurasische Geschichte, die bei uns »Europazentrierten« erfahrungsgemäß fast unbekannt ist, dann aber auch so viele Aha-Effekte auslöst, mir selbst und »uns Wessis«, die wir unter jener medialen Käseglocke sitzen, deutlich machen. Ich wollte deutlich machen, dass die Geschichte eine solche von Aufstiegen und Abstiegen und von Aufstiegs-Abstiegs-Konstellationen ist und dass das, was wir zurzeit als greifbares aktuelles Geschehen erleben (und realistisch wahrnehmen können, wenn wir wollen), zugleich historische Normalität, eine Rückkehr zu einer alten historischen Normalität in den globalen Strukturen ist.

Deshalb liegt nun Buch drei vor: Hier ist es. Und es wäre so schön gewesen, wäre es nun eine Trilogie geblieben. Aller guten Dinge sind drei! Oder etwa doch vier? Es wird nun tatsächlich eine Quadrologie oder, wer es griechisch möchte statt lateinisch: eine Tetralogie. Das Manuskript war wieder zu lang, weil es bis an den aktuellen Rand des Jahres 2021 beschreiben, dokumentieren, analysieren, einordnen, urteilen, bewerten und vorhersagen wollte. Aber allein dieser »aktuelle Rand« erwies sich wieder als zu ereignis- und umfangreich, um mit dem hier vorliegenden geschichtlichen Teil in einen »Topf« (in ein verkaufbares Buch) zu passen. Also wurde wieder abgetrennt.

Im vorliegenden Buch nähern wir uns der Gegenwart etwa bis zum ersten offensichtlichen Wendepunkt der Aufstiegs-Abstiegs-Konstellation des 21. Jahrhunderts, dem Punkt des unabweisbaren Wiederaufstiegs Chinas zur »Neuen Normalität«, und des unabweisbaren Niedergangs des alten Hegemons. Und dies war um die Große Finanzkrise der Jahre 2007/08 ff. herum. Was in den 15 Jahren seitdem in der Welt und ihren globalen Strukturen passiert ist, in China und in den USA, bleibt künftiger Analyse und Dokumentation vorbehalten.

Und tatsächlich erst seit den 2010er Jahren ging es daraufhin um eine offene und bewusst und ausgesprochen ausgetragene Konfliktkonstellation des bisherigen Hegemons gegen den Wiederaufsteiger. Eine neue Phase begann in Washington mit Obamas »Buy American Act«, aus der Zeit danach glauben wir fast alles zu wissen über die vier Jahre Trump, aber wir wissen nicht wirklich viel darüber, was die Trump-Ära bewirkt hat, vor allem an Schädlichem für die USA.

Inzwischen wird die Aggressivität der Absteiger in Washington und seinen NATO-Followern in Brüssel, Osteuropa, Tokio, Neu Delhi, Ottawa oder Canberra vorangetrieben, von abenteuerlichen geheimdienstlichen Fälschungen bis hin zu permanenten militärischen Drohmanövern vor Chinas Küsten. Und militärische Mittel gegen China (und Russland) sind hoffähig, alltäglich und permanent gemacht worden, alle denkbaren ideologischen und massenmedialen Mittel sowieso. Der Kalte Krieg 2.0 ist nun schon seit Jahren in vollem Gange. Die militärischen Manöver vor Chinas Küsten finden praktisch ganzjährig statt.

Die Infragestellung und Bekämpfung der nationalen Einheit und territorialen Unversehrtheit Chinas, beendet mit den bilateralen Verträgen zwischen Washington und Beijing zur Anerkennung des einen China und mit der UN-Resolution Nr. 2758 vom Oktober 1971 zur Vertretung des *einen* China durch die Volksrepublik, wird nun anhand der Taiwan-Frage wieder eskaliert. Endlich glaubt man einen Hebel gefunden zu haben, den Aufsteiger, der bisher nicht aufzuhalten war und der nach jedwedem Vergleich von Zukunftsfaktoren vom Niedergangs-System auch nicht mehr aufgehalten werden kann, zu provozieren, bis hin zum heiß begehrten Kriegsanlass. Chinesische Konfuzius-Institute sollen durch Kulturinstitute der taiwanesischen Regierung ersetzt werden, und man pokert im Westen neuerdings wieder hoch mit dem diplomatischen Status von Vertretungen in und durch Taiwan. Die UN-Resolution Nr. 2758 aufzuheben, hätte in der UN-Vollversammlung eine Riesenmehrheit gegen sich. Das weiß jeder. Also muss man unterhalb dieser Schwelle provozieren, so gut es geht.

Was uns das zeigt, was es bewirkt, wo wir stehen in diesen beunruhigenden Zeiten, über die wir täglich zehnmal zehn verschiedene Meinungen und Gegenmeinungen hören ... das muss nun also Gegenstand eines vierten Buches werden, das den Zeitraum von etwa 2010 bis an den tagesaktuellen Rand erklärt. Es wird bereits vorbereitet.

Robert Heilbroner, ein berühmter New Yorker Ökonom und »Millionseller«, hatte in den 1950ern einen Doktoranden, Adolph Lowe, deutscher Exilökonom und später selbst ziemlich berühmt. Der legte Heilbroner einen Entwurf seiner Doktorarbeit vor und erhielt nach Wochen die Antwort: »This you cannot do!« Also überarbeiten! Lowe legte wieder Wochen später einen überarbeiteten Promotionsvorschlag vor. Und erhielt die Antwort: »This you must do!« Also: Ein einziges Büchlein über China, und wie es heute die Welt (zum Besseren!) verändert, schreiben? »This you cannot do!« Vier Bücher über China, und wie es die Welt verändert, schreiben? »This you must do!« Ich musste es tun.

Wer gegen die mediale Einheits- (und Einheiz-)Maschine argumentieren will, kann es sich nicht so leicht machen wie Dutzende »bestselling« Chinabücher aus dem Mainstream (wie zum Beispiel eine grottenschlechte, dennoch zum Bestseller gehypte aktuelle Xi-Biografie, die sich auf dem Sachstand eines China der frühen 2000er Jahre bewegt). Unser Prinzip kann natürlich nicht sein: Das weiß doch jeder, das steht doch überall, also ist es richtig, also plappern wir es nach. Und setzen möglichst noch einen drauf, sozusagen ein »Alleinstellungsmerkmal«, weil's angesagt ist und »ankommt« bei den Medien, ohne uns die Mühe zu machen, selber nachzuforschen. Da zitieren wir doch lieber zum hundertsten Mal den Scharlatan und Statistiken-Verdreher A. Zenz (»von Gott geleitet«, aber vom CIA über die Jamestown Foundation bezahlt), der unter anderem Google-Earth-Bilder verschiedenster Gebäudekomplexe als »chinesische KZs« verkauft und antichinesisch aufgepeitschten Parlamentariern Zahlen präsentiert, nach denen, bei genauem Nachrechnen, jede uigurische Frau täglich 4 bis 8 Spiralen eingesetzt bekommen hätte. Da wird aus einem Bevölkerungswachstum der Uiguren um über 16% (2010-2020), bei 3,4 Kindern pro Frau im Durchschnitt der Uigurinnen, in Washington, Brüssel, Straßburg und einigen in Berlin mal eben »Völkermord«.[3]

Wer also belastbaren Grund in das vorherrschende Gewusel bringen will steht, anders als sich der »Mainstream« fühlt, also in der Bringschuld für die Leserinnen und Leser. Schon zu den ersten beiden Büchern hatten Leser*innen und Rezensent*innen die besondere Dokumentenunterlegung hervorgehoben, und so geht es auch hier weiter: Wer eine Aussage des Buches fundiert nach-erforschen will, findet meist mehr als nur einen dokumentarischen Beleg.

Nur mit dieser »Dokumentationsmethode« können wir auch gegen die Maschine des Untergangs wirken, die darauf zielt oder zumindest damit spielt, beim eigenen Abtritt von der circa 500 Jahre alten, schönen, warmen und komfortablen kolonialen und imperialen Weltbeherrschung so vieles und so viele wie möglich mitzureißen und die Schäden an Welt und Menschheit, an Umwelt und Sozialvertrauen der Menschen, noch mal schnell zu maximieren. Hier halten wir dagegen.

Die üblichen Verdächtigen haben mir geholfen. Die schon früher erwähnten »Probeleser«, Nachbarn und Bekannten, zum Teil alte China-Kenner, zum Teil inzwischen »China-Engagierte«, haben wieder Tipps und Hinweise gegeben. Natürlich erwähnt man als Autor stets auch gern und generös die Ehefrau. Das wage ich kaum, denn es ist nicht in Worte zu fassen, was diese in meinem Fall mit trägt. Der Dank ist zu tief für die üblichen »großen Worte«.

Ich wünsche produktives Lesen und weiter so viele und spannende Diskussionen mit den Leser*innen wie bisher. Kommentare und Hinweise, neudeutsch: Feedback, ist wie immer erwünscht.

Wolfram Elsner
Bremen, im Frühjahr 2022

Einleitung

Langfristige Wachstumszyklen, Auf- und Abstiege von Nationen und Staaten

Geo-struktureller Wandel und die erneute Zeitenwende im 21. Jahrhundert

1. Langfristige kontinentale Aufstiegs-Abstiegs-Konstellationen

Geschichtsschreibung und Anthropologie, aber auch die neuere globalgeschichtliche »Welt-System-Theorie« haben die langfristigen großräumigen, meist kontinentalen Auf- und Abstiegsprozesse, die auf- und abgestiegenen Kulturen, Ethnien, Stämme, Länder, Nationen, Staaten, Dynastien und Imperien sowie die Konfliktmuster zwischen Absteigern und Aufsteigern inzwischen recht genau rekonstruieren können.

Auf der großräumigsten (kontinentalen) Ebene reden wir dabei typischerweise über sehr langfristige, sich jeweils über Jahrhunderte erstreckende Konstellationen von

- physikalischen, also geografischen und klimatischen Gegebenheiten,
- Ethnien, ihren jeweiligen Bevölkerungsgrößen und -dichten sowie ihren
- Raum- und Siedlungsstrukturen (insbesondere auch ihren Zentren und Städten), ihren
- Gesellschaftsstrukturen (Eigentumsverhältnissen, Klassen, Schichten, Reichtums- und Macht-Verteilungen, sozialen Über- und Unterordnungen, Geschlechterverhältnissen, Teil-Ethnien …),

- Wirtschaftsformen und Wirtschaftsstrukturen (Produktionsweisen, relative Größe und Bedeutung von Landwirtschaft, handwerklicher und Manufakturproduktion, Handel und Transport, von Geld- und Kreditwesen, relative Größe der Staatshaushalte ...), ihren
- sozialen Verhaltensweisen und ihrem Alltagsbewusstsein, also ihren meist informellen »sozialen Institutionen« (ihren sanktionsbewehrten informellen Verhaltensregeln und ihren formellen Verhaltensnormen), also ihrer »Kultur«, ihrer Ethik und ihren Weltbildern, Glaubenssystemen und so weiter, ihren
- Technologien, nicht zuletzt auch Militärtechnologien sowie ihren
- politischen Macht- und Gewaltstrukturen (politische Führungsstrukturen, Formen staatlicher Administration, Bedeutung des Militärs und so weiter).

Solche »Konstellationen« sind typischerweise systemisch in dem Sinne, dass sie nicht beliebig kombinierbar sind, sondern oft nur in engen Grenzen von speziellen, aufeinander bezogenen Ausprägungen dieser Faktoren, also mit manchmal recht geringen Variationsmöglichkeiten zwischen ihnen. Die entsprechenden Faktorenausprägungen beeinflussen sich dann über längere Phasen wechselseitig mit positiven Rückkopplungen und Wechselwirkungen (was keineswegs immer »positiv« zu bewerten sein muss).

So war es zum Beispiel kein Zufall, dass die ersten Städte oder das Geldwesen nicht in Germanien oder Europa entstanden, sondern in Mesopotamien, Vorder- und Kleinasien und Ägypten sowie in Südasien und Südostasien* (China, Indien), und zwar schon in der Jungsteinzeit, vor 7.000-8.000 Jahren.

---

* Die Begriffe »Ostasien« und »Südostasien« sind nicht klar definiert, obwohl es in den Asienwissenschaften klare länderbezogene Zuordnungen gibt. Darin ist China beispielsweise »Ostasien« zugeordnet, nicht jedoch auch »Südostasien«. Wir verwenden in diesem Buch in der Regel den Begriff »Südostasien«, jedoch vage im Sinne von »China plus heutige ASEAN-Staaten plus einige mehr«, und vermeiden den Begriff »Ostasien«. Das alte Reich der Mitte lokalisieren wir in unseren historischen Darlegungen als »Zentrum im Osten Eurasiens«. Für unsere Zwecke ist die etwas unscharfe begriffliche Fassung ausreichend.

Die Tatsache zum Beispiel, dass in der Geschichte Chinas die Bauern praktisch niemals Sklaven oder Leibeigene, also niemals »Dinge«, sondern stets Menschen waren, wenngleich mal mehr, mal weniger ausgebeutet, und die Konfuzianische Alltagsphilosophie großen Wert auf Vorstellungen vom »Ganzen«, von sozialem Ausgleich und sozialer Harmonie legte, dürfte nicht zufällig dazu geführt haben, dass die chinesische Geschichte relativ stark von Bauernaufständen beeinflusst wurde und etwa eine Bauernrevolution im Jahre 1368 für fast dreihundert Jahre eine »Bauerndynastie«, die *Ming*-Dynastie (bis 1644), hervorbrachte. Die Bauern waren anscheinend also im Zweifel als Klasse stark und organisationsfähig genug, um im Notfall auch einmal sehr effektiv für ihre Interessen zu kämpfen. Die europäische Bauernschaft hat Ähnliches historisch nie schaffen können. Möglicherweise auch deshalb hat China in seiner Phase internationaler Aktivitäten mit seinen riesigen Drachenflotten, die bis nach Arabien und Afrika fuhren, nie Vernichtungskriege geführt. Auch dürfte die frühe Entwicklung großräumiger Bewässerungssysteme (»Hydraulik«), durch die eine relativ große Bevölkerung aus einer relativ kleinen bebaubaren Landfläche heraus ernährt werden konnte, zu einem frühen Kollektivbewusstsein, einer Kooperationskultur, zu frühen Technologiefortschritten, einem frühen Großstaat und eben auch der Konfuzianischen Gesellschafts- und Staatsphilosophie beigetragen haben.

China war in der Tat potenziell stets verletzlich und krisenanfällig in Bezug auf natürliche Umweltveränderungen, insofern als es stets einen vergleichsweise hohen Weltbevölkerungsanteil, bis zu 20 Prozent, mit gut 8 Prozent des bebaubaren Landes der Erde ernähren musste.[4] 20:8, eine Relation, die fast zehnmal größer ist als die der USA. Hungersnöte aufgrund von Umweltkrisen waren daher in der chinesischen Geschichte deutlich präsent, aber dann auch, aufgrund hochentwickelter staatlicher Organisationsfähigkeit, ein außerordentliches Bevölkerungswachstum, vor allem seit dem späten Mittelalter. Die Aufgabe konnte aber stets nur bewältigt werden durch einen breiten Zugang der Bauern zu Land, woraus wiederum jene große Rolle der selbständigen Bauern in Chinas Geschichte resultierte.[5] Und die Anbautechnik und Zucht von Reis war bis in die jüngste Zeit Chinas eine prioritäre Aufgabe.[6] Zu alledem mehr weiter unten.

Als sich allmählich entwickelnde und sich über lange Perioden selbstverstärkende Konstellationen von aufeinander bezogenen und miteinander korrelierten Ausprägungen der oben genannten Faktoren zeichnen solche Konfigurationen dann eben auch für langfristige kontinentale Auf- und Abstiege verantwortlich.[7]

Der Historiker Paul Kennedy zum Beispiel hat anhand von Auf- und Abstiegen hegemonialer Mächte im Zeitraum von 1500 bis 2000 u. Z. plausibel dargelegt, dass typische Faktorkonstellationen in Ökonomie und Militär zunächst längere Zeit synergetisch aufeinander wirken und die Hegemonie stärken und verstetigen, dass aber mit der Hegemonie immanent auch die Sicherungskosten derselben wachsen, jeder Hegemon sich dadurch irgendwann »überdehnt«, erschöpft und schließlich absteigen muss.[8]

In den letzten zwei bis drei Jahrzehnten ist das Thema »Aufstieg«, »Abstieg« oder auch »Versagen« von Nationen in der Literatur bedeutsamer geworden.[9] Anlass und Hintergrund ist implizit oder explizit die Wahrnehmung von Erscheinungen des Niedergangs des Nachkriegs-Imperiums USA[10] beziehungsweise der neuen historischen Aufstiegs-Abstiegs-Konstellation China – USA. Der vielzitierte US-Ökonom Daron Acemoglu zum Beispiel führt das »Versagen« von Nationen auf »inklusive« oder »exklusive« (»extraktive« oder ausbeuterische) gesellschaftliche Institutionen zurück.[11]

Bemerkenswerterweise sieht er die USA als ein Land mit inklusiven Institutionen, das die Teilnahme der großen Masse der Menschen erlaube und ermuntere. Inklusive, die Menschen einbeziehende Institutionen sind für ihn individuelle Eigentumsrechte und die »Freiheit«, Verträge abzuschließen.[12] Altes neoklassisch-neoliberales »Markt«-Denken also. Wer die USA als Hort des Wohlstandes sieht, gibt natürlich Chinas »ausbeuterischen« Institutionen keine Zukunft. So von Acemoglu vorhergesagt im Jahre 2012: für die USA eine brillante Zukunft, für China ein Ende des Wachstums.[13] Bisher beides grandiose Fehlprognosen. So brillant können bekannte Mainstream-Ökonomen scheitern. Der Mann ist ein heißer Kandidat für den Ökonomie »Nobel«-Preis der Bank von Schweden.

Der bekannte Biologe, Anthropologe und Geograph Jared Diamond hat die Menschheitsgeschichte auf die Ursachen von Kollaps-Situationen hin untersucht und kommt zu ganz anderen Ergebnissen für die heutige Situation. Hier ist es der Umgang der Kulturen mit ihrer natürlichen Umwelt, ihren ökologischen Gemeinschaftsgütern (»Commons«), der die meisten Kollapse verursacht hat, also das Vorhandensein oder Nichtvorhandensein einer kollektiven Rationalität, über das Heute hinaus zu planen und entsprechend zu handeln.[14] Und gerade hier sieht er China mit seinen umfassenden ökologischen Programmen bei Agrarwirtschaft, Konsum, Industrieproduktion, Technologie, Naturschutz oder Wiederaufforstung als Hoffnungsträger der Zukunft.[15] Wir kommen auch darauf zurück.

Wir schauen in diesem Buch auch auf weitere Ansätze von Aufstieg und Abstieg, etwa Ansätze organisatorischen Kollapses von Imperien und ihren formalen hierarchischen Organisationen (etwa des Militärs) sowie des Kollapses von informellen gesellschaftlichen Verhaltensregeln (informellen Institutionen).[16]

Wir nutzen schließlich auch neuartige Sichtweisen von Aufstieg und künftiger Wohlstandsschaffung, insbesondere Komplexitäts- und Systemperspektiven.[17] Nach dem berühmten Management-Ökonomen Eric Beinhocker,[18] früherer Leiter des internationalen Forschungsinstituts von McKinsey, spielen hier viele kritische Faktoren, Prozesse und Dynamiken eine Rolle, die politisch und institutionell, also systemisch eingebettet, gesteuert und reguliert werden müssen. Wir werden Hinweise geben, wie China die Komplexität moderner Systeme bewältigt, was umgekehrt kapitalistische Marktwirtschaften, insbesondere neoliberale, finanzialisierte, plutokratische und oligarchische eben nicht mehr leisten können.

Für Beinhocker hat China mit seiner konfuzianischen Tradition den Vorteil hohen allgemeinen Vertrauens[19] und damit angemessener, hinreichend flexibler und innovativer Komplexitätsreduktion, während die USA das »Sozialkapital« (kooperative soziale Institutionen und soziales Vertrauen) verbrauchen. Ungleichheit und Verarmungsprozesse verschärfen die Lage,[20] verbrauchen Sozialkapital und ziehen das US-System wiederholt in Richtung negativer »Fixpunkte« (auch »Attraktoren« genannt), also wiederholter Krisen. Jüngste Entwicklungen scheinen ihm in dramatischer Weise recht zu geben.

Auch Ray Dalio, Gründer und Leiter von Bridgewater, einem der größten Hedgefonds der Welt, hat über die Jahre erstaunliche Einsichten entwickelt über die Faktorkonstellationen, die den Westen heute absteigen und China zur Nummer eins aufsteigen lassen.[21] Dalio hat sich nicht nur zum profilierten Kritiker des US-Kapitalismus entwickelt, er erkennt auch in Chinas langer Kulturgeschichte dessen kulturellen »Gencode«. In China wird langfristig und strategisch gedacht, und das Land hat nie Vernichtungskriege geführt, wofür man die Gründe aus objektiven Faktoren ihres Landes, ihrer Gesellschaft und ihrer Geschichte erschließen könne. China habe es heute geschafft, die wesentlichen Ziele des Umweltschutzes und des Wohlstands auch für entlegene Gebiete zu erreichen.

Auch Paul Kennedy hatte bereits Ende der 1980er Jahre die Überdehnung, Erschöpfung und den Abstieg der USA diagnostiziert und vorausgesagt.[22]

Wir werden, was China betrifft, etwas tiefer in die Geschichte einsteigen. Und wir werden bis in die Gegenwartsentwicklungen gehen und anhand von Gegenwartsliteratur deutlich machen, dass China heute die welthistorische Möglichkeit bietet, dass nicht mehr einfach nur ein Hegemon vom nächsten abgelöst wird.

Gelangen wir also möglicherweise noch im 21. Jahrhundert, wenn die Natur dieser Erde uns noch die Zeit dazu lässt, raus aus den primitiven Automatismen der bisherigen Geschichte, der ständigen Ablösung von Hegemonen durch neue Hegemonen, und raus aus den Thukydides-Fallen des zirkulären Misstrauens und der aus Misstrauen resultierenden Kriege zwischen den Ab- und den Aufsteigern?

Bestimmte Konstellationen kontinentaler Systeme, etwa die Sesshaftwerdung (mit Entwicklung von Nutzpflanzen und Nutztieren) der früheren Sammler und Jäger und die erste agrarische Revolution der aktiven Pflanzenzucht und Viehzucht, später die Entstehung städtischer Strukturen, kommerzieller (Handels-) und dann auch industrieller Zivilisationen, von Geldwesen oder Flächenstaaten, sind oft auch parallel in mehreren Großregionen der Welt entstanden, haben aber durchaus auch »asynchrone« Verläufe genommen.[23]

Wir können bereits sehen, dass ähnliche zivilisatorische Ergebnisse durchaus unter einem breiteren Spektrum von Faktorausprägungen einer Konstellation entstehen können. Identische Ergebnisse setzten nicht eine identische Bedingungskonstellation voraus. Und identische Bedingungskonstellationen müssen umgekehrt nicht identische Ergebnisse hervorbringen. Komplexe Systeme sind insofern »unscharf« und an bestimmten Punkten auch nicht eindeutig prognostizierbar.

Es sind jedenfalls nicht nur einzelne Faktoren, etwa die vielzitierte »protestantische Ethik«, die nach Max Weber zum Beispiel den kontinentaleuropäischen und angelsächsischen Kapitalismus erfolgreich gemacht hat, obwohl ein gewisser wechselseitiger Zusammenhang zwischen entstehendem Kapitalismus und protestantischem Christentum, ebenso wie zuvor etwa zwischen dem Niedergang des Römischen Reiches und dem Aufstieg einer disziplinierenden, stabilisierenden und einigenden neuen monotheistischen Religion (Christentum), offensichtlich war. (Wir werden ja den Aufstieg des kolonialen Europa noch betrachten.) Und schon gar nicht sind es subjektiv-willkürliche »Faktoren« sogenannter »Volkscharaktere« (»Fleiß« – »Faulheit«) oder ähnliche simplifizierende und reduktionistische Alltags-Stereotypen (mit denen man uns gerne die Welt den Denk- und Handlungsformaten kommerzieller Medien und kurzatmiger Politik entsprechend möglichst einfach »erklären« will), die die verschiedenen großräumigen und längerfristigen Auf- und Abstiegs-Muster der letzten circa 10.000 Jahre Menschheitsgeschichte seit der Sesshaftwerdung aufgrund der »Agrarrevolution«, mit entsprechender Entstehung von Siedlungen, dann Städten, Staatsgebilden und schließlich Imperien, erklären könnten.

In jüngster Zeit, seit Mitte des 20. Jahrhunderts, hat vor allem das sogenannte ostasiatische Entwicklungsmodell, und dann natürlich das systemisch noch »etwas andere« chinesische Modell erfolgreicher Entwicklung, mit seiner vergleichsweise starken sozialen Mobilisierung, Kollektivorientierung sowie kollektiven und staatlichen Handlungsfähigkeit vieles relativiert, was zum Beispiel europazentrierte (Mainstream-)Ökonomik, Politikwissenschaft oder Soziologie über angeblich klare, eindimensionale und einfach imitierbare Bedingungen für Aufstieg und Erfolg des Kapitalismus (der »Marktwirtschaft«) an Theorien aufgestellt hat.[24] Der Aufstieg der Volksrepublik China, bis zum heutigen Tage, hätte danach »normalerweise« nämlich gar nicht stattfinden können und hätte »typischerweise« spätestens mit dem Beginn des monopolaren Globalisierungsregimes unter der einzigen Macht der Weltgeschichte, die je einen Alleinherrschaftsanspruch erhoben (und zeitweise durchgesetzt) hat, dem US-Empire,[25] gestoppt werden müssen. »Normalerweise« hätte die VR China unter neoliberaler globaler Dominanz kollabieren und sich zu einer »Marktwirtschaft« westlichen Zuschnitts transformieren müssen.

Die USA haben sich in der Hochzeit ihres totalen Machtanspruchs, in den 1990er Jahren, übrigens selbst als Imperium beschrieben, das sich die Welt erschafft und die Geschichte schreibt, wie es ihm gefällt:

> »Wir sind jetzt ein Imperium. Und wenn wir handeln, dann erschaffen wir unsere eigene Realität. Und während ihr diese Realität studiert – so akribisch ihr wollt – dann handeln wir erneut und erschaffen eine neue Realität, die ihr auch wieder studieren könnt. Und so funktioniert es. Wir sind die Handelnden der Geschichte [...] und euch, euch allen, bleibt nur das Studium dessen was wir tun.«[26]

Die versuchten Aufstiege fast aller anderen ärmeren Länder, vor allem jener außerhalb Südostasiens, also Afrikas, Lateinamerikas, Südasiens, aber auch des Nahen Ostens und später Osteuropas, gelangen unter dem finanzialisierten, militarisierten und konzernbasierten Globalisierungsregime des Hegemons so gut wie nicht mehr. Lateinamerika beispielsweise fiel langfristig im Wachstum seines Pro-Kopf-Einkommens hinter den globalen Durchschnitt zurück. Und viele Länder endeten, so wie Lateinamerika, in der Falle der mittleren Einkommen (»Middle-Income Trap«), mit anfänglichen Einkommenserfolgen, dann aber mangelnder staatlicher Organisationskapazität und somit zurückbleibendem Produktivitätszuwachs oder im schlimmsten Fall, wie vielfach in Afrika oder in Staaten Vorderasiens und Teilen Südasiens, in religiös, ethnisch, stammesmäßig oder lokal fragmentierten (und oft nach militärischen »humanitären« Interventionen von außen) posthumanen Albträumen, euphemistisch dann so genannten failed states.

Länder in der »Middle-Income Trap« halten dann mit der technologischen Entwicklung nicht mehr mit und verkaufen am Ende nur noch Low-Tech, Agrarprodukte, und verschleudern verzweifelt ihre natürlichen Ressourcen. Brasilien zum Beispiel steht heute exemplarisch für solche sozialökonomischen Regressionen[27] und resultierende Amokläufe gegen das eigene Volk und die eigene Natur unter oligarchischen und plutokratischen Führern (wie dem Regenwaldverbrenner, Epidemieleugner und Chaospolitiker Bolsonaro).

Wir betrachten die europäischen Aufstiege von Kolonialmächten und die heutigen Nicht-Aufstiege unter neoliberaler finanzialisierter und militarisierter westlicher Hegemonie noch genauer (Teil II).

Auf der kontinentalen Ebene geht es also auch um Hegemonialstaaten und Imperien, die sich in der bisherigen Geschichte, falls gleichzeitig und mit räumlich überlappenden Interessensphären bzw. Ansprüchen existierend, meist in heftiger Konkurrenz zueinander entwickelten. Persische, griechische, römische, oströmische, germanische und zentralasiatische Reiche zum Beispiel umkämpften jahrtausendelang Westasien (also das, was die USA später, in den 1990er Jahren, in der Euphorie der »einzigen Weltmacht«, unter der Bezeichnung »Greater Middle East« als ihren Herrschaftsbereich reklamieren wollten). Und dabei ging es und geht es immer auch um die Asynchronität der Imperien und damit um Sequenzen von

Aufstiegen und Abstiegen, am Ende oft auch Kollapsen,[28] oder auch möglichen Wiederaufstiegen von Staaten.[29]

Und es geht hier auch um die alte Frage, Thukydides-Falle genannt, wie weit der Konflikt zwischen »asynchronen« Entwicklungen großer Staaten, solchen im Abstieg und solchen im Aufstieg, sich zuspitzen muss, wie weit der militärische, der heiße Krieg »unvermeidlich« ist* oder ob ein solcher, heute für die Menschheit insgesamt existentieller »großer heißer Krieg« verhindert werden kann. Die »Thukydides-These« eines angeblich unvermeidlichen Krieges aufgrund einer wechselseitigen Misstrauens-, Angst- und Handlungs-Eskalation wird heutzutage durchaus auf die aktuelle Aufstiegs-Abstiegs-Konstellation China – USA angewendet[30] und beherrscht offenbar das geostrategische Denken großer Teile der US-Elite.[31]

Die Frage nach den gegenwärtigen Prozessen und danach, wo sie hinstreben und wo die Menschheit in den nächsten Jahren »enden« wird, muss seit einiger Zeit bereits wieder gestellt werden.[32] Man kann sich dabei natürlich nicht mit dem simplen Quasi-Automatismus der Thukydides-Falle begnügen. Der Aufsteiger China ist anders,[33] so dass einfache Mechanismen selbst dann zur Erklärung nicht ausreichen, wenn das »Gegenüber«, der Kopf des Absteigers USA, Washington, simplistisch und aggressiv denken und handeln sollte.

Wir werden im vorliegenden Buch bis an den aktuellen Rand der deutlich erkennbaren Ausprägung der aktuellen globalen Aufstiegs-Abstiegs-Konstellation in den 2010er Jahren heranführen, die vieldimensionale Konfliktdynamik des Westens gegen China und den facettenreichen inneren Entwicklungsschub Chinas seit Mitte der 2010er Jahre jedoch einer künftigen dokumentarischen Abschlussarbeit vorbehalten.

---

* Der antike griechische (Athener) Historiker und Politiker Thukydides hatte in seinem Hauptwerk »Der Peloponnesische Krieg« (um 400 v. u. Z.; zahlreiche aktuelle Ausgaben) die These der Unvermeidlichkeit des Krieges zwischen Athen und Sparta vertreten, als einer quasi-automatischen Spirale der wechselseitigen Angst voreinander.

Es besteht die Chance, dass wir im 21. Jahrhundert, angesichts der Tatsache, dass der nächste große heiße Krieg die Menschheitsgeschichte komplett beenden würde, tatsächlich aus der blinden »Vor-Geschichte« simpler irrationaler Mechanismen heraustreten und in die eigentliche Geschichte kollektiv-rationaler menschlicher Steuerung unserer Zukunft eintreten. Anderenfalls wird die Menschheit das Ende des 21. Jahrhunderts als entwickelte Spezies nicht mehr erleben.

2. Aufstiege und Abstiege: Das alte China, europäischer Kolonialismus, US-Weltherrschaft und das neue China

Die Vorgeschichte: Multiple »Wiegen der Menschheit« – Ostafrika, Südostasien …

Die Idee der komplexen und zugleich multiplen Bedingungskonstellationen lässt sich selbstverständlich auch auf die Ursprünge der Menschheit und sogar die Ursprünge des Lebens schlechthin* an-

* Wir wissen heute fast alles über die Bedingungskonstellation der Entstehung des Lebens und können sie sogar im Labor rekonstruieren. Es handelte sich um Kombinationen von Wasserstoff, Druck und Temperatur, gemeinsam mit der Kombination einiger stark reagierender chemischer Elemente (vor allem Lösungs- und Übergangsstoffe), die die ersten primitiven Metabolismen hervorbrachten. Es waren die Bedingungen heißer Quellen am Meeresboden (hydrothermale Tiefseequellen) oder auch in einigen heißen wassergefüllten Spalten der Erdkruste vor etwa 4 Milliarden Jahren (eine Milliarde Jahre nach Entstehung des Planeten), und sie lagen auf der Erde millionenfach vor. Die ersten Stoffwechselreaktionen gingen aus Kombinationen von Wasserstoff, Kohlendioxid, Ammoniak, Schwefelwasserstoff und Phosphaten hervor. Etwa 400 biochemische Reaktionen entstanden so »endogen« (aus sich selbst heraus), konnten sich selbsterhaltend fortsetzen und generierten Kombinationsprodukte (Stoffwechselprodukte) wie Aminosäuren, Nukleotide und Vitamine, also erste Formen organischer Molekülketten (Kohlenwasserstoffe, Methan, Ammoniak, Schwefelwasserstoff). Und damit die erste Fähigkeit zur Bildung primitiver Zellen (»LUCA«, der »letzte universelle gemeinsame Vorfahr«), in denen sich der Metabolismus weiterentwickeln konnte und die irgendwann zwischen sich selbst und anderen Zellen (zwischen »ich« und »du«, um sich

wenden. Seit Darwins Vermutung, dass die Hominiden (Menschenaffen) in Afrika entstanden, sind Süd-, Ost- und Nordafrika durch Funde von Frühmenschen als eine »Wiege der Menschheit« bestätigt worden. Der »aufrechte Gang« des Menschen, die Aufrichtung einiger Primaten, die Entstehung der Hominiden durch Aufrichtung des Rumpfes, Streckung der Beine, Veränderung der Füße von »Greifen« in Richtung »Laufen«, sowie durch Effektivierung der Hand (durch Abspreizung des Daumens) zum vielleicht effektivsten Instrument der Weltgeschichte, parallel zum Größenwachstum des Gehirns, hat wohl vor rund 7 Millionen Jahren begonnen,* als sich tropische Regenwälder in Afrika zurückzogen und die Primaten zwangen, von den Bäumen herabzusteigen und sich auch die Savannen als Lebensraum zu erschließen. Hier waren Reichweite und neue, intelligentere, nämlich proaktive Formen des Schutzes gegen Witterung und Feinde gefordert. Es entstanden neben dem aufgerichteten *Homo erectus* auch der »fähige«, »geschickte« *Homo habilis*, der schon mit Steinwerkzeugen umging. Die meisten Funde von »Menschen-Affen aus dem Süden« (*Australopithecus*, »Süden«, wie fast alle anderen geografischen Bezeichnungen, stets aus der Sicht der früher eurozentristisch dominierten Paläo-Anthropologie**), sind vier bis zwei Millionen Jahre alt, und sie stammten in der Tat zunächst überwiegend aus Afrika. Die Hypothesen über die zwei

---

zu verbinden) und später dann auch zwischen »ähnlich« und »unähnlich« (»Freund« und »Feind«, um sich abzugrenzen) unterscheiden konnten. Schon der erste organische Metabolismus nahm Energie auf und setzte andere Energieformen frei. Der Haupt-Katalysator war chemisch reduzierter Wasserstoff, der in hydrothermalen Tiefseequellen bei Gesteinsveränderungen entsteht, in denen Gesteinsoberflächen reagierende Übergangsmetalle freisetzen. Externe Schocks und äußere Energiezufuhren waren dafür nicht erforderlich (als populärwissenschaftliche Quelle zur Labor-Generierung etwa: F. Schubert, »Urahn aller Lebewesen ernährte sich von Wasserstoff«, spektrum.de, 13.12.2021).

* Frühere Funde im Allgäu und in Europa kennen aufrecht gehende Primaten bereits aus der Zeit vor 11 bis 12 Millionen Jahren, die allerdings bereits vor circa 8 Millionen Jahren wieder ausstarben.

** So auch die meisten Begriffe der geografischen Geschichte, wie zum Beispiel »Vorderer Orient« oder »Naher Osten« …

Wanderungswellen »Out of Africa« nach Asien und Europa galten lange als Stand des Wissens.

Aber die Vorstellung des einen Ursprungs und der linearen Entwicklung vom einem regionalen Ursprung aus ist in der Paläoanthropologie inzwischen durch weitere Funde überholt.[34] Das Bild wurde aufgrund zahlreicher neuer Funde in den letzten Jahrzehnten detaillierter und komplexer. Es gibt nun längst nicht mehr nur die berühmte, gut 3 Millionen alte »Lucy« aus dem heutigen Äthiopien. Der »Menschen-Affe aus dem Süden Afrikas« (*Australopithecus africanus)* bildet inzwischen nur noch eine Linie unter anderen, die zum anatomisch modernen Menschen, dem *Homo sapiens* führten. Auch in Afrika selbst gab es mehrere Linien in der Sippe des Homo sapiens und mehr als einen Weg zum aufrechten Gang, wie man von verschiedenen, dreieinhalb Millionen Jahre alten Fußabdrücken weiß.[35] »Out of Africa« war nur ein Pfad der menschlichen Entwicklung, und die Anzahl bekannter größerer Wanderungen und dann konsequenterweise zahlreicher Kreuzungen und genetischer Vermischungen, ist inzwischen erheblich. Es wäre also verwunderlich, wenn nicht auch der riesige eurasische Kontinent eine oder mehrere der relevanten Bedingungskonstellationen geboten hätte. Je mehr Funde gemacht werden, umso komplexer wird das Bild der biologischen und anthropologischen Vorgeschichte des *Homo sapiens sapiens*.[36]

Und dies stimmt überein mit unserer Vorstellung von komplexen Bedingungskonstellationen für die verschiedenen Vorläufer des Homo sapiens: Warum sollten die relevanten Bedingungskonstellationen (regionale Veränderungen von Klima, Flora, Fauna, Nahrungsmitteln, Fressfeinden oder physischer Morphologie) nur in einer speziellen Region der Erde vorgelegen haben beziehungsweise entstanden sein? Das wäre in der Tat höchst unwahrscheinlich. Zumal, wie erwähnt, die Bedingungskonstellationen komplexer Systeme »tolerant« sind, was hier bedeutet: Die Entstehung von Hominiden und späteren Arten des Homo ist nicht an eine exakt definierte Bedingungskonstellation gebunden. Es existiert eine »dynamische

Toleranz«, also eine Unbestimmtheit in einer Bedingungskonstellation, die mehrere, und zum Teil eben auch parallele Entwicklungspfade zulässt. Umgekehrt bedeutet solche dynamische Toleranz entsprechend, dass identische oder ähnliche Entwicklungspfade aus durchaus unterschiedlichen konkreten Bedingungskonstellationen heraus entstehen können.

Und das Konzept gilt natürlich in gleicher Weise bereits für die Entstehung und Verbreitung der Affen selbst sowie im logischen Rückschluss (im infiniten Regress) für die Entstehung von Leben auf der Erde schlechthin, vor etwa 3,8 Milliarden Jahren. In keinem Fall wäre es plausibel, wie unser vorherrschendes lineares, mechanisches Denken es uns gerne rationalisieren würde, dass chemische Elemente sich nur an einer einzigen Stelle der Erde zu Säuren und Basen, dann zu DNA und zu weiteren Bausteinen von Leben* kombiniert haben sollten.

Für die Erklärung der Menschheitsentstehung (des »wissenden«, »vernünftigen« Menschen, als den wir uns gerne sehen, des Homo sapiens) aus seinen verschiedenen Vorläuferarten, vor etwa 1 Million bis circa 300.000 Jahren arbeiten heute Paläoanthropologie, Genetik, Archäologie, Paläoklimatologie und andere zusammen, entsprechend der Idee der komplexen Bedingungskonstellationen. Und die verhaltensbezogenen und genetischen Interaktionen zwischen diesen verschiedenen Vorläuferarten, die inzwischen bekannt und rekonstruiert sind, zwischen verschiedenen Linien der Vorfahren des modernen Menschen, lassen den menschlichen »Stammbaum« heute räumlich und genetisch enorm komplex erscheinen. Und vieles von dem, was die Wissenschaft noch nicht exakt weiß, wird angesichts der Komplexität der Prozesse, die wir meist nie vollständig

* Es entstanden einfache Einzeller, Prokaryoten: Cyanobakterien und Blaualgen, die zunächst anaerob lebten, später die Photosynthese entwickelten, zum Beispiel die letzten heute noch vorhandenen Stromatolithen in Westaustralien. Sie schufen erst, über zwei Milliarden Jahre hinweg (von vor 3,5 bis 1,5 Milliarden Jahren), die Sauerstoffatmosphäre der Erde, die dann aufgrund effektiverer Energieumwandlung das Leben sich in höhere Zellformen und in Mehrzeller hinein entwickeln ließ.

rekonstruieren und kausal erklären können, (vorläufig) als »Ergebnis von Zufällen« verbucht.

Der große eurasische Kontinent ist selbstverständlich stets auch ein Raum für solche Bedingungskonstellationen gewesen. Aus der Phase der Vorläuferarten des anatomisch modernen Menschen gibt es daher immer neue Funde auch aus Asien. Die sogenannten *Denisovaner* (Denisova-Menschen) zum Beispiel, Vorfahren des Homo sapiens vergleichbar mit dem *Neandertaler* (Neandertal-Mensch), sind für die Zeit von vor etwa 250.000 Jahren (in der Altsteinzeit, die vor circa 600.000 Jahren begann) in Asien lokalisiert worden (Funde aus dem Altai-Gebirge, Russland/Mongolei; auch mit einem bekannten jüngeren, 160.000 Jahre alten Fund von Xiahé in der Tibetischen Hochebene).[37]

Zeitgleich zum Neandertaler, der zum Teil ja schon als Frühform des Homo sapiens angesehen wird, wurde jüngst etwa der altsteinzeitliche »Schädel von Harbin« (aus Harbin, China), bereits 1933 gefunden, neu analysiert, datiert und als *Homo longi* identifiziert, aus einer Zeit von vor etwa 310.000 bis 140.000 Jahren.[38] Die Entwicklungslinien von Denisovanern und Homo longi in Asien, wie auch die Linien des Neandertalers sowohl in Europa wie in Asien, alle genetisch durchaus überlappend, reichen gemäß genetischen Analysen jeweils Millionen Jahre zurück.[39]

Die Forschung zum Harbin-Schädel ergab dann auch eine Gruppe von mindestens vier Abstammungsgemeinschaften des modernen Menschen (des »verstehenden« Menschen, Homo sapiens sapiens), der etwa vor 40.000 Jahren entstand, die genetisch alle noch im modernen Menschen vertreten sind: die alte Linie des Homo erectus (mit seinem wohl wichtigsten letzten Repräsentanten, dem *Homo heidelbergensis*, mit dem Herkunfts-Schwerpunkt Afrika), die Homo sapiens, die Neandertaler (Herkunfts-Schwerpunkt sowohl Afrika als auch Asien), und die Denisovaner (mit denen Homo longi wohl eng verwandt ist; Herkunfts-Schwerpunkt Asien).

Während frühere Auswanderungen von Homo erectus vor mehr als 1,8 Millionen Jahren »Out of Africa« nach Eurasien dort ausstarben, gab es in Eurasien also wohl eigene frühe Gattungen von Homo, namentlich Neandertaler und Denisovaner, Nachfahren von Homo erectus und Vorfahren des Homo sapiens sapiens. Alle waren wohl seit jeher sowohl in Afrika wie in Asien vorhanden.[40]

Früheste genetische Verwandte (Vorfahren) des Homo sapiens jedenfalls sind in China auch durch 2,1 Millionen Jahre alte Steinwerkzeuge nachgewiesen, die in Shangchen, Region Lantian, in der heutigen Provinz Shaanxi gefunden wurden. Die Shangchen-Funde sind also sogar etwas älter als die 1,9 Millionen Jahre alten frühesten Fossilien von Homo erectus, namentlich dem schon mit Faustkeilen »arbeitenden Menschen« (*Homo ergaster*, »werkender« Mensch) in Afrika.[41] Ein neuerer Hominidenfund, der in Nordchina gemacht wurde und über den ein britisch-chinesisches Archäologenteam in der US-Zeitschrift *Nature* 2018 berichtete, ist sogar 2,1 Millionen Jahre alt.[42]

Weitere Schädel- und Steinwerkzeug-Funde aus der heutigen südchinesischen Provinz Yunnan zeigen, dass Homo erectus vor 1,7 Millionen Jahren im Gebiet des heutigen China verbreitet war. Die sogenannten *Peking-Menschen*, ebenfalls zur Gattung Homo erectus gehörig, sind für die Zeit vor etwa 850.000-700.000 Jahren nachgewiesen. Der anatomisch moderne Mensch lebt daher ebenfalls von Anbeginn (seit etwa 40.000 Jahren) in China. Insgesamt also eher multiple Wiegen der Menschheit. »Out of Africa« und »Out of Asia«.[43]

Die Paläogenetik zeigt heute außerdem, dass sich die regionalen Stränge der Vorfahren des modernen Menschen früher und stärker vermischt haben als lange Zeit angenommen worden ist und dass die Trennung der verschiedenen Homo-Arten, die Vorfahren des modernen Menschen waren, nicht mehr vollständig trennscharf vorgenommen werden kann. Das wäre insofern spektakulär, als es auf großregionale Wanderungen und Rückwanderungen, Kontakte und Vermischungen in einer früheren Zeit und in einem größeren Umfang hinweist, als man sich noch vor wenigen Jahrzehnten hat vorstellen können. Die Zahl der Menschenformen, Menschenarten und

Unterpopulationen ist größer als bis dahin bekannt war. Wir müssen also vor- und frühgeschichtliche Dynamiken (Wanderungen, Vermischungen) und die Diversität der Frühmenschheit (und Menschheit) heute als deutlich stärker annehmen als noch bis vor wenigen Jahren gedacht. Und Eurasien spielte dabei eine zentrale Rolle.

Die Altsteinzeit (Paläolithikum) schließlich kennt auf dem Gebiet des heutigen China bereits Dutzende prähistorischer lokaler und regionaler Kulturen, die zumindest seit circa 127.000 v. u. Z. identifizierbar sind.[44]

Die Frühgeschichte: Die Herausbildung der chinesischen Hochkultur und des chinesischen Staates seit der Jungsteinzeit

Wir machen einen Sprung von der Alt- in die Jungsteinzeit (Neolithikum). Menschen werden mit der ersten Agrarrevolution (Entwicklung von Nutzpflanzen und von Tierzucht) vor circa 10.000 Jahren (8000 Jahre v. u. Z.) sesshaft, Sammler und Jäger werden Bauern, schaffen Siedlungen, dann Städte, dann regionale Formen von Staaten. Und die geografische Reichweite ihres Güteraustauschs und Handels wird größer.

Überraschend ist nun, wie früh und stark die Handelswege, im Rahmen der eurasischen Wanderungs-, Begegnungs-, Austausch-, Stammes-, Herrschafts- und natürlich auch Konfliktdynamik sich zu Konstanten der eurasischen Geschichte entwickelt haben. Die frühesten »(Alten) Seidenstraßen« haben sich in Asien in der Jungsteinzeit entwickelt.

Seit etwa 10.000 Jahren, also in der zentralasiatischen Jungsteinzeit (entsprechend der vorderasiatischen Jungsteinzeit, in Europa begann die Jungsteinzeit erst um etwa 5000 v. u. Z.), gab es zum Beispiel im Becken des Tarim-Flusses (Tarim-Becken, heutige chinesische Provinz Xinjiang) und im benachbarten Dsungarischen Becken, beide zu den Wüsten nördlich des Himalaya gehörig, Jäger- und Sammlerkulturen, wohl aus der Schwarzmeerregion eingewanderte Gruppen, von denen erst jüngst Mumien aus der Zeit zwischen 4000 und 1700 v. u. Z. gefunden wurden.[45] Sie haben eine genetische Verwandtschaft mit einer größeren und älteren Gruppe, die man auch »Ancient North Eurasians« nennt und die auch in Sibirien und damit auch in den Urbevölkerungen Amerikas genetisch repräsentiert sind.

Obwohl sie immerhin zu 60 % genetisch spezifisch (also lokal relativ isoliert) waren, waren sie, später zum Teil auch als Bauern und Viehzüchter sesshaft, bereits handelsmäßig großräumig vernetzt: Sie ernährten sich von Weizen und Milchprodukten aus Westasien, von Hirse aus Ostasien und nutzten Pflanzen aus Zentralasien.[46]

In der Jungsteinzeit gab es im Gebiet des heutigen China schon etliche regional verschiedene Kulturen. Solche sind zum Beispiel für die heutige zentralchinesische Provinz Hubei für die Zeit vor 10.000 Jahren und für die heutige südöstliche Küstenprovinz Fujian für vor 8.000 Jahren belegt.

Die zentralasiatische Jungsteinzeit ist also, ähnlich wie für den »Fruchtbaren Halbmond Vorderasiens«, bereits von Anbeginn belegt, ebenso erste Wohnstätten mit Vorratswirtschaft, aus Holz gebaute Behausungen sowie die Haltung von Haustieren. In Nordchina begann man vor 8.000 Jahren mit dem Anbau von Hirse, die mit Steinsicheln geerntet und in getöpferten Schalen oder Dreifußbehältern aufbewahrt wurde. In Südchina wurde Reis domestiziert. Der älteste Nachweis von Nassreisanbau stammt aus Hemudu in der zentral-östlichen Küstenprovinz Zhejiang und ist 7.000 Jahre alt.

Die frühen lokalen und regionalen Kulturen Chinas erreichten bereits ein hohes technisches Niveau. Sie beherrschten schon früh zahlreiche Werkzeuge und konnten schon Keramik und nichtmetallische Lackschüsseln herstellen. Textilproduktion und vor allem Seidenproduktion gibt es seit etwa 6.000 Jahren. Die ältesten schriftähnlichen Zeichen sind 7.000 Jahre alt. Für das 5. bis 2. Jahrtausend v. u. Z. sind zahlreiche neolithische Kulturen auf dem Gebiet des heutigen China belegt.

Am Ende des 5. Jahrtausends v. u. Z. begann schon die Bronzezeit in Zentral- und Ostasien (circa 5000-2100 v. u. Z.). In den bekannten Sanxingdui-Ruinenstädten nahe Chengdu in der heutigen Provinz Sichuan wurden jüngst etwa 3.000 Jahre alte Relikte ausgegraben, unter anderem Seidenreste.[47] Die Funde enthalten erste Keramik, Goldmasken und die ältesten Funde von Seide.[48] Das damalige *Zhou*-Königreich (1045-256 v. u. Z.) ist also einer der Ursprungsorte der Seide. Die hochentwickelte Bronzekunst aus Sanxingdui sei »einzigartig unter den alten Zivilisationen«, meint dazu der Leiter des Asiatischen Kunstmuseums in San Francisco.[49] Und all das hat eine Vorgeschichte, die bis zu 2800 Jahre v. u. Z. nachgewiesen werden kann, als die *Zhou*-Dynastie formal noch nicht existierte.

Auch in der menschlichen Siedlungsbildung und der Entwicklung der frühesten Städte muss also der Blick China einbeziehen. Die Geschichte größerer Siedlungen mit Tausenden von Einwohnern und ersten Staatsstrukturen beschränkte sich bisher auf »Vorderasien« und den »Fruchtbaren Halbmond«, den Bogen von Nordostägypten, Sinai, »Kleinasien« über das Zweistromland bis Südanatolien, reichte ferner dann bis zum Persischen Golf und bis zu einem Stadtfund an der Westküste Indiens, alles in einer Zeit ab dem 7. Jahrtausend v. u. Z. Für China wurden bisher Stadtbildungen erst ab dem späten 2. Jahrtausend v. u. Z. gesehen.[50]

Dieses Bild aber hat sich in den letzten wenigen Jahren durch spektakuläre archäologische Stadtfunde in China aufgeweitet. Und es wäre auch verwunderlich, hätten die neolithischen Menschen nicht überall, wo sie entstanden waren, ähnliche Wege zur Beherrschung der Natur, Sesshaftigkeit mit Pflanzen- und Tierzucht bis hin zu Stadt- und Staatsbildungen gefunden.

Neue Stadtfunde in China zeigen hochentwickelte Städte aus der Zeit um 3300 v. u. Z. in einer bisher unbekannten Größenordnung. Liangzhu, südwestlich von Shanghai, in Küsten- und Flussnähe, im Überschwemmungsgebiet des Yangtse-Deltas gelegen, war eine ummauerte Riesenstadt auf einem 15 Meter hohen Plateau, die mit und von der Tide und der Wasserbewirtschaftung lebte, mit Zehntausenden von Einwohnern, Kanal- und Dammsystemen, Kornspeichern und Speicherseen. Der Größe und Komplexität nach gibt es aus archäologischer Sicht »weltweit nichts Vergleichbares«:[51] »Ein Paukenschlag in der weltweiten Zivilisationsgeschichte«.[52]

Kennt man die weitere chinesische Geschichte der Nation-, Kultur- und Staatsentwicklung, so wäre es allerdings auch geradezu ein Wunder gewesen, hätte es ein Liangzhu nicht gegeben und die mindestens 4.000 Jahre alte Hochkultur nicht lokale Vorläufer gehabt.

Es gab in dieser Stadt Nahrung im Überfluss und ein Speichersystem, wie dann insgesamt in China, das noch 5.000 Jahre später mit so etwas die englische kolonialistische Krämerschaft und Soldateska beeindruckte und sofort ihre Räuberinstinkte weckte. Die Wasserregulierung fand bereits auf einer Fläche von etwa 10.000 Hektar statt, die Gesellschaft war schon hochdifferenziert, die gefundenen Artefakte lassen auf hohen Wohlstand und hohe Technologie schließen. Ein rudimentäres Schriftsystem war vorhanden. Das Niveau von Arbeitsteilung und Kooperation muss vergleichsweise hoch gewesen sein.

Kanäle führten bis in das Zentrum und in die zentralsten Gebäude hinein. Für Dämme etc. wurden etwa 3 Millionen Kubikmeter Erde bewegt, und es musste Überschuss-Arbeitspotenzial im rechnerischen Umfang von 3.000 Arbeitern für komplette acht Jahre freigestellt worden sein, ein Überschuss, den die Landwirtschaft offenbar bereits erwirtschaften konnte. Insgesamt wird geurteilt:

> »Weltweit kennen Archäologen kaum eine Hochkultur, die im 4 Jahrtausend [v. u. Z.] vergleichbare Wasserbauwerke wie in Liangzhu verwirklicht hat. [...] Es gibt keine andere derart wasserbaulich veränderte Landschaft, die ebenso alt ist.«[53]

Die etwas spätere sogenannte *Erlitou*-Kultur (circa 2000-1500 v. u. Z.), ebenfalls eine städtische Kultur, in der heutigen zentralchinesischen Provinz Henan, später auch in die heutigen Provinzen Shanxi, Shaanxi und Hubei ausgebreitet, entwickelte als erste bereits einen hohen Organisationsgrad und komplexe Herrschaftsstrukturen, eine erste Herrscherfolgeregelung und systematische Handelsbeziehungen, entwickelte somit als erste eine staatliche Basis für die dann folgenden chinesischen Königsdynastien (circa 2100-221 v. u. Z.). *Xia*-, *Shang*- und *Zhou*-Dynastien bildeten zwischen 2100 und 256 v. u. Z. die ersten drei Königsdynastien der chinesischen

Antike, existierten ursprünglich als Stämme nebeneinander und entwickelten allmählich überregionale Aktivitäten. Eine hochorganisierte staatliche Basis bestand in China aber schon in der ersten Königsdynastie (*Xia*, 2100-1600 v. u. Z., überlappend oder vermutlich identisch mit der *Erlitou*-Kultur*), also seit gut 4.000 Jahren.

In der Zeit der *Shang*-Dynastie (1600-1045 v. u. Z.) wurde zudem von einem Priesterstand namens *Fangshi* ein kulturelles Fundament für Chinas Königreiche und spätere Kaiserdynastien geschaffen, das später zum Taoismus und (dann mit dem Konfuzianismus) zur weiteren chinesischen Philosophie zusammengefasst wurde. Der Taoismus begann im 6. Jahrhundert v. u. Z., aber auch andere philosophisch-ethische Lehren waren verbreitet. Der Konfuzianismus wurde im frühen 5. Jahrhundert v. u. Z. begründet, fasste ältere bestehende Morallehren zusammen und erweiterte sie um politische, alltagsphilosophische und ethische Anwendungen. Gemeinsam mit dem Jahrhunderte später (erst im 2.-3. Jahrhundert u. Z.) hinzugekommenen Buddhismus bildeten Taoismus und Konfuzianismus dann die Drei Lehren, die neben der bereits früh vereinheitlichten Sprache und Schrift Eckpfeiler der alten chinesischen Kultur wurden.

Nach *Xia* und *Shang* und noch in der Zeit der *Zhou* (1045-256 v. u. Z.) kämpften dann schon zwischen 445 bis 221 v. u. Z. zunächst

---

* Die historische Verifizierung der *Xia*-Dynastie ist wegen fehlender typischer staatlicher, vor allem schriftlicher Belegfunde zweifelhaft, und *Xia* wird von einigen daher als eine rein mythologische Konstruktion angesehen. Die *Erlitou*-Kultur dagegen hat wie erwähnt durchaus schon staatliche Formen hervorgebracht, und Funde weisen sogar auf einen einheitlichen Staat hin. *Xia* ist daher möglicherweise ein Dynastie-Mythos der *Erlitou*-Kultur. *Shang* dagegen ist bereits ein archäologisch klar verifiziertes Königreich. (Dank für den Hinweis an Elyar Najmehchi, einem jungen Doktoranden und Akademiker am Anfang seiner Karriere, halb aserbaidschanischer Iraner, halb Deutscher. Er hat mich in allen Fragen der eurasischen Geschichte, Philosophien und Religionen beraten. Eine wandelnde Enzyklopädie zu Eurasiens Geschichte und Gegenwart. Er studierte, lebte und arbeitete unter anderem eine Zeitlang auch in China. Er kommentierte, ergänzte und gab weitere Quellenhinweise zu den geschichtlichen und philosophiegeschichtlichen Teilen dieses Buches. Ein angehender exzellenter Wissenschaftler, und ein kluger und umsichtiger Bürger dieser Welt.)

16 regionale Fürstentümer, ab Mitte dieser Periode 7 größere Königreiche miteinander um die Vorherrschaft in China, bis sie alle schließlich von einem der Königreiche, dem *Qin*-Reich (221-206 v. u. Z.) besiegt und zu einem staatlichen Ganzen zusammengeschlossen wurden. 221 v. u. Z. begann also ein einheitlicher chinesischer Großstaat, mit sodann vereinheitlichter Sprache, Schrift und Philosophie, Erziehung und Beamtenausbildung, die offen war für alle sozialen Schichten, mit vereinheitlichten Maßen, und zentraler Infrastrukturentwicklung.*

Es gab im Folgenden noch drei bis vier Zwischenperioden eines wieder aufbrechenden Vorherrschaftskampfes, auch verbunden mit diversen Grenzverschiebungen des Reiches und verschiedenen Verlagerungen der Reiche und ihrer Hauptstädte (nach Osten und Süden) aufgrund des Einfalls nomadischer Völker aus dem Norden, Westen und Südwesten (Skythen, Turkvölker, Mongolen, iranische Saken). Diese Unterbrechungen waren die »Zeit der drei Reiche«

---

* Wir haben es aus hier leicht erkennbaren Gründen vermieden, das antike China bereits mit dem ethnischen Konzept der »Nation« zu bezeichnen. Die antiken ethnischen Konstellationen im Raum des heutigen China waren noch zu wenig gefestigt. Das Zusammenwachsen der chinesischen Ethnien (noch heute 56 Großethnien oder »Völker«) zu einer objektiven und subjektiven Nation, heute bei 90-prozentigem Bevölkerungsanteil der Ethnie Han, geschah erst in der nachantiken Zeit. Wir sprechen daher für Jungsteinzeit und Antike von einheitlicher Staats-Struktur, sich vereinheitlichender Kultur oder auch einfach von einem einheitlichen (Groß-)Reich (in der Antike noch zeitweise um die Vorherrschaft ringende Königreiche beziehungsweise Königsdynastien. Ab 221 v. u. Z. sprechen wir dann überwiegend von den (großstaatlichen) Kaiserreichen beziehungsweise -dynastien). Mehr zu »Ethnien«, »Minderheiten« und »chinesischer Nation« weiter unten. Erwähnenswert ist, dass *Qin* noch nicht konfuzianisch war. In der Zeit der (sieben) streitenden Königreiche hatten sich die »100 Schulen« herausgebildet, also konkurrierende philosophische Systeme und Weltanschauungen, darunter natürlich der Konfuzianismus. Unter *Qin* aber herrschte eine philosophische und staatstheoretische Schule, die man als Legalismus bezeichnet. Der Konfuzianismus wurde erst in der nachfolgenden *Han*-Dynastie, unter Kaiser Han Wudi (156-87 v. u. Z.) zur staatlichen Philosophie erhoben, die dann den Beamtenstaat und die Beamtenausbildung prägte (unter anderem das Bewerbungssystem für Beamtenstellen). (Dank an E. Najmehchi für Hinweise.)

(220-280 u. Z.), die »Zeit der 16 Reiche« (304-439 u. Z.), die Zeit der Aufteilung in nördliche und südliche Dynastien (386-589) und die »Zeit der Fünf Dynastien« (907-960), insgesamt also noch circa 450 Jahre des Konflikts, in denen es aber gerade nicht so sehr um die Infragestellung des einheitlichen chinesischen Staates als vielmehr um die Vorherrschaft über ihn ging. Somit existiert ein einheitliches chinesisches Staatsgebilde also seit der *Qin*-Dynastie, seit gut 2.200 Jahren.

Die zentralen Bewegungen: Ethnien, Wanderungen und multiethnische Reiche – und die Entstehung der Alten Seidenstraßen

Somit bildete sich an einem Ende des eurasischen »Herzlandes«[54] allmählich China als ein relativ stabiler Eckpfeiler heraus, von der *Xia*-Königsdynastie vor gut 4.000 Jahren bis zur ersten großstaatlichen Kaiserdynastie (*Qin*) vor 2.200 Jahren. Damit wurde China früh und nachhaltig zu einem der größten »Player« in der bewegten und komplexen geografischen, ethnischen, religiösen, staatlichen und Handelstopologie und Interaktionsdynamik (Wanderungen, Vermischungen, Kooperationen und Konflikte) des Großkontinents. Und interessanterweise bildeten sich die Handelswege von und nach dem Großstaat im Bereich des heutigen China als relativ stabiler und kontinuierlich sich entwickelnder Faktor der wirtschaftlichen, sozialen und politischen Entwicklungen heraus.[55]

Wir haben es dabei mit geografischen Bedingungen zu tun, in denen Wüsten, Steppen, Hochgebirge, Oasen und Flusstäler, bis hin zu fruchtbaren Küsten- und Flussmündungsgebieten am östlichen und südöstlichen Rand, bestimmend waren. Und seit der Jungsteinzeit herrschte, bis in die Neuzeit hinein, eine einzigartige Mischung von Sesshaftigkeit, auch mit staatlichen Strukturen, mit urbanen Räumen und sogar Großstädten, und nomadischen und halbnomadischen Kulturen. Aus dieser Bedingungskonstellation von Geografie, ethnischer Mischung und Migrationen, philosophisch-religiöser Mischung, reichen Oasenstädten, dem relativ stabilen und rational verwalteten chinesischen Reich, anderen Reichen mit hoher

Zivilisation, von Multireligiosität und Multikulturalität sowie großen nomadischen Kulturen konnten »einige der ältesten Zeugnisse für Fernhandelsbeziehungen und weiträumige Kulturkontakte der Menschheit«[56] entstehen.

Die *Indus*-Kultur (3300-1300 v. u. Z.) war ein Faktor im Süden und erstreckte sich vom heutigen Afghanistan über das heutige Pakistan bis hinunter ins heutige Nordwestindien. Am westlichen Rand Eurasiens existierten das Altägyptische Reich und die alten Hochkulturen Vorderasiens, im heutigen Jordanien, Syrien, Irak (Mesopotamien, »Zweistromland«) und in Anatolien, sowie im zentralen Süden Asiens die Hochkulturen im Gebiet des heutigen Iran. Aber auch die Oasenkulturen Zentral- und Ostasiens (etwa heutiges Turkmenistan, Usbekistan, Kirgisistan, Kasachstan sowie heutiges Xinjiang/China) entwickelten urbane Zentren und eine hochstehende Kultur.

Jungsteinzeit, Bronzezeit und Eisenzeit (im Nahen Osten bereits seit 1200, in Zentralasien ab 850 v. u. Z.) brachten Keramik und Metallurgie (Bronze und Eisen, vor allem aus dem heutigen südlichen Russland und nördlichen Kasachstan), und im Bereich des heutigen China zusätzlich Porzellan und Seide hervor. Mit dem Beginn des 2. Jahrtausends v. u. Z. verbreiteten sich Kupfer- und Bronze-Produkte aus der zentralasiatischen Steppe in alle Richtungen. Auch die ersten Pferdestreitwagen mit Speichenrädern entstanden hier.

In der zweiten Hälfte des 3. Jahrtausends bereits hatten sich die Handelsbeziehungen zwischen den verschiedenen Hochkulturen intensiviert, und sie reichten bis nach Südosteuropa. Funde zeigen, dass schon Tausende von Kilometern sowie mehrere Kulturen und Reiche überbrückt werden konnten. Vernetzt waren im Osten die chinesische Kultur (die erwähnte *Erlitou*-Kultur und deren erste Königsdynastie, *Xia*, insgesamt 2100-1500 v. u. Z.), der zentralasiatische Steppengürtel und seine Oasenstädte, die *Indus*-Kultur, der heutige Iran, die Sumerer und andere Kulturen im Vorderen Orient, Altägypten, das heutige Anatolien und auch der Ägäis-Raum (etwa die minoische Kultur auf Kreta, 2600-1450 v. u. Z.).

Im 1. Jahrtausend v. u. Z. nahmen die nomadischen und halbnomadischen Kulturen mit ihrer überlegenen Mobilität, etwa die west- und zentralasiatischen Skythen, die bis an die Nordostgrenze des antiken Griechenland aktiv waren, Turk-Nomaden und Mongolen, eine größere Rolle im Handel zwischen den sesshaften Reichen ein. Ihre ambivalente Bedeutung als Handels-»Logistiker« und zugleich Bedrohung für die sesshaften Reiche besaßen sie für das antike Griechenland ebenso wie am anderen Ende des Kontinents für die chinesischen Reiche. Schon in die Zeit des *Zhou*-Königreichs (1045-256 v. u. Z.) fiel zum Beispiel sowohl das erste Umsiedeln eines sesshaften Reiches nach Osten (um 770 v. u. Z.) aufgrund von Nomadeneinfällen als auch der Bau der Chinesischen Mauer gegen die Nomaden.

Im Südwesten Eurasiens dominierte Mitte des 1. Jahrtausends v. u. Z. das Altpersische Reich der Achämeniden (550-330 v. u. Z.), das auf die älteren und stärker lokalen Reiche des Nahen Ostens gefolgt war und über Bündnisse mit Babyloniern, iranischen Stämmen und Skythen eine Ausdehnung von den Steppen des heutigen Russland bis zum Arabischen Meer und von Anatolien bis an die Grenzen Chinas erlangte. Die Perser waren ursprünglich als Nomaden aus dem Norden des zentralasiatischen Steppengürtels gekommen, und die persischen Achämeniden errichteten nun ein erstes Weltreich, das zahlreiche Ethnien, Sprachen, Kulturen und Religionen umfasste (darunter die iranischen Stämme) und von großer religiöser Toleranz geprägt war. Hier wurde erstmals auch systematisch ein Handels- und Kommunikationswege-Netz mit »Poststationen« auf den Verbindungswegen zwischen allen größeren Städten aufgebaut. Die »Persische Königsstraße« wurde eine Hauptroute des späteren Seidenstraßen-Netzes.

Erst vor 10 Jahren wurde in der Nähe des antiken Handelszentrums (und der heutigen nordwestchinesischen Stadt) Turfan eine circa 2.700 Jahre Reiterrüstung entdeckt, die einen Handelsweg von 4.500 Kilometern (aus dem damaligen neuassyrischen Reich, das den Vorderen Orient beherrschte) hinter sich gebracht hatte. Sie bestand aus einer speziellen Leder-Flecht-Panzer-Technologie (Schuppenrüstung), die die Chinesen als Nicht-Reiter-Volk so nicht kannten. Globaler Technologietransfer auf den ersten Seidenstraßen.[57] Wie angedeutet, waren die chinesischen Reiche allerdings an der Technologie der Reitervölker sehr interessiert (Sättel, Reiterrüstungen, spezifische Reiterwaffen), da sie es war, die ihre nomadischen Feinde im Norden ebenfalls gehabt haben dürften.

Das im Westen nachfolgende hellenistische (ursprünglich makedonische) Reich des Nordgriechen Alexander der Große (356-323 v. u. Z.) eroberte das alte Perserreich und dehnte es noch einmal in alle Richtungen aus, so dass es vom antiken Südosteuropa, über den Vorderen Orient bis nach Zentralasien reichte, im Süden bis nach Nordindien und im Osten bis an die Grenzen Chinas. Der Kulturraum wurde noch weiter durch Infrastrukturen sowie einheitliche Maße und einheitliche Geldverrechnungen (modern: »feste Wechselkurse«) weiter vereinheitlicht. Kulturelle Vielfalt und religiöse Toleranz im einheitlichen Reich waren auch unter Alexander ein Merkmal, und eine Voraussetzung für die enorme Ausdehnung.

Bemerkenswert ist, dass keines der eurasischen Weltreiche China besetzen und vereinnahmen konnte (oder wollte). China blieb also das selbständige östliche Gravitationszentrum des eurasischen Handelsraumes. Allerdings reichten die chinesischen Königsdynastien und die ersten Kaiserdynastien (*Qin*, *Han* und *Xin*) bis ins dritte Jahrhundert u. Z. (bis zum Ende der Östlichen *Han*-Dynastie im Jahre 220 u. Z.) noch nicht dauerhaft in die »westlichen Regionen« (das heutige Xinjiang) hinein. Dort war »Niemandsland« bzw. »migrantisches« Hin- und Herwogen verschiedener Ethnien (Turk, Mongolen, iranische und persische Stämme, Skythen, Baktrier, Stämme aus der Altai-Region).

Über die Handelswege der verschiedenen Nachfolgereiche Alexanders des Großen, der Diadochenreiche, kamen auch die Religionen weiter in Kontakt. Der Buddhismus wurde von Indien aus »exportiert«, kam im 2. Jahrhundert u. Z. auch nach China und vermischte sich dort mit konfuzianischer und daoistischer Philosophie.

Im persischen Raum war der Zoroastrismus verbreitet, auch iranische Stammesreligionen und konfuzianische Philosophie existierten dort nebeneinander und im Austausch.

Das nordiranische Volk der Sogder (die Zoroastrier waren) erschloss durch Handelsausdehnung nach Osten eine weitere Route der Alten Seidenstraßen durch Wüsten- und Niemandsland hindurch nach China und besetzte dort als angesehene Händler und Bürger zum Teil sogar hohe öffentlichen Ämter. Sie hatten, von ihrer Kernregion ausgehend, alle 50 bis 100 Kilometer einen »Stützpunkt« mit zoroastrischem Altar und der Ansiedlung von 50 bis 100 Familien errichtet.[58] Handels- und Kreditverträge wurden von ihnen in dünn besiedelten Regionen in innovativer Weise stets nicht nur zwischen den eigentlichen Vertragspartnern abgeschlossen (Lieferant und Empfänger oder Kreditgeber und Kreditnehmer), sondern stets auch von zwei bis drei Zeugen und ebenso vielen Bürgen verantwortlich mitgezeichnet. Durch diesen »sozialen Hebel« (Multiplikator) konnte die Wiedertreffenswahrscheinlichkeit vervielfacht, damit das Grundvertrauen in das Handelsgeschäft erhöht und so der Handel in den dünn besiedelten Gebieten zum Teil erst ermöglicht, zum Teil stabilisiert und ausgeweitet werden.[59]

Aus dem größten der Diadochenreiche, dem Seleukidenreich, entwickelte sich später das Griechisch-Baktrische Königreich, das vom Aralsee bis in die Grenzgebiete des heutigen Usbekistan, Kirgisistan und Tadschikistan reichte und im Süden bis zum oberen Industal. Es entwickelte Handelsverbindungen mit China weiter, die ebenfalls bisheriges »Niemandsland« überbrückten.

In China selbst hatte sich ja die Staatlichkeit durch die Kaiserdynastie der *Qin* (221-206 v. u. Z.), die die Zeit der sieben »Streitenden Reiche« (445-221 v. u. Z.) als siegreiche Dynastie beendete und einen Großstaat etablierte, weiter verfestigt. Die Nomaden vereinigten sich allerdings ebenfalls immer wieder, etwa in der Konföderation der *Yuezhi* (5.-1. Jahrhundert v. u. Z.) und der Konföderation *Xiongnu* (209-60 v. u. Z.). Das chinesische Reich konnte sich gleichwohl nach Nordwesten ausdehnen, bis in das Gebiet der heutigen Inneren Mongolei. Das Verhältnis zwischen den Nomadenvölkern und China blieb daher uneinheitlich und wechselhaft, zwischen Handelslaustausch und Feindschaft.

Die komplexe Dynamik zwischen Wanderungen, den verschiedenen sesshaften Reichen, zwischen Kriegen und Bündnissen sowie dem Handelsaustausch, zwischen Chinesen, den Resten der Diadochenreiche im Süden (Baktrien, das indo-griechische Reich Shendu, einem Nachfolger der Diadochenreiche in der Gegend des heutigen Pakistan und Nordwestindien), den Nomadenkonföderationen Xiongnu und Yuezhi, dem Partherreich im Gebiet des heutigen Iran, den Skythen, Sogdern und anderen zu Beginn unserer Zeitrechnung lässt sich hier kaum nachzeichnen, zeigt jedoch, wie sehr der eurasische Großraum nicht nur geografisch, sondern auch historisch »Herzland« war, mit China als einem Gravitationszentrum.

Die späteren chinesischen »westlichen Regionen« (heutiges Xinjiang) als jahrtausendelanger Durchgangsraum in West-Ost- und Nord-Süd-Richtungen können jedenfalls historisch nicht als »natürliches Erbe« irgendeiner speziellen Ethnie (etwa der Turkvölker, namentlich der Uiguren, als Teil eines von vielen Politikern im Westen unterstützten islamistischen Turk-Weltreiches beziehungsweise eines Kalifats oder Teilkalifats »Ost-Turkestan«) reklamiert werden, und sind ja auch bis heute multiethnisch geblieben. Auch die Uiguren waren immer und sind auch heute in Xinjiang eine Minderheit, und nirgendwo ist, aufgrund der Migrationsgeschichte leicht nachvollziehbar, im heutigen China eine der 55 größeren ethnischen Minderheiten auf Provinzebene eine Mehrheit.

Ende des 2. Jahrhunderts v. u. Z., während der ersten *Han*-Dynastie (206 v. u. Z. - 9 u. Z.), begann China, nach ausführlichen Erkundungsreisen und Berichten des kaiserlichen Gesandten Zhang Qian, aktiv, seine Fühler nach Westen auszustrecken und formelle diplomatische und Handelsbeziehungen zu den Ethnien, Stämmen und Reichen in den »Westregionen« zu entwickeln. In diesem Zuge wurde auch noch vor der Zeitenwende das heutige Xinjiang zu einem Protektorat des chinesischen Staates.

Formell war dies aus der Perspektive des chinesischen Reiches auch der Beginn der Alten Seidenstraßen, die dann tatsächlich circa 1.000 Jahre lang bestanden. Ein festes Handelsnetz entstand, von den Hauptstädten der *Han*-, später dann *Sui*- und *Tang*-Dynastien (letztere dann bis 907 u. Z.), also vor allem Luoyang und Xi'an, nach Westen über die Routen durch das Tarim-Becken, mit einer Nordroute über Turfan (Turpan), Aksu und Kashgar (Kaxgar) nach Samarkand, mit späteren Abzweigen nach Norden über Russland (Nowgorod) nach Schweden (Gotland) und in die mittelalterliche Hanseliga. Eine Südroute verlief über Shanshan, Khotan (Hotan) ins heutige Nordafghanistan, mit mehreren Abzweigen nach Süden (Indien). Ferner eine zentralasiatische Nordroute nach Taschkent und Buchara (Buxoro, heutiges Usbekistan) und einer weiteren Südroute nach Kundus (heutiges Afghanistan), in die Gebiete der heutigen Länder Turkmenistan (Stadt Merw), Iran (Susa/Schush), Irak (Seleukia), Syrien (Palmyra), Libanon (Tyros) und Türkei (Antiochia), und weiter nach Südost- und Südeuropa (Griechenland und Römisches Reich).

Karawanen waren das Haupttransportmittel, und die Infrastruktur bestand entsprechend aus Karawansereien als System von Posten. Aufwand, Kosten und Transportrisiko waren allerdings trotz der Stützpunkte erheblich, rentierlich war daher nur der Transport teurer (Luxus-)Artikel.

Güter des chinesischen Exportes waren Seide, Jade, Lacke, Papier Keramik/Porzellan und Stahl, Güter des Imports neben dem industriellen Produkt Glas, vor allem die Rohstoffe Gold, Elfenbein sowie Pferde, aber auch dazugehörige spezifisch nomadische Waffentechnik wie Pfeil und Bogen für Reiter.

Europa konnte zu der Zeit nach China im Wesentlichen nur Rohstoffe wie Gold und andere Edelmetalle sowie Bernstein und als »Technikprodukt« nur Glas exportieren. Wir würden heute von für Europa ungünstigen, für China günstigen »Terms of Trade« (Preisrelationen) sprechen, da im Kern die chinesischen Produkte sowohl auf der Verarbeitungsstufe wie in der Bedürfnishierarchie höher standen und daher die Nachfrage nach ihnen starrer (»unelastischer«) war, so dass ihre Preise relativ stärker steigen konnten als die Preise der europäischen Exportprodukte, da umgekehrt Rohstoffe leichter ersetzbar waren und auch etwa aus Nordafrika hätten beschafft werden können.

Gerade Seide entwickelte sich, wie später Gold, in der eurasischen Antike zu einem allgemeinen Tauschmittel und Geldäquivalent, was China weiter eine besondere Handelsposition verschaffte, die bis in die Zeit der europäischen Kolonialisierung Chinas (Anfang des 19. Jahrhunderts) hinein bestand.

Während die zentralasiatische Multikulturalität und Multireligiosität legendär und historisch spezifisch ist für die eurasische ethnische, Wanderungs- und Reiche-Dynamik, bahnte sich in Europa dagegen mit dem militaristischen Römischen Reich um die Zeitenwende herum ein kultureller und staatlicher Wandel hin zu Unterdrückung und Ausplünderung an, und im Anschluss daran mit einem Jahrtausend der christlichen hierarchisch-bürokratischen und autoritären Staatskirche eine neuartige theokratische, machtbesessene und imperiale Religion, die es so zuvor in Zentralasien nicht gegeben hatte.

Rom und China hatten während der *Xin-* und der zwei (Westlichen und Östlichen) *Han*-Dynastien (insgesamt 9-220 u. Z.) durchaus noch direkte Kontakte aufgebaut. Die aus China importierte Seide wurde im Römischen Reich allerdings eher als (zu) dekadent angesehen. Es folgte immerhin eine Periode des Friedens zwischen Rom und Asien, vermittelt über das Kushan-Reich (30-375 u. Z.), das von den Nachfolgern der halbnomadischen Yuezhi-Konföderation auf den Gebieten Graeco-Baktriens im Norden und der Indo-Griechen (Shendu) im Süden gegründet wurde und vom Tarim-Becken über das heutige Afghanistan, Pakistan bis nach Nordindien reichte. Diplomatische Beziehungen baute China auch zum weiter westlich (von Kushana) gelegenen Parther-Reich auf.

Die religiöse, kulturelle und ethnische Toleranz existierte im zentral- und ostasiatischen Großraum noch bis weit ins Mittelalter, in China bis zur kolonialen Eroberung im 19. Jahrhundert, und erst die spätere Konfrontation der christlichen Theokratie (Welt- und Staatsreligion) mit dem Islam, der im frühen Mittelalter im Nahen und Mittleren Osten das noch multireligiöse zweite Persische Reich, das Neupersische Reich der Sassaniden (224-651), abgelöst hatte, ebenfalls Staatsreligion wurde und dann, auf imperialer Ebene, einen fundamentalen Konkurrenzkampf mit dem Katholizismus aufnahm, veränderte die Welt.

Das Neupersische Reich und China hatten ihren Frieden zunächst aufrechterhalten, beide bemühten sich um den Erhalt des Seidenstraßen-Systems, gegen Hunnen und Turk-Nomaden, zunehmend aber auch im Konflikt mit dem Römischen Reich und insbesondere dann mit dem theokratischen Oströmischen Reich (»Byzanz«, 285-1453 u. Z.). Ost-Rom stand im Konflikt mit dem Steppenreich der Awaren im Norden (heutiges Südosteuropa) und dem Neupersischen Reich in Vorderasien im 7. Jahrhundert u. Z. am Abgrund. Zum Überleben entwickelte man eine Art Kreuzzugs-Bewusstsein, eine zusätzliche ideologische und sozialpsychologische Waffe, mit der man 627 in die »Endschlacht« gegen die Perser bei Ninive (im heutigen Irak) zog und sich, wie die Geschichtsschreibung zuweilen sagt, in einen »Blutrausch« steigerte[60] und die Perser an einem Tag vernichtend schlug. Möglicherweise ein erstes großes Zeichen dafür, dass eine spezifisch europäische Kultur der Überlegenheit entstanden war, die den asiatischen Kulturen in dieser Extremität fremd war. Ost-Rom konnte sich dann wie erwähnt noch bis ins 15. Jahrhundert halten.

Die Sogder stiegen in der Zeit der Sassaniden auf zur dominierenden Händlerkultur, die die Seidenstraßen nutzten und weiterentwickelten. Eine kulturelle und wirtschaftliche Blütezeit der Seidenstraßen zwischen China, den Sogdern und dem Neupersischen Reich entstand. Die Sogder beherrschten als Händler und Diplomaten-Politiker bis zum Ende der *Tang*-Dynastie (bis 907) die Seidenstraßen zwischen Samarkand im Westen und Gansu in China, wo sie eines ihrer Großkontore errichtet hatten. China war im 3. bis 6. Jahrhundert noch einmal in verschiedene konkurrierende Einheiten (»16 Reiche«, Nördliche und Südliche Dynastien) zerfallen. In dieser Zeit wurde übrigens die Sprache der Sogder die Lingua franca entlang dieser Teile der Seidenstraßen. Die *Sui*-Dynastie (581-618) hatte den chinesischen Staat wieder geeint.

Die über 700 Höhlen von Dunhuang, in der Wüste Gobi (heutige Provinz Gansu, an der Grenze zur heutigen Provinz Xinjiang), auch Höhlen der tausend Buddhas genannt, in verfestigte Schichten des Wüstensandes gebaut, haben 45.000 Quadratmeter Wandmalereien und über 2.000 Skulpturen aus dem 4. bis 14. Jahrhundert u. Z. zum Vorschein gebracht und zeugen von Blütezeiten der Alten Seidenstraßen.[61]

Vom 3. bis zum 11. Jahrhundert insgesamt wird von der vielsprachigen und multikulturellen Seidenstraßenkultur gesprochen.[62] Zahlreiche Texte und riesige Bibliotheken in den Städten der Hochkulturen, der fortgeschrittene Stand von Kultur und Wissenschaften in Asien sind Belege dafür.*

In den alten Hauptstädten Persiens, der altpersischen Achämeniden-Hauptstadt Persepolis zum Beispiel, ist bis heute zu sehen, dass Inschriften und Reliefs keinerlei kriegerische Darstellungen enthalten, sondern ausschließlich friedliche, produktive und Austauschbeziehungen sowie symbolische Schenk- und Ehrerbietungsrituale abbilden.

Auch für China gilt die *Tang*-Dynastie (618-907) in dieser Zeit nicht nur als eines der Goldenen Zeitalter, sondern auch als letzte und größte Blütezeit der Alten Seidenstraßen.

Chinas Staat wurde unter den *Tang* weiter modernisiert und effektiviert, Boden- und Steuerreformen befreiten die Bauern weiter und steigerten die landwirtschaftliche Produktivität, China produzierte wieder einmal ein Drittel des Weltsozialprodukts. Modernes Porzellan, Papier, Buchdruck und Schießpulver wurden erfunden

---

* Aus dem Bereich der Romanliteratur sei verwiesen auf Buch und Verfilmung von »Der Medicus« von N. Gordon (US-Original: »The Physician«, New York: Simon&Schuster, 1988), der exemplarisch (fiktiv) den gegenüber Europa hohen Wissens- und Aufklärungsstand im arabischen Persien des 11. Jahrhunderts am Beispiel der Epidemiologie/Virologie/Medizin beschreibt.

und neben Seide zu Exportschlagern. Innerhalb Chinas wurde die Binnenschifffahrt ausgebaut und konnte in kleineren Teilen bereits den Seidenstraßen-Landweg ersetzen.

Die Hauptstadt Chang'an (Xi'an), »immerwährender Friede«, wurde zum multireligiösen und kosmopolitischen Zentrum (was sie heute noch ist und auch architektonisch repräsentiert). Östliches Christentum, Islam, Judentum, Buddhismus, Manichäismus, Zoroastrismus oder Stammesreligionen und andere Philosophien lebten in friedlichem Wettbewerb nebeneinander.

Das christlich-katholisch-theokratische Byzanz (»Ost-Rom«) aber bekriegte vom Westen her weiterhin das religiös tolerante Neupersische Reich. Die (Ost-)Römisch-Persischen Kriege fanden vom 3. bis zum 7. Jahrhundert statt, und eine letzte Kriegs- und Schlachtenserie (603-630) endete faktisch »unentschieden«, hatte beide Reiche existentiell geschwächt, ließ aber Byzanz formal fortexistieren, während sie das Ende des Neupersischen Reiches bedeutete. Dies ließ in Persien Raum für Beginn der Islamischen Expansion. Ost-Rom verlor zwar fast alle seiner orientalischen Besitzungen, existierte aber fort, während Persien 651 dem Ansturm der Araber zum Opfer fällt. Nach dem Tod Mohammeds (632) entstand das erste arabisch-islamische Kalifat (632-661), das die asiatischen Teile des Oströmischen Reiches wie auch das Neupersische Reich eroberte. Ein zweites Kalifat (661-750) dehnte das arabische Reich weiter aus, vom Gebiet des heutigen Afghanistan bis zur Iberischen Halbinsel im Westen.

Arabische und jüdische Händler ersetzen nun Perser/Iraner auf den Seidenstraßen. Und immer neue Reiche übernahmen die Rolle als neue Partner Chinas auf den Seidenstraßen. Im Westen, um das Schwarze Meer und den Aralsee herum, entstand das turkstämmige Khanat der Chasaren (Khazaren, 650-969), die arabischen Abbasiden (750-1258) lösten das zweite Kalifat ab. Aber die Seidenstraßen blieben Rückgrat eines relativ friedlichen Austauschs im Rahmen dieser längeren Pax Sinica, in der China zunehmend ein Faktor der Kontinuität, Stabilität und Wohlstandsmehrung geworden war.

Andererseits führten weitere Expansionsbestrebungen dazu, dass die Araber (das Abbasiden-Kalifat) sich mit dem Tibetischen Reich gegen China verbündeten und im Jahre 751 *Tang*-China in einer Schlacht bei Taras (heutiges Grenzgebiet von Kasachstan und Kirgisistan) besiegten. In China kam es daraufhin zur legendären An-Lushan-Rebellion (755-763), benannt nach dem sogdisch-türkischen Militärgouverneur der *Tang*, An Lushan. Das Tibetische Reich griff China danach noch wiederholt an, was zum Ende der *Tang*-Dynastie und zu einem erneuten (und letztmaligen) Auseinanderfallen Chinas in fünf konkurrierende Dynastien (907-960) führte.

In dieser Zeit erlebte die iranische Kultur auf den noch funktionierenden Teilen der Seidenstraßen eine Renaissance, bekam großen Einfluss auch auf arabische und Turk-Völker sowie auf die islamische Welt insgesamt. In der Zeit des Abbasiden-Kalifen Harun-ar-Raschid (766-809) hatte dann auch der Islam ein Goldenes Zeitalter erlebt, mit einem weiteren Aufleben von Kultur und Wissenschaft.

Diese intensiv interaktive »Seidenstraßen-Kultur« strahlte am Ende sogar bis nach Europa aus und legte dort später den wissenschaftlich-kulturell-philosophischen Grundstein für die Phase der europäischen Renaissance und Aufklärung. Für die Attraktion Chinas auf Europa stand symbolisch dann der venezianische »Handelsreisende« Marco Polo (1254-1324).[63]

Das Ende der Alten Seidenstraßen wurde von chinesischer Seite aus aber schon im 10. und 11. Jahrhundert eingeleitet, vor allem durch technischen Fortschritt: Wir haben den Fortschritt der Binnenschifffahrt erwähnt, auf den Tausende von Kilometern langen Kanälen Chinas, die seit der Antike eine Rolle gespielt hatten und nun zum Teil Abschnitte der Seidenstraße ersetzen konnten. Vor allem aber die Seeschifffahrt hatte sich mit dem Fortschritt des Seeschiffbaus in China entwickelt, und der Seetransport war für den Fernhandel mit Südwestasien, dem Vorderen Orient und Nordafrika sicherer und günstiger zu bewerkstelligen als die Nutzung des Landweges durch Karawanen.

Turkvölker (vor allem die Seldschuken) und die Mongolen setzten außerdem dem geschwächten China der 5 Dynastien (907-960) weiterhin zu, und auch der anschließenden Nördlichen *Song*-Dynastie (960-1127), und damit auch den Seidenstraßen. Mit der *Song*-Dynastie musste ein weiteres (und letztes) Mal eine Dynastie unter dem Druck der Nomaden (hier: Mongolen) ausweichen, diesmal nach Süden (Südliche *Song*-Dynastie, 1127-1279). Am Ende aber eroberten die Mongolen unter Kublai Khan (Enkel des Dschingis Khan) China und gründeten dort die *Yuan*-Dynastie (1279-1368).

Interessanterweise aber passten sich die Mongolen offenbar den chinesischen staatlichen Gegebenheiten stärker an als umgekehrt: Die chinesische staatliche Einheit wurde übernommen und fortgeführt, und unter einer gewissen Pax Mongolica erfuhren sogar die Seidenstraßen im 14. Jahrhundert noch einmal eine gewisse Renaissance in Zentralasien, mit erneuter weitreichender Multikulturalität und Multireligiosität.

Die Mongolenherrschaft aber wurde schließlich durch Rebellionen und Bauernaufstände beendet und durch die bäuerlich begründete *Ming*-Dynastie abgelöst (1368-1644). In die Zeit der *Ming* fielen auch der nautische Aufstieg und die internationale maritime Dominanz Chinas, mit seinen riesigen Schatzschiffen und Drachenflotten, aber auch sein überraschender selbstgewählter Rückzug von der Beherrschung der Weltmeere, nach mehreren erfolgreichen interkontinentalen Expeditionen nach Südwestasien, Arabien und Ostafrika (dazu noch weiter unten, Teil I).

So überließ man den europäischen Kolonialisten die Weltmeere und war am Ende deren Opfer, das sie wie all ihre Opfer aussaugten und dann Mitte des 20. Jahrhunderts, bei der weltweiten Entkolonisierung, völlig zerstört zurückließen. Diese Schlussphase der alten chinesischen Dynastien-Geschichte, das Jahrhundert der Demütigung, wurde im 19. und 20. Jahrhundert dann unter der mandschurischen *Qing*-Dynastie (1644-1912) erlitten, die schließlich 1912 durch die bürgerliche Revolution und die bürgerliche Republik abgelöst wurde. Das Ende von gut 4.000 Jahren chinesischen Dynastien-Feudalismus (weiter dann unten, Teil I).

Mit dem militaristischen Imperium Rom, dem theokratischen Imperium Byzanz und dem Katholizismus als Staatskirche generell hatte sich die Welt, wie schon angedeutet, von Europa aus nachhaltig geändert. Am Ende der Dauerkonkurrenz der staatlich-imperialen Theokratien der »Weltreligionen« sollten religiöser Fundamentalismus, Rassismus und Kulturkrieg des europäisch-kolonialen Christentums der Neuzeit auf den eroberten Kontinenten, mit seiner schließlichen Reaktion im islamischen Fundamentalismus des ausgehenden 20. und beginnenden 21. Jahrhunderts stehen auf die erlittenen Zerstörungen und Erniedrigungen.[64] Die staatlich-imperiale Form der christlichen Herrscherkirche war in der Neuzeit eben der europäische Kolonialismus, der die Welt unterwarf und ausbeutete, unterdrückte, missionierte und deformierte, und damit auch die jahrtausendelange eurasische Handels- und Austauschkultur beendete.

Letztere war keineswegs konflikt- und gewaltfrei, aber sie kannte weder autoritäre und inquisitorische Religionsherrschaft noch rassistischen Überlegenheitswahn noch Ausbeutung anderer Völker und Länder bis zur Vernichtung. Wie sich heute wieder herausstellt, ist der europäische Weg historisch die Ausnahme, der eurasische Weg die historische Regel …

Die bedeutsamen Merkmale der Alten Seidenstraßen, relative friedliche Koexistenz, gegenseitiger Respekt, intensiver Handel und Austausch, religiöse und kulturelle Toleranz und Laizismus, sind vom modernen China mit dem Beginn des 21. Jahrhunderts wieder aufgegriffen und als Idee eines neuen eurasischen (und sogar darüberhinausgehenden) Netzes bewusster gemeinsamer und friedlicher Entwicklung durch die Neuen Seidenstraßen vorgeschlagen worden. Wir kommen darauf zurück.

2.200 Jahre einheitlicher chinesischer Großstaat, 450 Jahre europäischer Kolonialismus, 75 Jahre US-Hegemonie – und Chinas Wiederaufstieg

Gewisse Bedingungskonstellationen führten also dazu, dass China eine mindestens 4.000 Jahre lange Geschichte von Hochkultur und eine mindestens 2.200 Jahre lange Geschichte von Staatlichkeit ausbilden konnte,[65] mit außergewöhnlichen kulturellen und technologischen Leistungen (dazu unten) und mit einem Anteil von um die 30 Prozent des Weltsozialprodukts (in der *Qing*-Dynastie um 1820, kurz vor den kolonialistischen Überfällen, sogar etwa ein Drittel).[66] Die meiste Zeit ernährte dieser Anteil circa 20 % der Weltbevölkerung sehr gut und war zu Nettoexporten fähig. Die Bevölkerung hatte sich insbesondere nach 1700 in der *Qing*-Dynastie von ca. 150 Millionen (um 1700) auf ca. 450 Millionen (um 1840) verdreifacht. Ein Staat, der auch als dominierende Regionalmacht Ost- und Südostasiens mit Außenbeziehungen zu Wasser wie zu Land, nach Südasien, Zentralasien, nach Arabien, Ostafrika, Süd- und sogar Nordosteuropa agieren konnte. Die Außenbeziehungen Chinas umspannten den dynamischen Kern der damaligen Welt, Eurasien,[67] und Chinas geografische Ausdehnung war in Zeiten der *Qing*-Dynastie, namentlich unter dem zweiten Mandschu-Kaisers Kangxi, der 61 Jahre lang (1661-1722) regierte und eine neue Blütezeit repräsentierte, größer als heute, insbesondere im Norden und Nordosten, in kleinerem Maße im Westen und Südwesten.[68]

Wir werden weitere spezifische Bedingungen für Chinas kontinuierlichen Aufstieg und seine langanhaltende Dominanz noch näher beleuchten (Teil I).

Mittel- und Westeuropa dagegen waren über Jahrtausende ostasiatischer Kulturgeschichte hinweg eine relativ unbedeutende, später vom Römischen Imperium unterworfene Peripherie, eine Halbinsel des »Herzlandes«.

Mittel- und Westeuropa war also global gesehen ein Spätkommer, der bestimmte Schwächen des chinesischen Reiches im 18. und 19. Jahrhundert auszunutzen verstand. Wie die europäischen und angelsächsischen sowie weitere Staaten und Imperien selbst aufsteigen konnten, werden wir noch genauer betrachten (Teil II).

Veränderungen in der besonderen und besonders vulnerablen Konstellation Chinas, sowohl durch als »extern« als auch »intern« betrachtete, durch »objektive« wie »subjektive« Faktoränderungen, können erklären, warum es, insbesondere seit dem 16. Jahrhundert, und, obwohl zuvor dominierende beziehungsweise einzige Seemacht der Welt, gegenüber den aufkommenden seefahrenden Mächten Süd- und Westeuropas ins Hintertreffen geriet, ausbeutbar und zerstörbar wurde. Und auch warum Europa, zunächst durch die norditalienischen Stadtstaaten, dann die kolonialistischen Imperien Portugal, Spanien (das aber nach Amerika orientiert war), die Niederlande und schließlich vor allem England, in begrenzterem Maße und später auch durch Frankreich und andere (Deutschland, Russland), in einer Phase der Geschichte dominierend wurde, in der Seefahrts- und Waffentechnologie, Geld- und Vermögensakkumulation, soziale Institutionen sowie Glaubens- und Politiksysteme selbst den kleineren seiner Imperien zu einem vollständig globalen Aktionsradius und damit am Ende zu globalen Kolonialsystemen, von Amerika über Afrika, Süd- und Ostasien bis Australien/Neuseeland, verhalfen (Teil II). Ein Ausdruck langer technologisch-ökonomisch-institutioneller Zyklen.

Schiffs- und Flottengrößen, Schiffstechnologien und Segeltechniken, die denen Europas um Jahrhunderte voraus waren, hätten eigentlich China im 15. und 16. Jahrhundert prädestiniert, die Welt umspannend zu entdecken und zu erobern. (Auch Amerika wurde möglicherweise von chinesischen Flotten erreicht.) Andere Faktoren wurden jedoch zu Engpassfaktoren, die Chinas Entwicklung bremsten, schwächten, fragil werden ließen und zurückwarfen. Am Ende wurde das über Jahrtausende hinweg führende, allerdings auch, wie wir sehen werden, relativ unkriegerische China für mehr als ein Jahrhundert zum Ausplünderungsobjekt der europäischen Kolonialmächte, dann auch der US-amerikanischen und später der japanischen Kolonialmacht, degradiert und als eines der ärmsten Entwicklungsländer der Welt verlassen. Im chinesischen Kollektivbewusstsein gilt bis heute die Zeit von 1839 (Beginn Erster Opiumkrieg Englands) bis 1949 (Gründung der VR China nach verlustreichem Befreiungskrieg) als das Jahrhundert der Demütigung.

Die Imperien Europas und Amerikas erreichten allerdings nie

das wirtschaftliche, bevölkerungsmäßige und geografische Gewicht des alten China. Nach Henry Kissinger, der als ehemaliger langjähriger US-Außenpolitiker zweifelsfrei über hervorragende Datenquellen verfügte, produzierte China allein in 18 der letzten 20 Jahrhunderte einen größeren Anteil am Weltsozialprodukt als jeder andere Staat. Und noch im Jahr 1820, bereits nach einigem Niedergang, produzierte China mit seinen fast 33 Prozent des Weltsozialprodukts damals mehr als West- und Osteuropa sowie die USA zusammen.[69] Dagegen war China vom europäisch-amerikanisch-japanischen Kolonialismus und Imperialismus dann derart zerstört worden, dass es mit Beginn der Volksrepublik nur noch 4,6 Prozent (1950) zum Weltsozialprodukt beitragen konnte. Sogar in 2022 wird China erst wieder knapp 19 Prozent des Weltsozialprodukts beitragen.[70]

Bei anderen lesen wir, es handele sich bei China um die längste, größte, reichste und fortschrittlichste Zivilisation Ostasiens.[71] Die chinesische Wirtschaft sei während des Großteils der Menschheitsgeschichte die größte der Welt gewesen. Trotz aller Aufs und Abs sei China eine bemerkenswert resiliente (widerstandsfähige, beständige, sich selbst erhaltende) Gesellschaft gewesen, und daher sei es so gut wie immer »Supermacht« gewesen.

Chip Kaye, CEO einer der größten Private-Equity-Firmen, Warburg Pincus in New York, kritisch gegenüber der chinafeindlichen Politik seiner Regierung eingestellt, sagt in einem aktuellen Interview: »China ist historisch betrachtet eine der spektakulärsten Wirtschaftsgeschichten.«[72] Dem allen wäre nach unseren obigen Erkenntnissen kaum zu widersprechen und auch nicht viel hinzuzufügen.

Wir werden die Aufstiegs- und Abstiegsgeschichte und die Bedingungskonstellationen der wichtigsten Länder, China, England, USA, Deutschland, Japan und andere, und im Falle Chinas auch die Wiederaufstiegskonstellation in den drei Hauptteilen dieses Buches behandeln. Dies soll helfen, den aktuellen Systemkampf der USA und ihres Gefolges gegen China im Kontext einer globalen Abstiegs-Aufstiegs-Konstellation zu verstehen, um deren aktuelle Dynamik etwa seit der Großen Finanzkrise 2008 ff. dann in einer nachfolgenden Untersuchung im Detail zu betrachten. Wir werden dann auch die Aussichten des globalen Systems, seiner Hauptakteure sowie des gegenwärtigen Kalten Krieges 2.0 und seiner Dynamik in Richtung eines großen heißen Krieges gegen China (und Russland) betrachten. Und damit auch unser aller Aussichten und Handlungsoptionen für die absehbare Zukunft.

Zur Entspannung der heutigen Weltlage und mehrheitlichen subjektiven Verfasstheit im heutigen Westen könnten im Prinzip bereits zwei zentrale Erkenntnisse aus unserer folgenden kurzen Geschichtsbetrachtung beitragen: erstens, dass Aufstiege und Abstiege bisher in der Geschichte ein historischer Normalprozess waren (wenngleich sich die Zukunft natürlich nicht zwingend wie die Vergangenheit entwickeln muss, falls wir eines Tages »in die Geschichte eingreifen« könnten); und zweitens, dass der Wiederaufstieg Chinas zur neuen Nummer eins eine Rückkehr zur historischen Normalität bedeutet, die sich auf absehbare Zeit mit friedlichen Mitteln auch nicht aufhalten lassen wird (dass das mit Abstand bevölkerungsreichste Land der Welt nicht so klug wäre wie andere, um seine Potenziale nicht so auszuschöpfen, dass es nicht Nummer eins wäre, wäre in der Tat »unnormal«). Beides also eigentlich keine Gründe für hegemoniale Amokläufe, sondern eher für geordnete, reflektierte, unhektische Anpassungen der globalen Arbeitsteilungen und Kooperationsstrukturen. Aber so weit sind wir mental wohl noch nicht…

Teil I

Alte Normalität: China über 2.000 Jahre lang ein Zentrum Eurasiens

Soziale, ökonomische, technologische, kulturelle und staatliche Besonderheiten – Größe, Niedergang und das Jahrhundert der Demütigung

Unsere Betrachtung der Zeiten des einheitlichen Großstaates China konzentriert sich nun auf sozioökonomische und technologische Aspekte und Erfolgsfaktoren. Wir wollen damit auch das heutige historische und philosophische Bewusstsein, die Entwicklungsziele und die Kraft des Wiederaufstiegs des modernen China aus der Geschichte Chinas heraus verstehen lernen.

1. Erfolgsfaktoren in Gesellschaft, Technologie, Ethik, Staat und internationalen Beziehungen

Bemerkenswert an Chinas ethnischer, ökonomischer, sozialer und staatlicher Geschichte ist, wie schon gezeigt, ihre Langfristigkeit, relative Stabilität und Kontinuität: Über circa 4.000 Jahre hinweg hat sich also, über viele Dynastien und einige Phasen von Fremdherrschaft, über Spaltungen und Wiedervereinigungen hinweg, ein sich seiner selbst bewusstes multiethnisches »chinesisches Staatsvolk«, mit einer relativ einheitlichen Sprache und Schrift und einem prägenden Moral- und Wertesystem (vor circa 2.500 Jahren, mit kleineren Unterbrechungen, als »Konfuzianismus« verallgemeinert), und über 2.200 Jahre auch einen politischen Rahmen in Gestalt eines Universalstaates entwickelt.[73]

»Ethnien«, »Minderheiten« und »chinesische Nation«

Wir sollten an dieser Stelle die Vorstellung von »Ethnien«, »Minderheiten« und »chinesischer Nation« erläutern. China hat heute 56 größere anerkannte Ethnien, darunter die *Han* mit einem Bevölkerungsanteil von knapp 91 Prozent, also 55 größere verfassungsmäßig anerkannte »Minderheits«-Ethnien mit zum Teil provinziellem Autonomiestatus und meist lokalen Selbstverwaltungsformen, wobei politisch-administrative Positionen oft für Minderheitenvertreter »gesetzt« sind, sowie weiteren Sonderrechten (»Affirmative Action«: Anti-Diskriminierungs-Beschwerden im öffentlichen Sektor, Förderung der Minderheitensprache, besondere wirtschaftliche Förderung und anderes). Daneben gibt es unzählige (angeblich bis zu 200) kleinere und lokal begrenzte ethnische Minderheiten mit gewissen Sonderrechten.[74] Was aber ist eine Ethnie? Genetisch sind nur grobe Linien über Millionen und Hunderttausende von Jahren identifizierbar (siehe oben zur Vorgeschichte). Aber auch phänotypisch gibt es meist keine hinreichend diskriminierenden Merkmale (im Sinne einer Rassenideologie). Manchmal kann sie nach Sprache oder Schrift, manchmal nach Religion, Kultur oder lokalem Lebensraum bestimmt werden. Die Geschichte hat »Ethnien« auf verschiedenste Weisen, meist durch eine lokale Isolation über eine gewisse Zeit hinweg, entstehen, aber durch Migration und Vermischung auch wieder vergehen lassen. Die Neuzeit, das 19. und 20. Jahrhundert und die große wirtschaftliche und soziale Veränderungsdynamik der Volksrepublik lässt »Ethnien« sich zusehends auflösen, und zwar subjektiv wie objektiv. Subjektiv erklären viele ehemalige Minderheitenangehörige heute, sie »seien Han« oder

»fühlten sich als Chinesen«. Auch die heutige (berufliche) Mobilität in China trägt dazu bei, dass sich ein »Nationalgefühl« herausbildet und die Herkunftsethnie in den Hintergrund tritt. In diesem Sinne kann heute von einer chinesischen Nation gesprochen werden. Die offizielle Bevölkerungs- und Minderheitenpolitik Chinas, die von den entsprechenden UN-Instanzen (Hohes Kommissariat für Menschenrechte und Minderheiten) als vorbildlich für alle Länder gelobt wird, hält aber an der »dialektischen Formel« fest, dass die chinesische Identität heute gerade in der Zugehörigkeit zu einem Vielvölkerstaat liegt.[75]

Die chinesische Schrift als Stabilisator und Stifter nationaler Identität

Auch die chinesische Schrift wird als ein Katalysator der stabilen Einheit Chinas angesehen. Sie ist als eine »logografische« Schrift nicht nur »das komplizierteste System von Formen, welches die Menschheit geschaffen hat« und ein »Alleinstellungsmerkmal der chinesischen Kultur«, sondern auch zentral für das Zusammengehörigkeitsgefühl und die erstaunliche, gewachsene gemeinsame chinesische Identität des riesigen Vielvölker-, Vielkulturen- und Vielreligionenstaates.[76] Schriftzeichen ersetzten sogar jahrtausendelang Statuen und Reliquien, deren Herstellung erst durch den Einfluss der Griechen (des Alexandrinischen Reiches und später der Graeco-Baktrier) in China üblich wurde. Buddha zum Beispiel war zuvor stets »nur« ein Schriftzeichen gewesen. Die Schrift war ein Faktor der Kontinuität und Stabilität in China über 2.000 Jahre hinweg, und die Schriften aus antiker und mittelalterlicher Zeit sind heute der Gesellschaft genauso zugänglich wie damals – obgleich das moderne, revolutionäre China die Schrift deutlich vereinfachte, so dass das Volk das zuvor verbreitete Analphabetentum endlich überwinden konnte.

Philosophisch-politische Diskurse und Kämpfe

Die kulturelle Entwicklung aber war keineswegs ein monoton aufsteigender Prozess, der Konfuzianismus keineswegs durchgängig die dominierende Philosophie und sein Einfluss auf die politische Philosophie des Staates und der Dynastien keineswegs durchgängig vorhanden. Phasenweise waren die Konfuzianer von der Macht getrennt zugunsten anderer (Staats-)Philosophien. Exemplarisch war etwa die »Salz und Eisen«-Debatte im ersten Jahrhundert v. u. Z. unter der ersten *Han*-Dynastie. Die Frage staatlicher Privatisierungs- und »Laisser-faire«-Politik versus stärker interventionistischer Staatspolitik (staatliche Monopole, Preisfestsetzungen, Besteuerung des Kapitals) stand in der *Han*-Dynastie seit längerem im Raum und war kontrovers zwischen liberalen konfuzianischen »Reformisten« und stärker interventionistischen »Modernisten« diskutiert worden. Alle Wissenschaftler der Kaiserreichs wurden 81 v. u. Z. dazu zu einer Generaldebatte nach Chang'an (Xi'an) geladen. Die Frage spitzte sich an den staatlichen Monopolen für Salz und Eisen zu. In der Westlichen *Han*-Dynastie festigten die Interventionisten ihre Position, während die Konfuzianer nur einen begrenzten Einfluss in der Östlichen *Han*-Dynastie behielten.[77]

Chinas Entwicklung ist schon allein wegen der vorgenannten kulturellen Errungenschaften und hochstehender Diskurse bemerkenswert. Wir werden einige weitere markante Elemente skizzieren, jedoch ohne den Anspruch eines umfassenden geschichtlichen Überblicks erheben zu wollen.

Wissenschafts- und Technikvorsprünge Chinas – ein Aufschlag

Das sicherlich nicht »grundlegendste« oder »ursächlichste«, wohl aber mit am meisten ins Auge fallende Element in Chinas Kulturgeschichte ist seine herausragende Wissenschafts- und Technikgeschichte. China, das seine Hochkultur schon nahezu 2.000 Jahre vor Europa, also weit vor der europäischen Antike entwickelt hatte, hat umfassende Erfindungen und Entwicklungen in Wissenschaft und Technik regelmäßig etliche Jahrhunderte vor Europa gemacht. Eine grobe Übersicht mit ausgewählten Bereichen gibt die Tabelle auf der folgenden Seite.

Tabelle: Zeitvergleich wissenschaftlicher und technischer Erfindungen und Entwicklungen zwischen China und Europa – Auswahl[78]

Wissenschafts- und Technikbereich Erfindungen und Entwicklungen	Entstehung in China (Jahrhundert, - ≙ v. u. Z.)	Entstehung in Europa bzw. im ›Westen‹ (Jahrhundert)	Nachlauf Europas bzw. des ›Westens‹ (in Jahrhunderten)
Landwirtschaft			
Eisenpflug	-6	17	23
Vielfach-Hülsen-Sämaschine	-2	17	19
Astronomie / Kartographie			
Entdeckung: Sonnenflecken	-4	17	21
Entdeckung: Solarwind	6	20	14
Quantitative Kartographie	2	15	13
Mercator-Kartenprojektion	10	16	6
Ingenieurwesen			
Eisenguss	-4	14	18
Kolben-Blasebalg	-4	15	19
Stahlherstellung	-2	19	21
Tiefbohrung nach Gas	-1	19	20
Treibriemen	-1	14	15
Wasserkraft	1	13	12
Dampfmaschine	5	18	13
Siemens-Martin-Verfahren	5	18	13
Kettenantrieb	10	18	8
Materialien und Techniken			
Lackfarbe	-13	20	33
Petroleum / Gas-Kraftstoff	-4	20	24
Papierherstellung	-2	13	15
Porzellan	3	20	17
Regen- bzw. Sonnenschirm	4	16	12
Streichhölzer	6	16	10

Buchdruck	8	15	7
Banknoten / Papiergeld	9	17	8
Kompass	-4	12	16
Hermetisch abgeschl. Labor	-1	20	21
Spinnrad	11	13	2
Medizin			
Entdeckung: Blutkreislauf	-6	13	19
Diabetes-Diagnose via Urin	7	17	10
Pockenimmunologie	10	18	8
Drüsenfunktionen & Hormone	-2	20	22
Mathematik			
Dezimalsystem	-14	10	24
Dezimalbrüche	-1	16	17
Wert für π (Pi)	3	15	12
Hypotenusen-Satz	-20	-5	15
Physik			
Erstes Bewegungsgesetz	-4	10	14
Seismograph	1	16	15
Transport			
Bemannter Drachenflug	-4	13	17
Transportkanäle	-3	17	20
Fallschirm	-2	19	21
Heißluftballon	-2	13	15
Mehrmaster-Schiffe	2	14	12
Wasserdichte Schiffskammer	2	19	17
Helikopter-Rotor / Propeller	4	19	15
Schaufelrad-Boot	5	15	10
Kriegführung			
Schießpulver	9	12	3
Stufenrakete (Pyrotechnik)	14	20	6

Über die hier genannten 46 ausgewählten wissenschaftlichen Erkenntnisse und Technologien ergibt sich im Mittel ein unglaublicher Zeitvorsprung Chinas gegenüber Europa von etwa 1.500 Jahren.

Zahlreiche Wissenschafts-, Technologie-, Innovations- und Ideengeschichten haben die Vorsprünge Chinas analysiert und bestätigt. Der Kulturhistoriker Peter Watson zum Beispiel schreibt in seinem Werk »Ideas« über die die »Welt bewegenden« Innovationen und hebt für China die frühesten Formen von Papier, Drucktechniken und Büchern hervor, ferner das Papiergeld, Zeichen einer frühen enormen gesellschaftlichen Abstraktionsfähigkeit,[79] ferner Schießpulver, Porzellan, Kompass und eine forensische Medizin sowie die damit verbundenen friedlichen Denksysteme von Daoismus, Konfuzianismus, und später Zen-Buddhismus.[80] Andere erwähnen ganz profane Dinge wie etwa das Vorhandensein von Speiseeis,[81] allerdings auch nicht gerade ein in der Herstellung anspruchsloses Genussmittel, oder auch die Zahnbürste. Der berühmte Sinologe Joseph Needham, der unter anderem auch die Technologiegeschichte Chinas untersuchte, demonstrierte dessen Technikvorsprung an den Beispielen Buchdruck, Kompass, Schießpulver, Hängebrücken oder auch Toilettenpapier.[82] Während der *Song*-Dynastie fuhren im 12. Jahrhundert auf den Kanälen von Menschenkraft durch Tretpedale im Innern angetriebene Schaufelrad-Kähne, in der Binnen- wie Hochseeschifffahrt wurden zeitgleich das Axialruder und der Kompass entwickelt, zudem Schubkarren und das Spinnrad.

Sozialökonomisch sind in dieser Zeit die Existenz von Bauernmilizen als Elemente der sozialen Selbstverwaltung und der Landessicherung sowie für die Ernährungssicherheit die schon früher erwähnten Getreidespeichersysteme, in gesellschaftspolitischer Hinsicht Reformen für mehr soziale Gerechtigkeit, aber auch sozialpolitische Maßnahmen wie Waisenhäuser und Spitäler zu nennen.[83]

Watson (2005) bezeichnet das China der *Tang*- und *Song*-Perioden als »by medieval times, the most intellectually sophisticated country in the world, and the most technologically advanced«.[84] So wird auch deutlich, wie interessant seit jeher Chinas Technologien und die damit hergestellten Güter für Europa waren. Chinesische Güter waren ja bereits seit antiker Zeit über die räumlich sich überlappenden Handelsregionen, über den Nahen Osten und Südeuropa sowie über Russland sogar bis nach Mittel- und Nordeuropa gelangt. Wir kommen darauf zurück.

Das Beispiel Schiffbau und Navigation: Die großen See-Expeditionen

Einer der bekanntesten und spektakulärsten technischen und wissenschaftlichen Entwicklungsbereiche, der den Jahrhunderte-Vorsprung Chinas gegenüber Europa (und der restlichen Welt) am deutlichsten werden ließ, weil im Bereich des internationalen Verkehrs, Handels und Kulturaustauschs angesiedelt, sind Schiffbau und maritime Navigation.[85] Bereits Anfang des 15. Jahrhunderts wurden in China Schiffe gebaut mit (laut alten Chroniken) bis zu 120 m Länge und 50 m Breite, Riesendschunken, auch Schatzschiffe genannt. Wie die Tabelle zeigt, handelte es sich um Vielmaster-Schiffe sowohl in Schott- als auch in Doppelhüllen-Bauweise, also mit wasserdichten Schiffskammern und Doppelwänden, und in der Navigation waren Kompass, quantitative Kartografie und Mercator-Kartenprojektion, und damit Hochseenavigation, oder auch die Fähigkeit des Kreuzens gegen den Wind geläufig.

In der bäuerlichen *Ming*-Dynastie, die 1368 nach Aufständen gegen die fast 70-jährige Mongolenherrschaft entstanden war, unternahm der legendäre Admiral Hé Zhèng mit riesigen sogenannten Drachenflotten, zwischen 1405 und 1433 sieben große Expeditionen in den Pazifik (sogar mit möglicher Entdeckung Amerikas von Osten her) und in den Indischen Ozean bis Arabien und Ostafrika. Die Flotten legten dabei mehr als 50.000 km zurück. Es wird beschrieben, wie die Flotten mit landwirtschaftlichem und gärtnerischem Anbau an Bord über Monate in völliger Selbstversorgung autark reisen konnten.

Die maritimen logistischen Fähigkeiten Chinas wurden später ein wahres Eldorado für die europäischen Kolonialisten, um, von der räumlichen Enge sowie von Ressourcen- und Menschen-(Arbeitskräfte-)Knappheit zur Eroberung angetrieben, ihre Weltherrschaft ausbauen zu können. Gelernt wurde von Arabien und von China in den Bereichen Kartografie, Navigation, Kompassnutzung, der in Europa noch unbekannten Technik des Segelns gegen den Wind, der Schott- und Doppelhüllen-Bauweise und anderem mehr.

Kein Kolonialismus

Hervorgehoben wird in der Geschichtsschreibung über Chinas internationale Beziehungen das bemerkenswerte Phänomen, dass diese Expeditionen dem Charakter nach in keinerlei Hinsicht missionarisch-unterwerfende und kolonialistisch-ausbeuterische Expansionen oder Vernichtungsexpeditionen im späteren europäischen Stil waren. Chinesische Truppen beispielsweise plünderten und raubten nicht, unterwarfen und vernichteten nicht, anders als die späteren portugiesischen, niederländischen, spanischen und englischen Invasoren.[86]

Der chinesische Ansatz internationaler Politik war vielmehr, dass die anderen Staaten durch Chinas Reichtum, Macht und maritime Überlegenheit so beeindruckt werden sollten, dass sie freiwillig Tribut zahlten. Die jeweiligen lokalen oder regionalen Herrscher in Südost-, Süd- und Westasien, Arabien und Afrika hatten lediglich die Oberhoheit des chinesischen Kaisers anzuerkennen und durch Geschenke an ihn zu bekunden. Sie erhielten im Gegenzug eher mehr als nur gleichwertige Geschenke, auch um in der moralischen Schuld Chinas zu bleiben. Die chinesischen Flotten waren daher voll mit Geschenken, Handelswaren und Luxusgütern. Die chinesische Außenpolitik jener Zeit bestand mithin im Wesentlichen in der Forderung nach Anerkennung des chinesischen Kaisers und seiner Hegemonie – woraufhin es zum Austausch von Geschenken, oft festen diplomatischen Beziehungen und dann regem Handel kam.

Das chinesische Ausgreifen ins Internationale und Interkontinentale hatte demnach eine überraschend geringe militärische und kriegerische Dimension, vermutlich auch weil sich China mit seiner Größe und seiner überlegenen Produktpalette stets selbst genug war, wie auch später den europäischen Kolonialisten entgegengehalten wurde.[87]

Kolonialismus (und Rassismus) erscheint somit keineswegs als welthistorische Regel, sondern als europäisch-angelsächsische Besonderheit.

Hintergrund 1: Keine Sklavenhaltergesellschaft und kein feudales Leibeigentum, ethischer (konfuzianischer) Beamtenstaat und die Rationalität der Wasserbewirtschaftung

Die Gründe dafür, dass China nie einen klassischen Kolonialismus wie Europa entwickelte, sind vielschichtig und mit physischen, sozialen und politischen Bedingungen sowie mit seiner spezifischen Kulturentwicklung verbunden.[88] Sie werden in der historischen Literatur vor allem darin gesehen, dass sich in Chinas Innerem nie wie in Europa eine Sklavenhaltergesellschaft antiken Typs entwickelt hat und später auch keine Feudalgesellschaft mittelalterlichen Typs.[89] Feudalaristokratie und Lehnswesen wurden bemerkenswerterweise vom chinesischen Kaiser bereits im 3. Jahrhundert v. u. Z. abgeschafft, offenbar eine weitsichtige, die sozialen Produktivkräfte berücksichtigende und die bäuerliche Bevölkerung mobilisierende und die Aufstiegskonstellation verstärkende Entscheidung.

Zwischen der kaiserlichen Herrschaftsschicht und dem bäuerlichen Volk existierte und agierte eine verbeamtete Staatsbürokratie, eine in einer der konfuzianischen Schulen gut und einheitlich ausgebildete und ethisch geschulte intellektuelle Elite des Landes, »Philosophen-Beamte«, die als Weise geachtet waren. Es soll in Hochzeiten mehrere Hunderttausend Ausbildungsbewerber gegeben haben, und die Ausbildungsplätze waren für Bewerber aus allen Schichten offen. Die Verwaltungsämter waren auch kein feudales Privateigentum bestimmter herrschender Clans, sondern wurden meist durch öffentliche Ausschreibungen vergeben. Der chinesische Staat war daher stets ein relativ rational verwalteter, die großen, weitläufigen und fragilen sozial-ökologischen Gemeinschaftsgüter (»Allmenden«, »Commons«) organisierender Staat.

Vor allem hatte der Staat das komplexe, großräumige Wasserbewirtschaftungs-System,[90] Küsten, Flussmündungsbereiche und das

Kanalsystem, etwa den 1.600 km langen Kanal von Nanking nach Peking, und andere Großbauten, so die am Ende 6.000 km lange Große Mauer, ferner Forschung und Bildung und so weiter zu organisieren – ein investierender und regulierender, relativ weitgehend funktionaler Staat. Als strukturellen Hintergrund für die relativ kollektiv-rationale Organisation des Großraumes hatten wir schon in Bezug auf das ungünstige Verhältnis von Bevölkerungsgröße und -dichte zum ökonomisch nutzbaren Land erwähnt.

Der kaiserliche Absolutismus war so stets durch die Sachzwänge der ökologischen Gemeinschaftsgüter und die Beamtenschaft moderiert, zumal der Kaiser stets der irdischen Ethik und Moral unterlag und nie »gottgleich« war.

Chinesische Philosophie und Ethik ließen daher auch nie eine Staatsreligion zu, und der chinesische Staat war nie eine Theokratie. Und so wurde das Land auch vor absolutistischen und fundamentalistischen Tendenzen und Auswüchsen in Richtung einer Sklavenhaltergesellschaft oder einer das Land aussaugenden, rein konsumtiven Feudalherrschaft mit Leibeigentum bewahrt. Der Zusammenbruch der antiken europäischen Sklavenhalterreiche (zuletzt Rom und Byzanz) wie auch einige nahezu entwicklungslose Jahrhunderte des europäischen Mittelalters mit seinen inquisitorischen Auswüchsen blieben China erspart – sicherlich ein weiterer Faktor einer langanhaltenden Aufstiegskonstellation.

Da der Staat nie als im engen Sinne religiöser verstanden wurde, also weder der Kaiser als überirdisch, göttlich betrachtet wurde, noch eine bestimmte Staatsreligion vorherrschte, konnte sich eine Pluralität von Religionen (Zoroastrismus, Daoismus, später auch Buddhismus und Islam) entwickeln, die von einem allgemeinen, Religionen übergreifenden ethisch-moralischen System, Konfuzianismus, dominiert und moderiert wurde.[*] Auswärtige Händler, die von

* Der Daoismus war nicht nur die älteste, sondern lange Zeit unter den in China so genannten »drei Lehren« (Daoismus, Konfuzianismus, Buddhismus) auch die wichtigste. Das alles durchfließende Dao (der »Weg«) manifestiert sich in dialektischen Gegensätzen und ihrer stetigen Interaktion, Wiederaufhebung

Westen auch mit ihren jeweiligen Religionen, kamen, wurden daher stets schnell und problemlos aufgenommen und assimiliert, von den iranischen Sogdern bis zu Marco Polo. Sie alle konnten in China leicht hohe staatliche Positionen erlangen.

Die Geschichte Chinas ist also, anders als die Geschichte von Ländern der christlichen Staatskirche, des Islam und anderer Staatsreligionen, eine Geschichte religiöser Toleranz und Pluralität nach innen und wohl eben deshalb auch die eines relativ rationalen und relativ friedfertigen, handelsorientieren Agierens nach außen.[91] Das konfuzianische ethische System steht zwar für einen feudalen, aber nicht exzessiv-absolutistischen Staat. Der Konfuzianismus betont Gemeinschaftlichkeit, Ausgleich, Inklusion, Gerechtigkeit und Harmonie, anerkennt dabei Unterschiedlichkeiten und Widersprüche und einen daraus resultierenden ständigen Prozess.

Die konfuzianische Beamtenschaft war bis in die entfernten Dörfer der ländlichen Provinzen verteilt und organisierte daher auch regional und lokal, in direktem Kontakt mit der Bauernschaft die großen Allmenden, auch dies ein Faktor der langen chinesischen Aufstiegskonstellation.

Hintergrund 2: Selbständige Bauern als soziale Basis der chinesischen Geschichte

Die gesellschaftliche Basis des einheitlichen chinesischen Großstaates bestand danach wesentlich aus der Bauernschaft, die tatsächlich stets auch überwiegend auf eigenem Grund und Boden arbeitete[92] und die später auch handwerkliche und manufakturelle Produktion sowie Handelsfunktionen übernehmen durfte und so über lange historische Perioden Träger auch von Warenproduktion und -distribution war.[93]

---

und Neuentstehung (bekanntes Symbolbild »Yin und Yang«). Parallelen zu solchem Denken gab es im frühen antiken Griechenland (Heraklit: panta rhei – alles fließt), hier jedoch eher schon »europäisch« als ubiquitäre »Gesetzmäßigkeit« (Logos), später auch in der klassischen deutschen philosophischen Dialektik von Hegel und Marx. (Hinweis von E. Najmehchi).

Unter solchen Umständen konnte die chinesische Geschichte auch eine Geschichte mit relativ starker revolutionärer oder rebellierender Tradition werden. Die Kulturgeschichte Chinas kann geradezu als eine Geschichte von Bauernaufständen gesehen werden.[94] Bauernaufstände stürzten Dynastien und beendeten Fremdherrschaft. So etablierte, wie erwähnt, der Aufstand gegen die Mongolenherrschaft (*Yuan*-Dynastie) 1368 die *Ming*-Dynastie, bestehend aus Führern des Bauernaufstandes. Bauernaufstände richteten sich natürlich primär auf die Sicherung von Lebensgrundlagen (etwa bei Hungersnöten oder zu großer Ausbeutung durch die kaiserliche Zentrale) oder die Sicherung/Erweiterung von Rechten (etwa bei der Ausweitung der bäuerlichen Rechte auf eigene handwerkliche Produktion und eigenen Warenhandel). Bauern organisierten sich in Verteidigung ihrer Dörfer und der wichtigen Wasserbau-Infrastrukturen. Da die Zentralregierung oft weit entfernt war, mussten sie Selbstverteidigungskräfte, meist gegen einfallende Nomadenstämme, aufbauen.

Chinas Tradition der bäuerlichen Revolte blieb offenbar lebendig bis in die moderne Zeit, und selbst die sozialistische Revolution, beginnend in den 1920ern bis zum Erfolg 1949, hatte als soziale Basis die verarmten Bauern. Und auch das aktuelle China scheint in seiner für »Westler« oft überraschend streitfreudigen Kultur immer noch ohne die Traditionen der Revolte und Revolution nicht zu verstehen zu sein. Ebenso wie übrigens die deutsche Kultur nicht ohne die historische Serie erfolgloser und niedergeschlagener Aufstände zu verstehen ist, die alle im Sieg der Herrschenden und im Blutbad der Aufständischen endeten, insbesondere schon der Bauernaufstände 1524/25 über die misslungene deutsche bürgerliche Revolution 1848 bis zu der von Reichswehr und Freikorps zusammengeschossenen Arbeiterrevolution 1918/19. Und in der Corona-Krise 2020 konnte China dann mit der Erinnerung an den »Volkskrieg« und den »Langen Marsch« der Volksbefreiungsarmee unter Mao Zedong 1934/35 eine enorme soziale Mobilisierung zur Bekämpfung der Virusepidemie, mit circa 8 Millionen freiwilligen Helfern in der Zeit der Quarantäne, hervorbringen.[95]

China als ein Zentrum der antiken, mittelalterlichen und neuzeitlichen Welt

China konnte als einziger Großstaat organisatorisch, kulturell-ethisch und sprachlich eine relative Kontinuität von circa 4.000 Jahren (gemessen ab der *Erlitou*-Kultur und ihrer *Xia*-Dynastie) realisieren. Nach Andre Gunder Frank, einem Mitbegründer der sogenannten Weltsystemtheorie (Frank 1998), war dies eine Geschichte der wissenschaftlichen Entdeckungen und technologischen Innovationen sowie der sozialen und staatlichen Stabilität von globaler Bedeutung.[96] Wir haben einige Faktoren und Ergebnisse der chinesischen Aufstiegskonstellation genannt, die die Mobilisierung innovativer Kräfte beförderten.

Und wie Frank für die Periode 1400-1800 u. Z. zeigt, war auch das Welthandelssystem in diesen vier Jahrhunderten »sinozentrisch«, mit China als Gravitationszentrum des internationalen Handels.[97]

Und während sich die Weltbevölkerung zwischen den Jahren 1000 und 1850 etwa auf 1,1 Milliarden Menschen vervierfachte, versechsfachte sich die Bevölkerung Chinas auf 430 Millionen und erhöhte ihren Anteil an der Weltbevölkerung in diesem Zeitraum sogar noch von gut 25 Prozent auf knapp 40 Prozent.[98] Deutliches Zeichen einer starken langfristigen Aufstiegskonstellation. Die »alte« historische Normalität.

Needham[99] formulierte vor diesem Hintergrund die Frage und das »historische Puzzle«, wie es dem zunächst weit unterentwickelten Europa später gelingen konnte, dieses sozial und technologisch überlegene China zu unterwerfen und auszuplündern, bekannt in der Sinologie als »Needham's Grand Question«.

Insbesondere ab dem 12. Jahrhundert, als Europa aus seiner Rückständigkeit erwachte und räumlich auszugreifen begann, wurde China als Lieferant aller möglichen in Europa begehrten Luxusgüter attraktiv und der Handel mit China ausgebaut. Nicht nur durch die italienischen Stadtstaaten, sondern etwa auch durch die nordeuropäische Hanseliga, die über Gotland und Nowgorod Verbindungen nach China erhielt. Im 13. Jahrhundert war es zum Beispiel der venezianische Handelsreisende Marco Polo, der über den Vorderen Orient und Persien nach Zentralasien und China reiste.

Und schließlich kamen die portugiesischen, niederländischen und dann vor allem die englischen kolonialistischen Seefahrer, die dann in der Zeit der ersten europäischen Manufakturen und der beginnenden europäischen Industrialisierung ab dem frühen 18. Jahrhundert China als Mekka nicht mehr nur für Luxusgüter, sondern zunehmend auch für begehrte Industrietechnologien anliefen. Mit mehr und mehr überlegener Macht, vor allem aber kulturell stärkerem Eroberungs-, Unterwerfungs- und Aneignungstrieb, konnten insbesondere die Engländer die wissenschaftlichen und technischen Errungenschaften der chinesischen Industrialisierung, von Agrartechnologien über die Dampfmaschine, Textilmaschinen, Eisen- und Stahlerzeugungs-Technologien und anderes (siehe obige Tabelle) aus China »mitbringen«, was wiederum die englischen und europäischen Wissenschaftler und Erfinder beflügelte und zu weiteren Erfindungen anregte. In heutiger Diktion: »Technologieklau 1.0«!

Während die europäischen Philosophen und Intellektuellen der Aufklärung angetan waren vom hohen Stand chinesischer Weltanschauung, Philosophie und Ethik.

2. *Naturkatastrophen, Rückzug und Machtverfall – Europas kolonialer Überfall, Verwüstung und Technologieklau*

Die Pax Sinica war eine lange Ära staatlicher Kontinuität und relativer Stabilität Chinas, und dadurch Zentral- und Ostasiens, sowie der relativen Friedlichkeit seiner internationalen Beziehungen, vor allem seit Beginn unserer Zeitrechnung, vergleichbar, und lange Zeit koordiniert mit den beiden Perserreichen im Westen (6. bis 4. Jahrhundert v. u. Z. und 3. bis 7. Jahrhundert u. Z.). Sie wurde erst durch das Eindringen der europäischen Kolonialmächte und der Unterwerfung durch sie seit dem 18. Jahrhundert und endgültig dann Mitte des 19. Jahrhunderts beendet, Mächte, die »auf Chinas Schultern« steigen konnten, wie Frank sagt.[100]

Es stellt sich also in der Tat die Frage, wie China aus seiner historisch starken Position heraus so geschwächt werden konnte, dass es Opfer werden konnte.

Europa und sein späteres, von der Enge Kleineuropas »befreites« nordamerikanisches »Abbild« konnten über die Dominanz, die sie auf den Weltmeeren erringen konnten, sowie über die effektive Anwendung neuer mechanischer Produktionstechniken aufgrund des europäischen Arbeitskräftemangels schrittweise auch eine ökonomisch-militärische Überlegenheit und für gut 100 Jahre die Herrschaft über China und die Weltherrschaft für mehr als 150 Jahre übernehmen.

Europa, und insbesondere England, hatte aufgrund seiner, trotz umfangreichen »Bauernlegens« und des Hineintreibens der enteigneten Bauern in die Manufakturen (vor allem im Vergleich zu China) vorherrschenden Arbeitskräfteknappheit, und aufgrund entsprechend hoher Löhne einen besonderen Anreiz zur Anwendung, Verbreitung und Effektivierung neuester mechanischer Produktionstechnologien. Und die seit Jahrhunderten aus China eingeführten Waren, etwa die hochwertigen Textilien (Seide), die meist die Haute Couture definierten, oder das Porzellan,[101] waren Produktbereiche, für die sich eine Importsubstitution anbot, die die großen Importüberschüsse aus China beseitigen sollte. China dagegen war sich mit seiner reichhaltigen und hochwertigen Produktpalette stets »selbst genug«, und Europa hatte China noch Anfang des 19. Jahrhunderts nur wenig attraktive Produkte zu bieten.

An Arbeitskräften mangelte es in China gerade nicht, was auch mit der relativ gesicherten Ernährung (unter anderem dem Speichersystem) und dem wissenschaftlich basierten Hygienestandard in China zu tun hatte (siehe entsprechende Bereiche in der Tabelle). Auf dieser Basis konnte die Bevölkerung Chinas längerfristig stärker wachsen als die Weltbevölkerung.

Die chinesische Dominanz auf den Weltmeeren, die über einige Jahrhunderte (circa 1000 bis 1435) bestand, wurde nun, für die Historiker zunächst überraschend, relativ plötzlich und ohne einen offensichtlichen Grund, aufgegeben. Der *Ming*-Kaiser Zheng Tong schlug nach den großen Expeditionen des Hé Zhèng eine völlig konträre Außen- und Seefahrtspolitik ein.[102]

Vermutlich aufgrund von Naturkatastrophen in China gab er die staatlichen »Drachenflotten« auf, die ja auf den Weltmeeren auf absehbare Zeit unschlagbar gewesen wären und den europäischen Kolonialisten vermutlich keinen Raum in Südostasien gelassen hätten. Ihre Kosten scheinen plötzlich wohl untragbar geworden zu sein, und man brauchte das Geld anscheinend zum Wiederaufbau zerstörter Gebiete. Die »Schatzschiffe« wurden stillgelegt und abgewrackt. 1435 war die Zeit der chinesischen Weltmeer-Expeditionen und damit des Aufbaus eines Weltreiches, weltweiter Handelsnetze und Kooperationssysteme beendet.

Die Tendenz der *Ming*-Dynastie jener Zeit zum Isolationismus wurde noch verstärkt durch ein Verbot der privaten Seefahrt. Das Verbot galt von 1368 bis 1405 und erneut zwischen 1550 und 1567,[103] jener kritischen Zeit auf den Weltmeeren, als die europäischen Kolonialmächte endgültig lernten, um West- und Südafrika herumzusegeln, expandierten und die Welt eroberten. China machte ihnen den Raum frei, in den sie nun hineinstoßen konnten, und »organisierte« seinen Rückzug aus der internationalen Sphäre, und damit in gewisser Weise seinen eigenen Abstieg.[104]

Schon zur selben Zeit (nämlich 1434) umfuhr der portugiesische Seefahrer Gil Eanes im Auftrag Heinrichs des Seefahrers als erster Europäer das Kap Bojador an der Westküste Afrikas. Damit war eine erste Etappe der Entdeckung des tatsächlichen Seewegs nach Indien (und China) gelungen, und damit ein erster Schritt zur europäischen Expansion nach Südostasien. Zwar blieb China noch die bedeutendste Seehandelsmacht in Südostasien, und nach Frank auch bis 1800 noch das Zentrum der ökonomischen und technologischen Innovation, der sozialen Stabilität und der politischen Macht, aber das Vakuum, das es nun auf den Weltmeeren entstehen ließ, konnte von Europa, trotz zunächst unterlegener Schiffs- und Navigationstechnik,[*/105] gefüllt werden.[106]

Europa konnte damit die Idee, die Welt sowohl in Richtung Nordamerika (zunächst vermutet als »Indien«) als auch Süd- und Ostafrika, Persien, Indien und China sei originär von ihm »entdeckt« worden, zu einem Teil seiner Identität, seines konstitutiven Narrativs und seines bis heute mächtigen (menschenrechtlich und demokratiepolitisch gewendeten) Überlegenheitsmythos machen. Ebenso wie das Narrativ, die Techniken der Frühindustrialisierung seien in Europa erfunden worden. Beides beeinflusst europazentriertes »weißes« »Werte«-Denken bis heute.[107]

Eine weitergehende, sich nicht nur auf »äußere« Einzelereignisse (wie die Stilllegung der Drachenflotte) stützende Untersuchung des chinesischen Niedergangs erkennt auch einen allmählichen, schleichenden und lange Zeit unbemerkten Niedergang des alten China und sieht sozial-ökonomische Schwächen Chinas bereits in seinen, lange Zeit ja erfolgreichen, gesellschaftlichen und staatlichen Strukturen angelegt, die irgendwann nicht mehr hinreichend adaptiv, vor allem im Hinblick auf viele eingetretene ökologische Veränderungen, gewesen seien:[108]

- Bereits seit dem 11. Jahrhundert, während der *Song*-Dynastie (960-1279), einer Blütezeit hoher gesellschaftlicher Stabilität und hohen Bevölkerungswachstums (von circa 60 auf circa 140 Millionen), hatte es in China eine Intensivierung von klimatischen und ökologischen Veränderungen gegeben, so etwa langfristige Abkühlungen, entsprechende Veränderungen von Hydrologie, Böden und Vegetation, mit mehr Trockenzeiten und zugleich mehr Fluten.[109] Naturkatastrophen und Hungersnöte häuften sich trotz aller guten Staatsorganisation und aller technischen Vorkehrungen ab dem 13. Jahrhundert (vor allem dann während der mongolischen *Yuan*-Dynastie, 1279-1368) von 1-2 auf über 5 pro Jahr.

---

* Europäische Segler mussten sich zum Hochsee-Navigieren, wie erwähnt, noch des Wissens arabischer Nautiker bedienen, die sie an Bord genommen hatten.

- So sei die bäuerliche Basis, die in der Geschichte des Landes dominierte und sowohl ein Faktor von Stabilität als auch von gewissen sozialen Errungenschaften aufgrund von Revolten war, bereits seit Ausgang des Mittelalters ein Hemmfaktor angemessener Entwicklung geworden. Die Koalitionen aus kaiserlichen Dynastien (besonders der bäuerlichen *Ming*) und Bauernklasse hatten den Bauern (wie erwähnt) immer mehr die exklusiven Rechte an handwerklicher und manufaktureller Warenproduktion und deren Handel zuerkannt. Damit wurde die Entstehung einer selbständigen Klasse von Handwerkern und Kleinunternehmern sowie von Händlern, die dann, wie in Europa, die ersten Reichtümer hätten akkumulieren und Kreditgeber für Adel, Könige und vor allem für die ersten Manufakturbesitzer werden können, behindert. Behindert wurden damit zugleich die industrielle Entwicklung und die Entstehung einer eigenständigen Kapitalistenklasse.
- Zu der ohnehin starken Expansion der Bevölkerung seit dem Mittelalter kamen aufgrund der sozialen Stabilität und des langfristigen ökonomischen Erfolges während der *Ming*-Dynastie im 16. Jahrhundert ein besonders starkes Bevölkerungswachstum und ab Mitte des 17. Jahrhunderts eine wahre Bevölkerungsexplosion hinzu. Das Ergebnis war noch einmal eine Vervierfachung der Bevölkerung in den folgenden 200 Jahren, die China zu dem bevölkerungsreichsten Land machte, das es heute noch ist. Genau dies aber verschlechterte auch wieder die Lebensverhältnisse auf dem Land. Eine »Malthusianische« Falle einer relativen Überbevölkerung (bei damals noch exponentieller Bevölkerungsvermehrung) bei relativ zurückbleibender Nahrungsmittelproduktion (bei damals noch linearer Agrarproduktion).[110] Die relativ egalitäre chinesische Gesellschaft der relativ selbständigen und »sich selbst gehörenden« Bauern also transformierte den ökonomischen Überschuss in Bevölkerungswachstum und schaffte es auch von daher nicht hinreichend, Kapital und Macht in wenigen Zentren und bei Großhändlern, den ersten Banken und Kapitalistendynastien zu

akkumulieren und so genügend Überschuss für zentrale Machtsicherung, industrielles Kapital und Rüstung zu erübrigen.[111]

- Vermutlich im Zusammenhang mit den wahrnehmbaren Schwächen des chinesischen Reiches nahmen nomadische Überfälle und Einwanderungen aus dem Norden und Westen zu. Nach Einfällen von Turk-Stämmen (Kirgisen und Uiguren) rückten Mongolen, und von Süden her Tibeter, in Chinas Kerngebiete ein. Während die Mongolenherrschaft (*Yuan*-Dynastie), wie erwähnt mit Hilfe von Bauernaufständen nach knapp hundert Jahren im Kerngebiet wieder beseitigt und durch die knapp dreihundertjährige *Ming*-Bauerndynastie abgelöst wurde, übernahmen ab 1644 die Mandschuren aus dem Nordosten die Herrschaft in China (*Qing*, bis 1911). Die chinesische Kernethnie der *Han*, die heute über 90 Prozent der Bevölkerung ausmacht, wurde wiederholt fremdregiert. Wobei aber die staatliche Organisation und das Prinzip des einheitlichen chinesischen Großstaates stets erhalten blieben und die kulturelle Assimilation der verschiedenen (zunächst) Fremdherrscher (Mongolen, Mandschuren) erheblich war.
- Mit Bevölkerungsvermehrung, Verschlechterung der ökologischen Bedingungen, vermehrten Hungersnöten, Immigrationen und Fremdherrschaften kam es auch wieder zu einer Intensivierung von Bauernaufständen – und somit insgesamt zu einer Bedingungskonstellation für eine langfristige Erosion der Machtbasis des chinesischen Reiches.[112]

3. Das Jahrhundert der Demütigung

Am Ende war das Land nicht mehr hinreichend widerstandsfähig gegenüber den europäischen kolonialistischen Invasionen, insbesondere in militärischer Hinsicht. Vor dem Hintergrund der langen und großen Geschichte des Landes und seiner Errungenschaften ist das Jahrhundert kolonialer Besatzung (1840 bis 1949) zwar letztendlich nur eine Episode, im chinesischen Bewusstsein aber als ein schreckliches Jahrhundert der Demütigung lebendig. Nach zwei aufgezwungenen (und verlorenen) Opiumkriegen (1839-1842 und 1856-1860) und dem zwangsweise von den Engländern durchgesetzten Opiumimport aus Indien waren viele Millionen Chinesen von den Briten opiumsüchtig gemacht worden. Die erste antikoloniale Erhebung erfolgte bereits mit dem Aufstand der zum Teil antifeudalen, zum Teil antikolonial-nationalistischen und zum Teil religiös-esoterischen Taiping-Bewegung 1851-1864,* die nächste dann erst wieder mit der ebenfalls teils antikolonialen, teils esoterischen sogenannten Boxer-Bewegung. Die Niederschlagung des Boxeraufstands war dann der letzte größere Massenmord des europäischen Kolonialismus in China in einer langen Serie – bevor die besonders rassistische japanische Besatzung übernahm.[113]

Typisch für die kolonialistische Völkermordideologie war die berüchtigte Hunnenrede Wilhelms II., und der Rechtsnachfolger des »Deutschen Reichs« fand sich wohl bis heute nicht zu einer Entschuldigung bei China oder einer Entschädigung für die von Deutschen begangenen Massaker bereit:

> »Kommt ihr vor den Feind, so wird derselbe geschlagen! Pardon wird nicht gegeben! Gefangene werden nicht gemacht! Wer euch in die Hände fällt, sei euch verfallen! Wie vor tausend Jahren die Hunnen unter ihrem König Etzel sich einen Namen gemacht, der sie noch jetzt in Überlieferung und Märchen gewaltig erscheinen lässt, so möge der

* Die Taiping-Bewegung und der langjährige Taiping-Aufstand, der im Weiteren noch des Öfteren als Bewegung im antikolonialen Befreiungskontext erwähnt wird, ist genau genommen nur zum Teil und nur phasenweise antikolonial, zunächst aber vor allem getragen von einer religiös-esoterischen (und christlich beeinflussten) Sekte und auch »ethnizistisch« beschränkt (ethnische Unterschiede ausnutzend und insbesondere anti-*Qing*, also anti-mandschurisch). Der Aufstand war weitgehend auch ein Bürgerkrieg gegen die *Qing*-Dynastie, vor dem Hintergrund von Massenarmut und Hunger. Die Toten der Massaker, die auch die Taiping-Bewegung beging, sind Teil der 30 Millionen chinesischen Opfer unter der Kolonialherrschaft, aber natürlich keineswegs direkt den englischen Besatzern anzurechnen, die hier eher »nur« für die verursachenden Bedingungen (Massenelend und -hunger) verantwortlich zeichnen, allerdings phasenweise die Taiping-Bewegung, für die sie wegen deren christlicher Orientierung durchaus gewisse Sympathien hegten, auch für weitere Zerstörungen Chinas benutzten. (Dank an E. Najmehchi für Hinweise.)

> Name Deutscher in China auf 1000 Jahre durch euch in einer Weise bestätigt werden, dass es niemals wieder ein Chinese wagt, einen Deutschen scheel anzusehen!«[114]

Erst 1912 gelang China durch die bürgerliche Revolution eine Überwindung der alten bäuerlich dominierten Sozialstrukturen und ihren seit langem erstarrten, unfruchtbar und perspektivlos gewordenen feudalen Verhältnissen, mit ihren inzwischen entleerten und überholten Beamten- und Staatsritualen. Diese hatten sich zudem als hilflos bis unterwürfig gegenüber den Kolonialmächten erwiesen.[115] Die bürgerliche Revolution brachte allerdings zunächst nur eine weitere Regierung hervor, die von den Kolonialmächten abhängig war und eine wirkliche nationale Befreiung nicht betreiben konnte. Am Ende des Ersten Weltkrieges entschieden die Kolonialmächte dann bezeichnenderweise, die chinesischen Besatzungsgebiete der Verliererstaaten (vor allem Deutschlands) nicht an China zurückzugeben, wie es versprochen worden war, sondern an Japan.

Vor gut 100 Jahren, am 4. Mai 1919, begannen daraufhin die ersten Massendemonstrationen, zunächst vor allem von Studentinnen (!), aber schnell auch Arbeitern und Bauern, die die Handlungsunfähigkeit Chinas ebenso überwinden wollten wie Kolonialismus und Imperialismus. Die Bewegung des 4. Mai sollte nicht mehr zu stoppen sein. Obwohl viele der chinesischen Intellektuellen in ihr sich zunächst weiterhin an der westlichen Kultur orientierten, verpassten der westliche Kolonialismus und Imperialismus (naturgemäß) die Chance, gleichberechtigte Kooperationen mit Chinas künftigen intellektuellen Führern aufzubauen. Kolonialismus und Imperialismus fehlte, insbesondere nach den Verrohungen und Beutekämpfen im und nach dem Weltkrieg, dafür jede Entwicklungsvorstellung jenseits kurzfristiger Ausbeutung. Vermutlich hatte der Westen auch mit den sozialen Unruhen und Aufständen der Arbeiter »zu Hause« zunächst genug zu tun. Die Bewegung des 4. Mai führte schon zwei Jahre später (1921) zur Gründung der KPCh und nach weiteren 38 Jahren Besatzungsterror, Massenmord und Bürgerkrieg 1949 schließlich zur Gründung der Volksrepublik.

Ein klassischer Beitrag zur Geschichte Chinas hatte bereits 1954 Chinas Wiederaufstieg als Folge von Aufständen und revolutionären »Stufen« gesehen.[116] Als »Vorstufen der Revolution« wurden die Bewegungen und Aufstände gegen den Kolonialismus, mit der Taiping-Bewegung, mit frühbürgerlichen Reformbewegungen und dem Boxer-Aufstand, charakterisiert. Gefolgt von den eigentlichen »Stufen der Revolution in China«, mit der ersten Stufe der Revolution der Staatsverfassung, dem Sturz des mandschurischen Kaiserhauses und der Gründung der bürgerlichen Republik durch Sun Yat-sen, der zweiten Stufe der geistig-kulturellen Revolution der 4.-Mai-Bewegung und ihrer Aufstände, der dritten Stufe der politischen Revolution des Siegeszugs der nationalrevolutionären Armee der Guomindang unter Tschiang Kai-schek 1925-1927* und schließlich der vierten Stufe der sozialen Revolution der Bauern- und Arbeiterbewegungen unter kommunistischer Führung mit der Gründung der Volksrepublik und vollendeter Agrar- und Industriereformen. Insgesamt wird so die Zeit von der kolonialen Besatzung bis zur Gründung der Volksrepublik als eine kontinuierliche Phase des Kampfes um Demokratie im Inneren und nationale Unabhängigkeit im Äußeren betrachtet, und die Phase von der bürgerlichen Revolution 1912 bis zur Gründung der Volksrepublik als einheitliche Phase der »neudemokratischen Revolution« bezeichnet.[117]

Die europäische Aufklärung des aufsteigenden Bürgertums und die europäischen Intellektuellen waren, wie erwähnt, seit dem 18. Jahrhundert zunächst begeistert gewesen von dem, was man über China erfahren hatte: die hohe Zivilisation, Kultur, Kunst, wissenschaftlicher und philosophischer Kenntnisstand sowie religiöse Toleranz.[118] Goethe hatte 1827, exemplarisch dafür, festgestellt, dass China bereits eine blühende Literatur hatte, »als unsere Vorfahren

---

* Im Rahmen der ersten Einheitsfront mit den Kommunisten, 1923-1927, die durch das Shanghai-Massaker Tschiang Kai-scheks an den Kommunisten beendet wurde. Der progressive Guomindang-Gründer Sun Yat-sen war 1925 gestorben, und so hatte der rechte Tschiang Kai-schek freie Bahn für sein antikommunistisches Wüten in China.

noch in den Wäldern lebten«.[119] Die Attraktivität chinesischer Literatur, Wissenschaften und Philosophie auf die europäischen Intellektuellen war Anfang des 19. Jahrhunderts noch groß und wurde dementsprechend von den herrschenden Kreisen (wohl zu Recht) als bedrohlich für das religiöse und Herrschaftsgefüge Europas betrachtet.

In der zweiten Hälfte des 19. Jahrhunderts aber war China bereits vollends kolonialistisch überwältigt, und der durch Perversion des Darwinismus entwickelte Sozialdarwinismus war als antiaufklärerisches, rassistisches und mörderisches Instrument zum herrschenden Weltbild gemacht geworden und wurde den Aufklärern, die sich von der ostasiatischen Kultur Entwicklungsimpulse für Europa erhofft hatten, entgegengehalten. Der überlegenen »weißen Rasse« war danach in China, wie überall auf der Welt, alles erlaubt.

Hatte 1793 der chinesische Kaiser den Engländern auf ihre Handelsofferten noch geantwortet: »Uns mangelt es an nichts [...] und deshalb haben wir keinerlei Bedarf an Manufakturerzeugnissen aus ihrem Land«,[120] so rächten sich die britischen Herren ob dieser »Erniedrigung« ihres Krämer-Selbstbewusstseins und angesichts ihrer ständig defizitären Handelsbilanz mit China bald durch systematische Zerstörungen, Raubzüge, Plünderungen, Erniedrigungen, Vergewaltigungen und Massenmorde. »China wurde gekreuzigt«, formuliert der Historiker und Philosoph Domenico Losurdo später.[121] Der Historiker und Schriftsteller Edward Rutherfurd schreibt in seiner neuen historischen Länderabhandlung »China. An Epic Novel« über Chinas »schreckliches Jahrhundert«: »Kaum ein Land erlitt derartige Demütigungen durch den westlichen Kolonialismus und Imperialismus wie China«.[122]

Es gab nie zuvor in einer gleichlangen Phase der Geschichte eine höhere Zahl von Opfern als in China. Noch 1928 wurden in der Provinz Shanxi drei Millionen Tote durch Hunger und Verfolgung gezählt.[123] Weiterer imperialistischer »Höhepunkt« wurde dann die japanische Invasion der damaligen chinesischen Hauptstadt Nanjing, mit der der Zweite Weltkrieg, in Absprache des japanischen mit dem deutschen Faschismus, 1937 begonnen wurde.[124] Diese »Vergewaltigung Nankings« war das blutigste Einzelereignis des Zweiten Weltkrieges mit mehr Toten als in Hiroshima und Nagasaki acht Jahre später. Japans rassistische Devise waren die »Drei Alles«: »Alles plündern, alles töten, alles niederbrennen.«[125]

Last not least ging es um europäischen Technologieklau: Angesichts des durchschnittlichen technologischen und Wissensvorsprungs von 1.500 Jahren (siehe oben, Tabelle) ging es hier auch um »Wissensklau«, die heute im Westen gern gegen China benutzte Formel. Von den ersten europäischen China-Händlern und frühen China-Reisenden, von Marco Polo im 13. Jahrhundert bis zu den europäischen, japanischen und US-Kolonialisten wurde von China gelernt, wurde es imitiert, wurde »mitgenommen« und gestohlen. »Wissensklau« fand seit dem 18. Jahrhundert vor allem in den Technologien der späteren europäischen Leitsektoren der Industrialisierung, der Textilproduktion oder der Eisen- und Stahlproduktion, statt.[126]

4. Wiederaufstieg und neues Geschichtsbewusstsein in China

In langfristiger und großräumiger, also weltgeschichtlicher Betrachtung ist Chinas Wiederaufstieg zur wirtschaftlichen Nummer eins seit 1949, und besonders seit den Reformen 1978ff. und schließlich seit der Stabilisierung und beschleunigten Entwicklung in den 2010er Jahren, also keineswegs eine »Störung« einer europazentrierten und angelsächsisch dominierten »Normalität«, sondern vielmehr die Wiederherstellung einer jahrtausendealten Normalität.

Die Wahrnehmung dieser »Neuen Normalität« durch die USA als angeblich »existentielle Bedrohung der nationalen Sicherheit« ist daher historisch völlig abwegig. Ebenso die Schuldzuweisung an China als einer »revisionistischen« Macht, die frecherweise die »ewig gültige« und angeblich »regelbasierte«, in Wirklichkeit (wie am Beispiel Chinas illustriert) seit jeher willkürliche und auf imperialen Regelbruch gründende hegemoniale Weltordnung der USA in Frage stellt, also so gar nicht mithilft, die Geschichte aufzuhalten. Dies ist nicht nur ahistorisch bis lächerlich, es ist ein Denken in Macht- und Dominanzfantasien und in angeblich existentiellen Überlebenskämpfen der Völker gegeneinander, primitiver Sozialdarwinismus also und eine Kulturkriege-Dystopie, hinter der tatsächlich eine nicht aufgearbeitete Abstiegsangst steckt.

Vor dem Hintergrund der neuen alten Normalität ist es nun aber nicht überraschend, wenn in China heute der eigene ökonomische und soziale Wiederaufstieg, die neue führende Rolle Chinas in der globalen Umwelt- oder Gesundheitspolitik, der Entwicklungshilfe oder bei den internationalen Infrastrukturinvestitionen, wieder stärker in den Rahmen der langfristigen historischen Kontinuität Chinas gestellt wird.[127] Dies wird heute in der Tat mit Nachdruck getan.

Ebenso wird das jahrtausendealte moralisch-ethische Erbe des Konfuzianismus, das Gemeinsamkeit, Umgang mit Widersprüchlichkeit, Prozesshaftigkeit und Evolution betont, heute mit der dialektischen marxistischen Philosophie, die ebenfalls auf Widersprüchlichkeit und evolutionären Prozess abstellt, verbunden.

Dies alles als »Nationalismus« (und dann auch mal schnell als neuen »Kolonialismus« oder »Imperialismus«) zu bezeichnen, wie es im alten europazentrierten Überlegenheitsnarrativ geschieht und in Medien von bürgerlich-konservativ (»Die Zeit«) bis (gelegentlich) links(liberal) (»neues deutschland/nd«)[128] gern gemacht wird, erscheint vor dem Hintergrund der chinesischen Geschichte als völlig unangebracht und ignorant.[129] China begreift sich nach wie vor als Teil des sich immer noch emanzipierenden und aufstrebenden globalen Südens und wird im globalen Süden überwiegend auch so angesehen.[130]

Es geht in China tatsächlich um eine Bewusstmachung der historischen Kontinuität von Nationenbildung und wirtschaftlichen, technologischen, ökologischen und sozialen Entwicklungszielen und deren möglicher allgegenwärtiger Gefährdungen durch äußere Aggressionen oder innere Fehlentwicklungen (wie zum Beispiel Mittelstands- oder Elite-Ideologien). Es geht um ein Bewusstmachen der und Bewusstsein für die Gefahren eines Niedergangs, zum Beispiel das Problem, als Aufstiegsland durch Technologie- und Produktivitätsforcierung der »Falle des mittleren Einkommens«* zu entrinnen. Es geht auch um die historische Einordnung des heutigen Nachhol- und Aufstiegsprozesses.

Und es geht um die Neuentdeckung und Neuinterpretation der fortschrittlichen, konflikttoleranten und prozessorientierten Potenziale der konfuzianischen Ethik als eines Neokonfuzianismus,** der nicht mehr in der Gefahr ist, patriarchalische Verknöcherungen in

* Zur Erinnerung: Es handelt sich um das Phänomen in der Entwicklung von Ländern, wonach ein Anfangserfolg einen Aufstieg bis in mittlere durchschnittliche Einkommensniveaus ermöglicht, der dann jedoch überwiegend in relativ hohem Konsum, der Vernachlässigung von Investitionen und der Verfestigung einer oligarchischen Schicht mündet, die nur weiter nach oben umverteilt und so in Inflation und vor allem dem Zurückbleiben notwendigen Produktivitätswachstums verspielt wird. Die relative Wohlstandsposition des Landes wird die konsumtiv orientierte Oligarchenschicht dann zu halten versuchen, vor allem durch Massenverelendung und einen verschärften Ausverkauf der Naturressourcen des Landes. Im weiteren drohen ein minderwertiger »Low-Road«-Entwicklungstyp, Stagnation und Krisen sowie das Zurückfallen in der relativen Position des Landes im globalen Länderranking. Beispiele dafür findet man unter anderem in Lateinamerika und Afrika. Wir kommen noch einige Male auf das Konzept zurück.

** Als Neokonfuzianismus versteht man übrigens bereits eine Modernisierung des klassischen konfuzianischen ethisch-philosophischen und ethisch-praktischen Moralsystems, die während der *Song*-Dynastie (960-1279) vorgenommen wurde. Damals wurde das philosophische System erweitert, auch durch weitere Integration daoistischer und buddhistischer Lehren. Die moderne sozusagen »neo-neokonfuzianische« Bewegung in China nimmt nun eine philosophische Integration der »indigenen« chinesischen Kultur mit hegelianischer und marxistischer Dialektik und einer Moralphilosophie des Sozialismus vor. Als Reaktion gibt es übrigens eine neokonservative und theokratische »neokonfuzianische« Interpretation, politisch gesehen eine antisozialistische und umstürzlerische Strömung, reaktionär im Sinne der Propagierung des Frauen- und Familienbildes von vor 2.500 Jahren. Diese Strömung ist aber überwiegend, wenn auch nicht ausschließlich, im Ausland angesiedelt. (Dank für Hinweise an E. Najmehchi.)

Familie, Firmen oder öffentlicher Verwaltung zu rechtfertigen. Es geht schließlich auch um eine historische Bewusstmachung der Bedingungsfaktoren für sozialökonomische Entwicklung, nationale Souveränität, territoriale Integrität und nachhaltigen Aufstieg. Insgesamt ein nicht nur legitimes, sondern auch notwendiges Lernen aus einer langen und reichhaltigen Geschichte, eine unabdingbare (Wieder-)Aneignung der eigenen Geschichte in nicht-nostalgischer und nicht-nationalistischer Perspektive.

Genau deshalb ist China heute zutiefst anti-imperial, anti-hegemonial und höchst sensibel, wenn es um die Einmischung in seine inneren Angelegenheiten und die erneute Bedrohung seiner territorialen Integrität geht. Alles andere wäre auch verwunderlich.[131]

Dazu gehört heute konkret eine neue Berufung auf den Schutz der nationalen territorialen Integrität gegen äußere An-, Ein- und Übergriffe mithilfe der Metapher der »Großen Mauern«, auch etwa die Metapher der *Großen Grünen Mauern* mit Dutzenden Milliarden neugepflanzter Bäume gegen die Wüstenausdehnungen und zum Klimaschutz[132] oder die der *Großen Cyber-Mauern* gegen um sich greifenden Cyber-Krieg, oder auch die Überzeugung, nie mehr den Fehler der nationalen Selbstisolierung zu begehen, mit dem exemplarischen Verweis auf das historische Beispiel der Vernichtung der Drachenflotten.

Xi illustrierte das neue Geschichtsbewusstsein (auf dem 19. Parteitag der KPCh 2017) mit den Worten:

> »Heute haben wir uns dem Ziel des großartigen Wiederauflebens der chinesischen Nation mehr als in jeder historischen Phase zuvor angenähert und verfügen auch über mehr Vertrauen und größere Fähigkeit zur Verwirklichung dieses Zieles als jemals zuvor in der Geschichte. […] Wir […] nehmen den im mehr als 5000-jährigen unermüdlichen Kampf des chinesischen Volkes angereicherten kulturellen Nährstoff auf […] und verfügen über einen unvergleichlich breiten Horizont der Zeit, ein unvergleichlich tiefgründiges Kulturerbe und eine unvergleichlich starke Entschlossenheit zum Fortschritt.«[133]

Nationalismus oder ein im Westen oft unterstelltes »China First« würde sich anders anhören.

Der *Chinesische Traum*, den Xi immer wieder anspricht, erscheint den Chines*innen heute real und erreichbar. Er ist berechtigt, hat reale Grundlagen in der sozialökonomischen und ökologischen Entwicklung, richtet sich aber offensichtlich gegen niemanden. Er gilt vielmehr explizit nur für den eigenen Entwicklungsweg, für einen Weg mit (wie heute in China immer und überall betont wird) chinesischen Charakteristika. Er ist eben gerade kein imperiales Exportprodukt wie etwa »Demokratie« und »Werte« à la Washington und nichts, was man anderen aufzwingen wollen würde, im Gegensatz zum westlichen »Werte«-Universalismus und »Menschenrechts«-Militärinterventionismus.[134]

Wie erwähnt, versuchen andere ostasiatische Diplomaten und Wissenschaftler (K. Mahbubani 2020; P. Khanna 2019)[135] dem Westen immer wieder (leider vergeblich) zu erklären: China will seinen historisch normalen Platz wieder einnehmen und dabei respektiert werden,[136] aber ohne sowohl damals (in vorkapitalistischer Zeit) als auch offenkundig heute (in nachkapitalistischer Zeit) eine Weltherrschaft übernehmen und ein neuer Hegemon werden,[137] sich aber auch keinem plutokratischen Hegemon mehr unterordnen zu wollen.[138]

Nach dem »isolationistischen« Ausflug eines gewissen Donald Trump aber will Washington unter den DEMs des Präsidenten Biden erklärtermaßen wieder der alte Hegemon sein und der Welt seine »Regeln« oktroyieren.[139] Die bekannte und berüchtigte Regel Nr. 1 war dabei stets die Regellosigkeit und absolute Straffreiheit des Hegemonen.

Die Kenntnis von Chinas Geschichte, Kultur, Ethik und entsprechender heutiger Sozialpsychologie[140] hilft zu verstehen, warum China sich genau das für sich nicht mehr wird bieten lassen. Wenn wir wollen, dass die Menschheit das Ende dieses Jahrhunderts noch erlebt, bleibt uns nichts übrig, als zu versuchen, genau das zu verstehen, und, so schwer es manchen europazentrierten Bildungsbürgern und Intellektuellen auf dem hohen Ross auch noch fallen mag, es zu respektieren.[141]

5. Ausblick: Der »nicht-normale« Wiederaufstieg Chinas als Wiederherstellung der globalen historischen Normalität

Die historische Aufstiegskonstellation des alten China und die im Weiteren näher zu betrachtende historische Aufstiegskonstellation des neuen China (die historische Dimension des heutigen chinesischen Bewusstseins, die ethische Integration eines Neokonfuzianismus, die tiefsitzende Aversion gegen jede weitere nationale Demütigung, der »Chinesische Traum« vom »bescheidenen Wohlstand« sowie das Ziel einer [sozialistischen] Zukunft mit »chinesischen Charakteristika«, zwischen Kollektivität, Kooperation, Unternehmertum, Innovation, Flexibilität, Experimentalismus und schnellem Wandel)[142] können allesamt erklären, warum der langanhaltende Nachhol- und Aufstiegsprozess über nun mehr als 70 Jahre, gegen alle Widrigkeiten, an denen viele andere Aufsteigerländer gescheitert wären und auch gescheitert sind, und trotz großer Krisen in diesen sieben Jahrzehnten in zunehmender nationaler und kultureller Identität erfolgt ist und warum er das politische System ganz und gar nicht hat erodieren lassen, wie vom »Westen« angestrebt.

Die Volksrepublik war ja die meiste Zeit seit ihrer Gründung mit Technologie-Sanktionen des Westens belegt, von internationalen Krediten durch Weltbank und IWF ausgeschlossen und bis 1971 sogar von der Mitgliedschaft in der UNO.

Westliche Sozialwissenschaftler drücken über die relative nationale und soziale Stabilität unter solch widrigen Bedingungen immer wieder ihre Verwunderung aus.[143]

Wäre China eine »Autokratie« oder platte »Diktatur«, wie im Westen eurozentristisch-überheblich und kontraproduktiv-ignorant stereotypisiert, und wäre es nicht bewusst in seiner jahrtausendealten Geschichte verankert, wären die wiederholte nationale Erneuerung, die wiederholte sozialökonomische Neuerfindung und der lange kontinuierliche Weg des Nachholens (»catching up«) vermutlich nicht möglich gewesen.[144] Während sich der Westen durch sein neoliberales Finanzialisierungsprogramm in Plutokratie und damit in längerfristige Ineffektivität und im Abstieg schoss, hat China seine »Governance« kontinuierlich in Richtung auf staatlich-private Koordination und Kooperation, auf Effektivierung des Interaktions-Verhältnisses von »Staat« und »Markt« weiterentwickelt. Und es konnte so seinen einzigartigen Aufholprozess und seinen Aufstieg über mehr als vier Jahrzehnte (ab 1978) organisieren.[145]

»Normalerweise« wäre China dann im besten Fall längst steckengeblieben in der erwähnten Mittelstands-Falle und in oligarchischer Erstarrung, statt millionenfaches junges Unternehmertum sowie technische und sozialökonomische Innovationen zu generieren, wohin man schaut. Und im schlimmsten Fall wäre es heute eine abhängige Großkolonie mit hundert fundamentalistisch-religiösen und ethnischen Konflikten, Warlords und Lokalkriegen. Es wäre ein unfähiger, gefesselter Riese, abhängig, fragmentiert und pulverisiert von fremden Mächten und zerrieben zwischen inneren Stellvertreter-Diktaturen.

Dieses Schicksal zahlreicher anderer Länder im versuchten Aufstieg konnte China durch ständiges Sich-Neu-Erfinden, Experimentieren und Weiterentwickeln des sozialistischen Weges über den europazentrierten Horizont (inklusive des früheren europazentrierten staatssozialistischen Experiments) hinaus und somit durch ständige Weiterentwicklung seiner kollektiven Handlungskapazitäten vermeiden.

Chinas große Krisen[146] – Hungersnot und Wirtschaftseinbruch (1959-1961) nach der ersten großen Agrarreform, Bruch mit der Sowjetunion (1960/61) und damit Wegfall größerer Hilfe von außen, Kulturrevolution und Umwälzung zahlreicher etablierter Strukturen und Prozesse (1966-1976), »Reform und Öffnung« und »Wilder Osten« mit seinen riesigen Disruptionen und erheblichen sozialen Kosten (1978 bis circa 2007), die Tiananmen-Krise (1989), die Wirtschaftskrise 1990/91 nach verstärkten neoliberalen Experimenten, die Auswirkungen der asiatischen Finanzkrise 1998/99, islamistisch-dschihadistische Infiltration über Chinas Westgrenze und Dutzende von Terroranschlägen in Xinjiang, Beijing und anderenorts (1990er Jahre bis einschließlich 2015), immer wieder auch mit reduzierten Wachstumsraten beziehungsweise einer Instabilität des Wachstums des Sozialprodukts verbunden, oftmals ein »Ritt auf der Rasierklinge« zwischen Abhängigkeit und Unabhängigkeit vom Hegemon – sie alle konnten mit umfassender Qualifizierung der Fähigkeiten der Menschen und Organisationen, mit Landzugang für viele Millionen Bauern, mit kontinuierlichen Verbesserungen in den Tiefenstrukturen und Kompetenzen des Systems, mit dem Aufbau von Faktoren robusten Produktivitätswachstums und einer Verbesserung der Planungssysteme, mit sozialer und unternehmerischer Mobilisierung, zum Teil auch bereits lange vor der »Reform und Öffnung« 1978 begründet, bewältigt werden.[147]

China konnte also (nur) mit enormem Geschick »den Tiger reiten« und jene neoliberale Schock-Therapie vermeiden, durch die die Sowjetunion, unter widrigeren Rahmenbedingungen, zerstört wurde und die Russland mehr als ein Jahrzehnt lang an seine Existenzgrenze getrieben hat.[148]

Die Grundlagen für den chinesischen Erfolg heute sind bei genauerem Hinsehen kontinuierlich seit dem ersten Tag der Gründung der VR China geschaffen worden, trotz und durch alle Krisen und über alle Krisen hinweg. So ist eine sich bis heute noch selbst verstärkende Aufstiegskonstellation geschaffen worden, mit zunehmender sozialer und ökonomischer Beteiligung und Mobilisierung. Sie erklärt so scheinbar unterschiedliche Phänomene wie die heutige Krisenresistenz, das millionenfache Unternehmertum,[149] die erstaunliche Stabilität und Justierbarkeit der Sozialproduktsentwicklung sowie die enorme Hebelung von einem im internationalen Vergleich »mittleren« Pro-Kopf-Einkommen auf internationale technologische, infrastrukturelle, ökologische und sozialstaatliche Höchstleistungen. Nichts anderes ist die in der Welt selten gewordene »High Road« nationaler Entwicklung, die Aufstieg erst möglich macht und verstärkt.

Die Wiederherstellung der alten historischen Fundamentalstruktur des globalen Systems, mit dem Zentrum Eurasien/Südostasien und mit China wieder als internationaler Nummer eins, war also, wie schon deutlich geworden ist, in keiner Weise ein Automatismus. Chinas langer Wiederaufstieg hätte durch Kolonialismus und Imperialismus in der Tat ein für alle Mal beendet werden können. China wäre dann den Weg der meisten Großnationen in der Geschichte gegangen, nämlich den des endgültigen Verfalls und Zerfalls, der Unterwerfung, kriegerischen Zerstörung, Aufteilung und Pulverisierung. China wäre auf diesem Wege heute möglicherweise ein Halbkontinent mit der Armutsgeschichte Afrikas seit dessen kolonialer Besetzung, mit Sklavenhandel und kolonialer Ressourcenplünderung. Ein zweites Afrika, das ja, nach vorübergehenden Entkolonialisierungserfolgen nach dem Zweiten Weltkrieg, auch erst heute wieder, nach einem verlorenen halben Jahrhundert, auch durch Kooperation mit China aus seinem kolonialen Dauerelend herausfindet. China wäre dann im 20. und 21. Jahrhundert der perfekte letzte große Happen auf der Welt für das hegemoniale System geworden.

Chinas Weg in die fortgesetzte Abhängigkeit und Erniedrigung, selbst bei formaler nationaler Selbständigkeit, war seit Mitte des 19. und am Anfang des 20. Jahrhunderts bereits in vieler Hinsicht vorgezeichnet, und Chinesen wurden, ebenso wie schon lange zuvor Afrikaner, auch massenhaft als Sklaven verwendet und verbraucht, so in den europäischen Kolonien in Asien und beim Aufbau der USA, etwa dem Eisenbahnbau. Die »Chinatowns« gibt es in den USA bis heute.

Und die Zerstückelungsversuche Chinas haben ja mit der Gründung der Volksrepublik nicht aufgehört, sie drehten sich und drehen sich bis heute um die Abspaltung peripherer Provinzen und der Autonomen Gebiete: um Tibet, das heute wieder im Fokus der westlichen Strategen und ihrer Medien stehende Xinjiang oder die neueste Provokations-Brechstange »Taiwan«, in allen Fällen mit den bekannten Instrumenten des Schürens von ethnischem Rassismus und religiösem Fundamentalismus, etwa mittelalterlich-autokratischer Varianten des Buddhismus, etwa des alten feudalen tibetischen

Lama-Systems oder des dschihadistischen gottesstaatlichen Terrorismus, eines Turk-Rassismus, des Produzierens von religiösen Differenzen und Ressentiments zwischen Menschen und Völkern.[150]

Chinas zunehmend stabiler Wiederaufstieg und seine zunehmend erkennbaren robusten Quellen und Faktoren des weiteren Aufstiegs, sind also auf den ersten Blick alles andere als eine Selbstverständlichkeit, dann aber auch wieder, bei genauerer und systemischer Betrachtung, seit der Gründung der Volksrepublik angelegt und entwickelt worden – und daher auch wiederum kein Zufall.

Insgesamt jedoch ist Chinas Wiederaufstieg aus einem Jahrhundert kolonialer Ausplünderung und mehr als einem weiteren halben Jahrhundert imperialistischer Bedrohung, die sich aktuell wieder zuspitzt, erklärungsbedürftig.

Bevor wir darauf zurückkommen, ist es aber nützlich sich klarzumachen, wie säkulare (langfristige) Nachhol- und Aufstiegsprozesse von Gesellschaften, Ökonomien, Nationen und Staaten in der Geschichte überhaupt, vor allem auch im europäischen, angelsächsischen und auch japanischen Kapitalismus, gelungen sind – und wie anhaltende Aufstiege überhaupt nur gelingen können.

Erst dann können wir beurteilen, wie kontraproduktiv, verheerend und unredlich die Rezepte und Forderungen »marktwirtschaftlicher Öffnung« sind, die der Westen seit den 1980er Jahren Drittländern und der Welt überstülpen will. Erst dann können wir auch erkennen, warum das bei China nicht »ankam« und im dritten Jahrzehnt des 21. Jahrhunderts auch weltweit nicht mehr funktioniert.

Teil II

Wie gelang dem Westen der Aufstieg zur globalen Herrschaft?

Bereits in der Antike waren ja über den Landweg Produkte aus dem Nahen und Fernen Osten vor allem nach Südeuropa und sogar bis ins damals abgelegene und wenig erschlossene West- und Nordeuropa gelangt. Auch im Mittelalter war der Weg nach Zentralasien und China für die südeuropäischen Handels-Stadtstaaten höchst attraktiv. Auch die weiter zurückgebliebenen Mittel-, West- und Nordeuropäer versuchten, nicht zuletzt mit religiös verbrämten Überfällen, den Kreuzzügen, im 12. und 13. Jahrhundert Anschluss an die Reichtümer des Orients zu erhalten.[151] Die nordeuropäische Hanse holte chinesische Luxusgüter dann wie erwähnt im Schlepptau der Gotländer über die Reußen-Metropole Nowgorod durch die Nordroute der alten Seidenstraßen.

Im 15. Jahrhundert begannen die Europäer allmählich, den Seeweg nach Indien und China zu erschließen, zunächst langwierig um Afrika herum. Der Portugiese Vasco da Gama schaffte etwa zeitgleich mit Kolumbus' »Entdeckung Amerikas«, nachdem das afrikanische Westkap zuvor gemeistert worden war, den Seeweg um Südafrika herum nach Indien.

Durch den Raub von Gold und Silber vor allem aus Süd- und Mittelamerika hatten die süd- und westeuropäischen Mächte den Reichtum und die finanziellen und ökonomischen Impulse erlangt, um ihre unvorteilhafte Stellung an der Peripherie der Weltwirtschaft jener Zeit auszugleichen und sich die begehrten Waren und Ressourcen zu beschaffen, die in China und Indien zu haben waren.[152] Europa stieg, wie schon erwähnt, »auf den Schultern Chinas« auf.[153] Portugiesen und Niederländer drangen nach Marco Polo als erste bis nach China vor. Die Engländer folgten.

Wie gelang nun diesen verschiedenen europäischen Ländern der Aufstieg? Wie gelangen Aufstiege der »Spätkommenden der Geschichte« überhaupt? Es folgen sechs Länder-Fallstudien.

1. Der Aufstieg Englands: »Bauernlegen«, »Freihandel« und koloniale Plünderung

Der europäische Kapitalismus begann mit Blut. Für die ersten frühindustriellen Manufakturen musste an den Rändern der englischen Städte Platz geschaffen, mussten die ersten größeren Kapitalmengen zusammengerafft und musste die erste Arbeiterschaft aus Kleinbauern, Landarbeitern, Tagelöhnern, Vagabunden, ausgemusterten Soldaten und Recht- und Obdachlosen zur industriellen Disziplin gezwungen und zu diesem Zweck kaserniert werden. Die »Investoren« waren Mischungen aus den Teilen des Adels, die nicht verarmt waren, sondern zum Beispiel attraktive Ländereien in der Nähe der Städte besaßen, aus etablierten Geldhändlern (Bankern) und Warenhändlern. Der Staat mischte seit Ende des 15. Jahrhunderts auf deren Seite mit, um Platz zu schaffen für Gebäude einer zentralisierteren Warenproduktion in größerem Maßstab, also jenseits handwerklicher Einzel- und Kleinstserienproduktion, also für die ersten Manufakturen, um die ersten Ländereien dafür zusammenzuraffen und die ersten »freien« Industriesklaven zusammenzutreiben. Die ersten größeren Vermögensbestände waren von den oben genannten Adligen, Bankern und Händlern bereits akkumuliert, und zusätzliches Vermögen war aus den Plünderungen der Portugiesen, Spanier und Niederländer in Mittel- und Südamerika nach Europa geströmt und diffundiert. Eine Art frühkapitalistischer Gefängnisindustrie wurde in Gestalt von »Armen- und Arbeitshäusern«, auch für Frauen und Kinder, die zur Manufakturarbeit gezwungen wurden, errichtet. Die sozialen Kernmechanismen waren, als Mittel zur Kapitalakkumulation in wenigen Händen, das Einsammeln, Einfangen und Zwangskasernieren von arbeitsfähigen Besitzlosen und die Vertreibung der kleinen Bauern von ihrem Land und, wo nötig, bei Widerstand, ihrer schlichten Erschlagung. Welchen Umfang solches »Bauernlegen« annahm und wie viel Blut an der Wiege des Kapitalismus floss, hat Karl Marx, nach Vorarbeiten in anderen Schriften, in einem seiner großen historischen Kapitel (dem 24. Kapitel) im ersten Band seines Hauptwerks »Das Kapital« ausführlich beschrieben und als »primitive« oder »ursprüngliche Akkumulation« analysiert.[154]

Nicht China, sondern Indien war zunächst das Objekt der Begierde Englands, und der britische Aufstieg wurde anfangs durch systematische Ausbeutung Indiens organisiert.[155] Was Mittel- und Südamerika für Spanien war, wurde Indien für England, eine tragende Säule des britischen Imperiums, weil Hauptquelle seines Reichtumsimports. Im 18. Jahrhundert hatte England den gesamten indischen Subkontinent erobert, und der (Netto-)Abfluss von Waren, Rohstoffen und Vermögenswerten nach Großbritannien wurde organisiert. Damit konnten die Industrialisierung Englands und der englische Aufstieg zur führenden Industrienation des 19. Jahrhunderts finanziert werden.[156]

Aber hinter Indien lag noch der »fette Brocken« China. Und der jahrtausendelange Luxusgüterimport wurde ergänzt durch Wissens- und Technologieimport aus China (Mechanisierung der Textilproduktion sowie der Eisen- und Stahlerzeugung, Weiterentwicklung des europäischen Schiffbaus und so weiter; siehe oben). Die Importsubstitution der chinesischen Luxusgüter konnte beginnen (zum Beispiel durch eigene Seiden- und Porzellanproduktion).

Nach dem gewonnenen Ersten Opiumkrieg 1839-1842[157] zwang Großbritannien China zur Abnahme des in Indien produzierten Opiums, um die notorisch defizitäre Handelsbilanz mit China einigermaßen auszugleichen. Insgesamt hatte Britannien damit etwa

170 Jahre gebraucht, um endlich seinen Handel mit China auszugleichen.[158] Ferner musste China Hongkong abtreten und »Reparationszahlungen« leisten. Mit den Siegen im Zweiten Opiumkrieg 1856-60 erlangten auch Frankreich, Russland und die USA entsprechende Sonderrechte in China. Europäische Truppen verwüsteten 1860 unter anderem den alten Sommerpalast in Peking und plünderten weite Teile der Stadt. Am Ende waren 5 Prozent der chinesischen Gesamtbevölkerung, Dutzende Millionen Menschen, von den Engländern opiumsüchtig und damit handlungsunfähig und hilfebedürftig gemacht worden, eine Volkskrankheit, die große menschliche Ressourcen Chinas band, was wiederum ein Zweck des britischen Kolonialismus war: Vernichtung von Konkurrenz.

Es folgten die territoriale Zerschlagung Chinas und andauernde englische Massaker gegen die »*Taiping*-Bewegung« (Taiping-Aufstand), mit 20 bis 30 Millionen toten Chinesen zwischen 1850 und 1866.[159] Nachdem das Prinzip erkannt war, stürzten sich auch Japan, Deutschland und dann, sogar bis 1949, auch die USA in die Plünderungskriege und Massaker.[160]

England ließ dabei die anderen europäischen Konkurrenten schnell hinter sich. Portugal und Spanien waren seit längerem im Niedergang begriffen, ursprüngliche koloniale »First Movers«, die möglicherweise zu »früh« gekommen waren, jedenfalls nun industriell hinterherhinkten. So verfügten sie nicht mehr über eine zeitgemäße Ressourcen- und Warenstruktur ihrer Imperien. Immerhin hielt Portugal seine Provinz Macau auf dem chinesischen Festland, und zwar noch bis zum Jahre 1999.

Der Konkurrent Frankreich hatte bereits aufgrund des Siebenjährigen Krieges (1756-1763) seine Besitzungen in Indien und Nordamerika an England verloren, ihm blieben nur der östliche Teil des späteren Kanada und Teile des Südens der späteren USA. Später war es mit der eigenen bürgerlichen Befreiung und Revolution (1789 ff.) befasst und konnte erst spät im 19. Jahrhundert wieder ein Kolonialreich aufbauen, das sie »Französisch-Indochina« nannten (im Wesentlichen Vietnam, Laos und Kambodscha),[161] sowie mit großen

Teilen Afrikas und Arabiens. Der Ressourcentransfer für den eigenen Aufstieg geschah aber offenbar nie so effektiv wie im Fall Englands. Dafür modernisierte und effektivierte sich Frankreich durch die bürgerliche Revolution von innen her und begann eine Expansion in Richtung des feudal-kleinstaatlichen Deutschland, das staatlich und infrastrukturell geöffnet und modernisiert wurde, und dann in Richtung Russland, mit der bekannten vernichtenden Niederlage des Napoleonischen Feldzuges.

Die Niederlande waren der Größe nach nicht gleichrangig mit England, und Deutschland war eben der große »Latecomer« des 19. Jahrhunderts und zunächst noch nicht in der Lage zu global ausgreifendem Kolonialismus. Die Dutch East Indies (Sumatra, Java, Borneo, Sulawesi, Molukken, Neuguinea, im Wesentlichen heutiges Indonesien) waren allerdings mit die profitabelsten Kolonien einer europäischen Macht, mit enormem Agrarexport in die Taschen der Niederländer.

Die führende Position Englands im 19. Jahrhundert beeinflusste auch seine politischen und theoretisch-ideologischen Debatten. Die industriellen Interessen im britischen Parlament, Kapitalisten, die auch, nicht ganz zu Unrecht, mit den Interessen der Arbeiterschaft argumentierten, setzten in den Debatten um die sogenannten Kornzölle mithilfe ihrer Anti-Corn-Law League ab den 1830er Jahren zunehmend eine Politik des Liberalismus und Freihandels durch: Zollsenkungen, Einkommensteuersenkungen, Reduzierung des Staates auf Polizei und Justiz (»Nachtwächter-Staat«). David Ricardos Theorie der internationalen komparativen Kostenvorteile und seine Werke zu Staat und Besteuerung, die er bereits 1815 (»Essay on the Influence of a Low Price of Corn on the Profits of Stock«) und 1817 (»On the Principles of Political Economy and Taxation«) veröffentlicht hatte und als Abgeordneter und Repräsentant der Freihandels-Fraktion im britischen Parlament ab 1819 selber vertrat, bildeten dabei die theoretisch-konzeptionelle Grundlage für die britische Politik des »Freihandels«. Die wurde auch bald von den USA im Agrarbereich als eigene Interessenpolitik praktiziert und dann von England auch den europäischen Konkurrenten, den Kolonien und anderen noch »verschlossenen« Nationen, vor allem Japan und China, abverlangt.

England profitierte als Vorreiter der europäischen Industrialisierung massiv von der Verbilligung des Warenhandels aufgrund reduzierter Zölle, von der Verbilligung der Lebenshaltungskosten für die britische Arbeiterschaft und der eigenen Exporte industrieller Endprodukte. Die Löhne blieben niedrig, und die Konkurrenzfähigkeit der britischen Industrie stieg. England (beziehungsweise Großbritannien) stärkte so seine Vormachtstellung in der Welt, und britische Interessenpolitik wurde zunehmend als »Freihandels-Imperialismus« durchgesetzt.[162]

China wurde von Großbritannien durch den Einsatz von Gewalt (Opiumkriege) – ähnlich wie Japan von den USA und Großbritannien gemeinsam durch die Androhung von Gewalt (1853-1858) – gezwungen, auf seine Zollhoheit zu verzichten und englische Waren, die es eigentlich gar nicht brauchte, zu Niedrigzöllen ins Land zu lassen. Die berühmt-berüchtigten Ungleichen Verträge, nach dem ersten Opiumkrieg 1842 oktroyiert, wurden zunehmend gegen alle unterworfenen Länder praktiziert, so auch gegen Korea, Siam (Thailand), Persien, das Osmanische Reich und Ägypten. Staatliche, militärische und informelle (zum Beispiel paramilitärische) Gewalt waren im Übrigen stets integrale Bestandteile der Entstehung, des Aufstiegs und normalen Handelns des Kapitalismus, insbesondere seiner Hauptmächte, wie zahlreiche historisch-ökonomische Analysen gezeigt haben.[163]

Die dazu passende, durchaus modern klingende Menschenrechts-imperiale Begründung: Viele Länder müssten eben zu ihrem Glück gezwungen werden, um Mitglieder der »Familie zivilisierter Völker« zu werden.[164] Domenico Losurdo spricht daher auch von der Rolle der kulturellen Arroganz, die nicht zuletzt auf der Schaffung biologistisch-rassistischer Ideologien in Europa beruhte. Anti-westliche Überlegenheitsfantasien in Teilen der Welt dagegen kennt man erst als historische Gegenbewegungen, vor allem im islamischen Kulturraum seit dem letzten Drittel des 20. Jahrhunderts (islamischer Fundamentalismus und Terrorismus).[165]

2. Aufholprozess und Aufstieg Preußens: Militarismus und Erziehungsdiktatur, Schutzzölle und Industriepolitik gegen englischen »Freihandel«

Der führende deutsche Teilstaat in der Zeit von Englands Aufstieg, Preußen, sah sich als Konkurrent mit dessen Freihandels-Forderungen natürlich ebenfalls konfrontiert. Die Industrialisierung in Deutschland aber war längst nicht so weit wie in England, und Preußen wäre der bereits entwickelten englischen Industriegüter-Walze hilflos ausgeliefert gewesen (von den anderen deutschen Staaten, Kleinstaaten und Fürstentümer, ganz zu schweigen). Die Entwicklung einer eigenen Industriebasis hätte dann keine Chance gehabt, und man wäre in eine langfristige technologisch und finanziell abhängige Entwicklung gegenüber England geraten.

Preußen hatte erste Grundlagen für einen künftigen Industriestaat zum Beispiel in Form einer allgemeinen Bildungspflicht bereits 1717 gelegt (Sachsen folgte als letzter deutscher Feudalstaat erst 1835). Eine erste deutsche Kräftebündelung war in Gestalt des Deutschen Zollvereins allerdings erst 1834 begonnen worden. Die vollständige nationale Einigung aber sollte dann noch einmal 37 Jahre auf sich warten lassen. War dann in Deutschland im nationalistischen und revanchistischen Weltmachtverständnis eines Wilhelm II. die Armee die »Schule der Nation«, so hatte Preußen mit der allgemeinen Volksschule immerhin früh etwas für sein industrielles Aufholen gegenüber England getan.

Die Reaktion auf das britische Freihandelsregime im preußischen Interesse war ein Zollschutz für junge und noch nicht exportfähige Industrien gegenüber der britischen Konkurrenz. Diese Position wurde auf theoretisch-konzeptioneller Ebene, ähnlich der einflussreichen Position von David Ricardo in England, vom deutschen Ökonomen Friedrich List 1841 in seinem Hauptwerk »Das nationale System der politischen Ökonomie« politikwirksam vorgebracht. List entwickelte eine Wirtschaftspolitik, mit der sich nachholende Ökonomien verbessern können. Er prägte das Konzept der im Prinzip befristeten Erziehungszölle (statt unspezifischer »Schutzzölle«). Und natürlich war er bei der Interessenförderung des »Latecomers« ein Vorkämpfer des Deutschen Zollvereins.[166] Ziel war die Entwicklung der produktiven Kräfte, des technologischen Fortschritts, des Unternehmertums und des Kapitalstocks. In einer Übergangsphase, in der der Erziehungszoll erhoben wird, sollen die jungen Industrien (»infant industries«) und ihre Unternehmen also vom internationalen Konkurrenzdruck entlastet werden, um über sogenannte Skalenökonomien (dynamische Produktivitätsgewinne aufgrund der größeren Produktionsserien) die Stückkosten senken zu können.

Offenbar beugte sich Preußen nicht dem Konkurrenzdruck, noch der damals überlegen wirkenden Argumentation Großbritanniens, obwohl England die bekannteren Ökonomen pro »Freihandel« ins Feld führen konnte, wie zum Beispiel Adam Smith (1723-1790), David Ricardo 1772-1823) oder John Stuart Mill (1806-1873). Preußen folgte Lists industriepolitischem Entwicklungskonzept: allgemeine Bildung auch der Arbeiter und der Frauen, Förderung von Unternehmertum, von Wachstumsbranchen, der wirtschaftsrelevanten Infrastruktur, der Vergrößerung des Binnenmarktes und der Stärkung des Kapitalstocks.

Es handelte sich hier um ein durchaus zeitloses industriepolitisches Konzept, das stets relevant ist, wenn ein Land seinen wichtigsten ökonomischen Konkurrenten unterlegen ist, wie es zum Beispiel auch im Verhältnis Frankreichs zu Deutschland seit den 1950er Jahren der Fall war. Frankreich praktizierte bis in die 1980er Jahre hinein eine staatliche Rahmenplanung und Industriepolitik (»Planification«), um nicht unter die »deutschen Räder« zu kommen, fuhr damit noch längere Zeit (auch nach dem Abflauen der passiven Wiederaufbaukonjunktur in Deutschland) auch wachstums- und wohlfahrtsmäßig besser als Deutschland, konnte später aber die spezifische deutsche neoliberale Austeritäts-, Lohndumping- und Exportstrategie nicht mehr eindämmen.

Wir gehen noch darauf ein, wie industriepolitische Konzeptionen auch heute wieder in Deutschland / der EU im Verhältnis zu

Chinas technologischer und organisatorischer Überlegenheit entwickelt werden, allerdings bisher meist in falsch verstandener, rein defensiver, restriktiver und protektionistischer Weise statt als vorübergehendes, selbstverpflichtendes »Erziehungszoll«-Konzept, um irgendwann auf Augenhöhe mit China konkurrieren und zugleich kooperieren zu können.

Die Einführung der allgemeinen Schulpflicht in Preußen war definitiv eine (erziehungs-)diktatorische Maßnahme, wie sie später in verschiedenen Formen in allen aufgestiegenen »Erziehungsdiktaturen«, zum Beispiel auch in der anfänglich ebenfalls äußerst rückständigen Sowjetunion, praktiziert wurde. Es sahen ja weder die Feudalklasse noch die Kapitalistenklasse noch die Arbeiterschaft selbst ein, dass nun auch die Unterschichten ihre Kinder zur Schule schicken mussten, wobei »Schule« ja nicht nur Zugang zu Wissen und Bildung, sondern auch Disziplinierung, »Erziehung« zu einer Unter- und Einordnung, die für die industrielle Produktion benötigt wurden, bedeutete. Weder wollte die Feudalklasse den Unterschichten Zugang zu Bildung zugestehen, noch wollten die Kapitalisten in ihrem notorisch myopischen, begrenzt-egoistischen, individualistisch-rationalen Interesse auf die billige Kinderarbeit verzichten, noch sahen die Unterschichten ein, warum sie ihre Kinder nicht länger zum dringend benötigten Broterwerb und zur unmittelbaren Ernährung der Familie, die die Hungerlöhne der Väter und Mütter nicht allein gewährleisten konnten, verwenden durften, sondern nun zum kurzfristig »unnützen« Schulbankdrücken abgeben mussten.

Aber eine große und leistungsfähige Armee, die die Aufstiegsambitionen Preußens untermauern und im Zweifel realisieren musste, brauchte Soldaten, die elementare Formen von Disziplin gelernt hatten und möglichst etwas lesen und schreiben konnten. Die Zeiten der zusammengelesenen Landsknecht-Haufen waren vorbei.

Die millionenfache Erfahrung einer sozialen Aufwärtsmobilität in der Arbeiterklasse konnte diese für mehr als ein Jahrhundert sozial integrieren und dem kapitalistischen System seine Blütezeit sozialer Mobilisierung und dynamischer Produktivitätsgewinne verschaffen.

Wäre hier nicht mit dem massiven Staatseinsatz eines starken Entwicklungsstaates (»Developmental State«)[167] die nachholende Entwicklung forciert worden, hätte Preußen im Konzert der europäischen Großmächte gar nicht erst mitspielen können.

Dass solche Staatenkonkurrenz um die Stärke der industriellen Basis stets auch eine macht-, militär- und kriegspolitische Dimension hat, ist später nach der deutschen Reichsgründung im systematischen Auftrieb zum Ersten Weltkrieg mit dem Ziel der Neuaufteilung der Welt unter den Kolonialmächten zugunsten des »Nachholers« Deutschland deutlich geworden. Die Zerstörungen des Ersten Weltkrieges haben dann ja aber eine ganz neue Aufstiegs-Abstiegs-Konstellation hervorgebracht (USA vs. England).

3. Spätstart und wiederholte Aufholprozesse in Japan: Zwangsöffnung, Gottkaisertum, Rassismus und Militarismus – Technikimitation und moderne Industriepolitik

Japan war aufgrund seiner geografischen Lage stets ein relativ isolierter Staat, der die meiste Zeit seiner Geschichte im Schatten Chinas und unter dessen kulturellem (zum Beispiel konfuzianischem) Einfluss stand. Nach unmittelbar vorangegangener zweihundertjähriger Isolation wurde Japan 1854 von den Kolonialmächten England und USA gezwungen, sich für den Warenabsatz der westlichen Kolonialmächte zu öffnen.

Aber Japan lernte die Lektionen des Westens gründlich und stieg, ab 1868 ein Kaiserreich mit regionalen Herrschaftsambitionen, schnell zur ersten Industrienation Ostasiens auf. Für den Modernisierungsprozess war von Bedeutung, dass sich das Land eine Verfassung nach westlichem kapitalistischem Vorbild gab und eine konstitutionelle Monarchie wurde, obgleich der Kaiser, anders als in China, offiziell stets eine unmittelbare Göttlichkeit besaß. Japan übernahm zum Beispiel das deutsche Bürgerliche Gesetzbuch nahezu unverändert. Schnelles Wirtschaftswachstum und massive Aufrüstung machten aus dem noch kurz zuvor zurückgebliebenen Land nun selbst eine Kolonialmacht. So entging Japan dem Schicksal Chinas, aufgespalten und ausgeplündert zu werden.

Der weitere Aufstieg Japans geschah mit Hilfe von regionalem Kolonialismus und Imperialismus: 1895 besiegte es China im Kampf um die Vorherrschaft in Korea, und 1905 schlug seine Marine die zaristische russische vernichtend. 1910 wurde Korea annektiert. Auch die Mandschurei gelangte unter japanische Herrschaft und damit auch die mandschurische chinesische *Qing*-Dynastie, deren letzte Kaiserfiguren Marionetten Japans wurden.[168] Im Ersten Weltkrieg stand Japan auf Seiten der Entente und profitierte noch einmal wirtschaftlich. Nach dem Versailler Vertrag annektierte es die deutschen Kolonialgebiete in China.

Die Schwäche Russlands nach der Oktoberrevolution nutzte Japan, um 1918 in Sibirien Fuß zu fassen. Es schlossen sich weitere Interventionen gegen das junge Sowjetrussland an. So landeten 1918 bei Wladiwostok 70.000 Japaner und 9.000 Mann US-Truppen. Japan besetzte Wladiwostok und Teile der russischen Pazifikküste sowie Gebiete entlang der transsibirischen Eisenbahn. Es konnte erst 1922 aus dem sowjetischen Territorium wieder hinausgedrängt werden.

Soziale Aufstände in Japan selbst brachten zunächst einen Regierungswechsel hin zu bürgerlichen Parteien, eine Art verspäteter bürgerlicher Revolution. Allerdings gewann der Nationalismus wieder an Einfluss, da man sich in internationalen Verhandlungen nicht gerecht behandelt fühlte, insbesondere im Hinblick auf eine Expansion nach China hinein. Die Zerstörung Tokios durch ein Erdbeben 1923, soziale Unruhen und der zunehmende Nationalismus und Militarismus der Herrschenden als Reaktion, gepaart mit anti-chinesischem Rassismus, führten schließlich 1932 und endgültig 1936 zu einem nationalistisch-militaristischen Putsch. Eine ultranationale Gruppierung von Militärs riss die Macht an sich. Auch hatten sich in den 1930er Jahren einflussreiche Finanzgruppen herausgebildet, die die weitere Aufrüstung und äußere Expansion vorantrieben.

Die »göttliche Abstammung« des Kaisers wurde wieder ins Zentrum der politischen Ideologie gerückt, andere politische Richtungen als die ultranationalistische und ultrafeudalistische wurden verfolgt. Und 1940 wurde der bürgerliche Parteienstaat auch formal beendet, zugunsten eines aggressiven militaristischen und nationalistischen Gottkaisertums.

Schon vorher hatten die Militärs ohne Mitsprache der heimischen Politik in China ein brutales Besatzungsregime etabliert. Die japanische Armee beging 1937/38 nach der Einnahme der damaligen chinesischen Hauptstadt Nanking massive Kriegsverbrechen und einen Genozid (»Massaker von Nanking«). Japanische Truppen verübten in China außergewöhnliche, rassistisch motivierte Gräueltaten, setzten biologische und chemische Kampfstoffe ein und machten Menschenversuche an Kriegsgefangenen.

Mit Nazideutschland und dem faschistischen Italien verband Japan die rassistisch-nationalistische Ideologie und ein aggressives militärisches Expansionsstreben. Gestützt durch die Achse Berlin-Rom-Tokio und einen Neutralitätspakt mit der Sowjetunion (1941) begann das Militär unter dem Motto »Asien den Asiaten« einen Eroberungsfeldzug, der innerhalb weniger Monate die ostasiatischen Kolonialreiche der Niederlande, Großbritanniens und der USA beseitigte.[169] Japan dehnte sein Einflussgebiet in ganz Südostasien aus, beherrschte die Philippinen, Neuguinea und Birma (heutiges Myanmar) sowie zahllose Inselgruppen; mit Indonesien* war zudem ein erdölreiches Land japanische Kolonie geworden.

---

* Von 1800 bis (formal) 1949 durch die Niederlande (mit kurzen Unterbrechungen durch französische und britische Herrschaft) ausgebeutet, das dort ebenfalls Massaker verübte. Die gebeutelte Bevölkerung Indonesiens wurde übrigens später, dann unter US-Ägide, noch einmal mit einem der größten Massaker der Welt überzogen, gegen die starke kommunistische Befreiungsbewegung Indonesiens, mit circa 3 Millionen Ermordeten, unter Führung eines engen Verbündeten des Westens, General Suharto, der sich damit als späterer indonesischer Präsident qualifizierte.

Der japanische Angriff auf den US-Stützpunkt Pearl Harbor 1941 bewirkte den formellen Eintritt der USA in den Zweiten Weltkrieg, und schon 1942 wendete sich das Blatt gegen Japan. Die japanische Armee war zu weit verteilt über ein zu großes Reich, und Japan hatte sich ebenso wie Nazideutschland in seinem rassistischen Expansionswahn überschätzt. Südostasien wurde schrittweise wieder befreit. Trotz einer zunehmend aussichtslosen militärischen Lage und permanenter Bombardierungen waren die japanischen Militärs jedoch nicht zu einer Kapitulation bereit. So erfolgten, aus Sicht der USA auch aus »größeren«, globalstrategischen Überlegungen heraus, das heißt hauptsächlich mit Blick auf den erklärten künftigen Hauptfeind Sowjetunion, die Atombombenabwürfe auf Hiroshima und Nagasaki, und es folgte die bedingungslose Kapitulation Japans.

Japans Aufstieg war also in den ersten 90 Jahren nach seiner Zwangsöffnung nicht primär auf innere Wirtschaftsentwicklung, sondern auf koloniale Ausbeutung, Ressourcenimport und fremde Zwangsarbeit ausgelegt. Dem waren nach dem Zweiten Weltkrieg nun enge Grenzen gesetzt, Japan war auf das Maß einer normalen größeren Nation zurückgestutzt und blieb nach dem Schock der Atombombenexplosionen bis Ende der 1960er Jahre militärpolitisch abstinent.

Aber es hatte eben auch bereits seit seiner Zwangsöffnung Mitte des 19. Jahrhunderts gelernt, technologisch und wirtschaftlich erfolgreich zu sein. Und ebenso wie Nachkriegs-Westdeutschland musste es sich nun zwangsläufig auf die wirtschaftliche Entwicklung aus überwiegend inneren (Arbeits-)Kräften und organisatorischen Ressourcen konzentrieren. Und mit dem außergewöhnlich erfolgreichen Modell des »Developmental State«, einer koordinierenden Technologie- und Wirtschaftspolitik, einer auf langfristige, unter den wichtigsten Industrieakteuren verabredete und geplante Technologie- und Sektorentwicklung, war sein wirtschaftlicher Wiederaufstieg seit den 1950er Jahren fast unaufhaltsam.

Japanische Konzerne hatten bereits seit Jahrzehnten flexible, »fluide« und »schlanke« Produktionskonzepte realisiert, die sich den westlichen linearen Taylor'schen Produktionskonzepten kostenmäßig und hinsichtlich der Geschwindigkeit und Innovationsfähigkeit als überlegen erwiesen hatten und dann, unter erheblichem Krisendruck der westlichen Autoindustrie und des westlichen Maschinenbaus sowie nach vehementen Importbeschränkungen der USA und der EU, vor allem gegen japanische Autos, von diesen und anderen Industrien seit den 1980er Jahren imitiert wurden.

Automobil-, Maschinen- oder Schiffbau und später vor allem viele neue Bereiche der Unterhaltungselektronik wurden die Branchen, deren Exporte das japanische Wirtschaftswachstum von den 1960er Jahren bis in die späten 1980er Jahre hinein befeuerten. Japan wurde zeitweise die zweitgrößte Ökonomie.

In der »Japan-AG«, seit den 1950er Jahren entstanden, agierte das berühmte MITI, das Ministry of International Trade and Industry, als Architekt des wirtschaftlichen Aufstiegs und als Koordinator zwischen den Industrieakteuren, in der Regel Konzerne, zwischen Branchengruppen und Technologiefeldern, die man planmäßig strategisch erschloss und international technologisch führend entwickelte.[170] Dies gelang von den 1960er Jahren bis Ende der 1980er Jahre quasi wie am Fließband, nach einheitlichem Muster, Technologiefeld für Technologiefeld. Hier hatte der Westen lange Zeit weder technologisch noch organisatorisch etwas entgegenzusetzen.

Unternehmenspolitisch und betrieblich gehörte zum japanischen Modell der »Lean Production« und der flexiblen, fluiden und »atmenden« Organisation auch die flache Hierarchie und die Innovation in Gruppen: Arbeiter, Techniker und Ingenieure entwickelten und innovierten auf der »Shopfloor«-Ebene gemeinsam, zugleich technisch und organisatorisch. Hierarchische Anweisungen von der Ingenieursebene waren für die Arbeiterebene inakzeptabel.

Die strukturpolitische Grundidee war denkbar einfach und völlig konsistent mit ökonomischem Grundwissen über die Steuerung komplexer ökonomischer Systeme: Die außergewöhnlichen Anfangsrisiken von Grundlagenforschung beziehungsweise von Forschung und Entwicklung (F&E) grundlegend neuer Querschnitts- und Basistechnologien wurden zwischen allen Beteiligten koordiniert und verpflichtend kollektiv finanziert und durchgeführt, um Risiken zu teilen und durch verbindliche Verabredungen insgesamt auch zu reduzieren, auch für die einzelnen Akteure.

Damit wurde in Japan nicht nur ein Developmental State, sondern darüber hinaus auch ein unternehmerisch in Grundlagenforschung und -entwicklung, bei staatlicher Beschaffung, in der Erstellung spezifischer industrieller Infrastrukturen und in Querschnittsprojekten engagierter und Risiken übernehmender Developmental und Entrepreneurial State entwickelt.[171]

Und erst wenn das Grundlagenwissen für ein Technologiefeld kooperativ erarbeitet und alle wichtigen Informationen allen Beteiligten zugänglich gemacht waren, wurde von Kollektivität und Kooperation auf Konkurrenz in den verschiedenen Anwendungsbereichen der neuen Basistechnologie umgeschaltet – und die nächste Grundlagentechnologie und der nächste strategische Sektor in der langfristigen Abfolge von immer komplexeren Technologien und Sektoren konnten koordiniert in Angriff genommen werden.

Nach dem internationalen »Flying-Geese«-Konzept, wonach die Gänse versetzt hintereinander fliegen und die hintere vom Windschatten der vorderen profitiert, wollte Japan bei den entscheidenden Technologen und Sektoren führend sein, während später andere durch Imitation profitieren könnten (und Japan bereits die nächsten Grundlagentechnologien erschließen würde).[172] Mehr dazu noch unten. Man erkennt daran, wie sehr in Asien das Lernen von anderen, das Imitieren und Sich-Aneignen von andernorts entwickeltem Wissen, eine Rolle spielt im Kontext nationaler wirtschaftlicher Entwicklung und Nachholung. Das prozesshafte asiatische Verbunddenken kontrastiert dabei mit dem westlichen konkurrenzlichen Denken, wo zwar das Gleiche passiert, aber nicht anerkannt, sondern als »Technologieklau« diskreditiert wird.

Im Westen, unter seinem neoliberalen Dogma ab den 1970er Jahren, bei dem »der Markt« im Prinzip »alles weiß«, wird aber zugleich alles Wissen privat gesichert und verschlossen (patentiert) und wird die Wissensdiffusion nur als Verkauf an den Höchstbietenden konzipiert. Wissensdiffusion als Frage des Preises. Und die mächtigsten Konzerne können natürlich die höchsten Preise für den Aufkauf neuen Wissens aus staatlicher Forschung und von jungen Gründerfirmen zahlen.

So hatte der Westen dem japanischen Modell lange Zeit kein vergleichbar effektives Wirtschaftskonzept, weder betrieblich noch sektoral noch gesamtwirtschaftlich, entgegenzusetzen.[173] Dramatisch wurde diese Unterlegenheit in den 1980ern, als die japanische Automobilindustrie bessere und kostengünstigere Autos mit mehr und besserer Elektronik anbieten konnte und so die Automobilindustrie in Westeuropa und den USA in eine existentielle Krise stürzte. Während die USA die japanischen Autobauer zwangen, einen Teil ihres bisherigen Exports in die USA künftig dort selbst zu produzieren, griff die EU panisch zu dem, was ihren neoliberalen Freihandelsnarrativen am meisten widersprach, zur Mengenkontingentierung: Es wurden pro EU-Mitgliedsland und Jahr für jeden japanischen Hersteller detailliert maximale Importmengen in absoluten Stückzahlen bis auf die letzte Stelle genau festgelegt. Eine größere Desavouierung der neoliberalen Ideologie ist kaum vorstellbar.

Es zeigte sich, dass hinter den Narrativen der »Markt«-Wirtschaft und des »Frei«-Handels immer, wenn es für die eigenen Interessen »eng« wird, der interventionistische, regulierende, protektionistische Staat steht. Heutzutage hat vor allem die EU ihren protektionistischen Staat gegen China in Stellung gebracht, gegen chinesische Waren und Auslandsinvestitionen. Dazu unten mehr.

Parallel dazu machten die USA zunehmend Druck auf Japan, sein Modell dem neoliberalen angelsächsischen anzugleichen. Der Yen war bis Mitte der 1980er Jahre noch national reguliert und sein Wechselkurs vom Devisenmarkt getrennt. Er wurde somit trotz der japanischen Exportüberschüsse auf relativ niedrigem Niveau zum Dollar gehalten. Die japanischen Exportüberschüsse flossen angesichts eines in Japan niedrig gehaltenen Zinses und des »starken« USD in die Finanzspekulation in den USA und sorgten so auch für einen weiterhin hohen Dollarkurs, was wiederum das Handelsbilanzdefizit der USA gegenüber Japan weiter ansteigen ließ. 1985 schließlich trafen sich die USA, Frankreich, Großbritannien, die Bundesrepublik Deutschland und Japan im Plaza Hotel in New York, um die japanische Exportoffensive und Japans industriepolitisches Koordinationsmodell zu beenden.

Das sogenannte Plaza-Abkommen beinhaltete eine Aufwertung des Yen gegenüber dem Dollar durch staatliche Einflussnahme auf die Devisenmärkte. In der Folgezeit stieg der Wert des Yen gegenüber dem Dollar, und der Yen hatte bereits 1988 seinen Dollar-Kurs verdoppelt. Im Ergebnis drehten sich die japanische und die internationale Finanzspekulation in Richtung Japan. Namentlich floss internationales Geldkapital in japanische Immobilien und Aktien.[174] Japan wurde so in eine Immobilienblase getrieben. 1990 platzte diese Blase, mit nachhaltigen Konsequenzen: Das starke japanische Wirtschaftswachstum wurde für circa 30 Jahre beendet, und Japan dümpelte bis in die letzten Jahre hinein in einer Stagnation. Trotz massiver Geldschwemmen durch die Zentralbank und trotz real negativer Diskontsätze besitzt das Land aufgrund seiner erzwungenen neoliberalen »Reformen« keine Mechanismen und Instrumente mehr, sich aus einer anhaltenden Stagnation zu befreien. Das säkulare wachstumsmäßige Dümpeln des Westens äußerte sich in Japan in ganz besonderer Intensität.

Japans internationale Technologieführerschaft gibt es schon länger nicht mehr, das japanische industriepolitische Modell kooperativer Entwicklung, der »Developmental State« und der »Entrepreneurial State« sind beendet, das Land im internationalen Sozialproduktsranking von der ehemals zweitgrößten Wirtschaftsnation zurückgefallen zur Nummer vier von heute. Als heutiges neoliberales Land angelsächsischen Typs kann Japan sein früheres Entwicklungsmodell auch nicht wiederbeleben und wird somit wie alle führenden neoliberalen Industrienationen weiter zurückfallen. Konkret wird es für das Jahr 2030 nur noch auf Rang 9 gesehen, wie eine Studie der britischen Bank Standard Chartered prognostiziert.[175]

Japans Nachholung und sein einmaliger Aufstieg aus Isolation und Rückständigkeit zu einer führenden Industrienation war also ursprünglich verbunden mit massiver Imitation und massivem Technologieimport. In der zweiten Hälfte der 20. Jahrhunderts wurde es – wie gesagt – die globale Nummer zwei mit einer technologischen und organisatorischen Wettbewerbsfähigkeit, auf der Basis eines inzwischen vielfach sogenannten Ostasiatischen Entwicklungstyps mit einem Developmental/Entrepreneurial State. Sein erneuter Niedergang in den letzten drei Jahrzehnten war verbunden mit der Oktroyierung des neoliberalen angelsächsischen Entwicklungstyps.

Dieser Entwicklungstyp lässt bekanntlich nur noch die Zentralbanken als wirtschaftspolitische Interventionsinstanzen zu. Das viel zu grobe und oft kontraproduktive Instrument der Geldpolitik (Geldmenge und Leitzinssatz) erweist sich angesichts des überdimensionierten Spekulationssektors der Ultrareichen notwendigerweise mehr und mehr als unwirksam und führt in den tendenziell zunehmenden Krisen typischerweise zu immer massiveren Geldschwemmen in diesen Spekulationssektor. Damit sind die großen Zentralbanken des Westens (USA, UK, EU und Japan) zugleich in einem Währungsabwertungs-Wettlauf, um ihre jeweiligen Export-Industrien zu unterstützen. Und sie leisten ständig einen massiven finanzpolitischen Bail-Out der Privatbanken und der restlichen Akteure des Spekulationssektors. Damit wird die neoliberale gesamtwirtschaftliche Umverteilungsspirale nach oben weiter verschärft, was das wirtschaftliche Desaster des Westens nur noch vergrößert. Dynamik ade. Umverteilung nach oben und Plutokratie waren immer markante Kennzeichen niedergehender Imperien, von der Antike bis heute.

Für Japan bedeutete diese Phase seines neoliberal verursachten Wiederabstiegs eine langanhaltende Geldschwemme bei zugleich anhaltender Stagnation und inzwischen drei »verlorenen Dekaden« sowie stagnativen Aussichten bis 2025,[176] mit dem Effekt der zweithöchsten Gesamtverschuldung aller Länder (nach Kanada und vor den USA und dem UK).[177]

4. Die ostasiatischen »kleinen Tiger«: »Gesteuerte Demokratie« und Niedriglöhne, Technikimitation und Industriepolitik

Das japanische Nachkriegs-Entwicklungsmodell in seiner Aufstiegsphase wurde, ganz im Sinne des »Flying-Geese«-Konzepts, in Asien von den später so genannten »kleinen Tigerstaaten« imitiert und in der Literatur zu einem »Ostasiatischen Entwicklungsmodell«[178] verallgemeinert. Die »Fluggänse« fliegen in keilförmiger Formation, damit die hinterher fliegenden Gänse aerodynamische Vorteile genießen und so Kräfte sparen können. Die Gans an der Keilspitze, die von diesem Vorteil nicht profitieren kann, wird regelmäßig ausgetauscht. Dieses Bild passte dann durchaus auf diese kleineren Staaten, die wechselseitig voneinander profitieren (d. h. sich imitieren) konnten. Im Innern wechselten sich Sektoren oder Konzernkonglomerate in der Konsortialführerschaft für die Eroberung einer bestimmten Technologie, Produktgruppe oder eines Absatzmarktes ab. Im internationalen Verhältnis bildete die Keilspitze lange Zeit unangefochten Japan. Als erste Generation imitierender »Tigerstaaten« galten Südkorea, Taiwan, Hongkong und Singapur. Japan aber musste aus den genannten Gründen die Führung Ende der 1980er Jahre abgeben und flog seitdem eher im hinteren »Gänseschwarm«. Als »Ostasiatisches Entwicklungsmodell«* gilt folgende Abfolge von Phasen:[179]

---

* Wir haben bisher die Begriffe »Developmental/Entrepreneurial State« vage als ein allgemeines »(Süd-)Ostasiatisches Entwicklungsmodell« gebraucht, das in Japan und den »Tigerstaaten« begonnen wurde. In der Literatur wird zu Recht darauf hingewiesen, dass China nicht wirklich zu diesem regulierten (Kapitalismus-)Typ gehört. Das ist insofern berechtigt, als China zu einer hohen staatlichen Gestaltungsdichte über das sozialistische Wirtschafts- und Gesellschaftssystem gelangt ist, insofern mit Japan, Südkorea oder Singapur nichts (jedenfalls nicht den Kapitalismus als System) gemein hat. Wir bleiben dennoch aus pragmatischen Gründen bei der vagen Vorstellung einer gewissen Nähe der verschiedenen Developmental/Entrepreneurial States (Süd-)Ostasiens, und zwar hauptsächlich in Abgrenzung zum Gegenmodell des »westlichen« neoliberalen Finanzkapitalismus. Diese Abgrenzung scheint uns hier die Entscheidende zu sein.

- anfänglich eine Abhängigkeit von Importen aus entwickelteren Ländern, erlernen, imitieren und absorbieren des externen Wissens;
- sodann eine gezielte Importsubstitution durch Förderung der Leichtindustrien bei Import ressourcenintensiver schwerindustrieller Vorprodukte (Eisen, Stahl, Aluminium);
- bei zunächst geringen Löhnen und noch geringer konsumtiver Binnennachfrage;
- durch zunehmende internationale Konkurrenzfähigkeit dann eine zunehmende Produktion für den Export, in die entwickelten Industriestaaten, zunächst noch bei arbeitsintensiven Produkten;
- dann allmählich steigende Löhne und entstehende Konkurrenz durch nachfolgende Imitatoren mit niedrigeren Löhnen;
- daher dann eine Kopplung der Importsubstitutions- und Exportförderungs-Strategien bei zunehmend kapital- und humankapitalintensiver Produktion;
- bei Entwicklung der Humankapitalförderung Förderung der sekundären und tertiären Bildung sowie von Wissenschaft und Forschung und schließlich;
- Entwicklung von High-Tech-Branchen bis hin zur völligen Wettbewerbsfähigkeit mit den etablierten westlichen Industrieländern sowie punktueller Überlegenheit.

Solche Aufstiegsprozesse der ostasiatischen Aufsteiger wären mit neoliberaler »Marktwirtschaft« nie gelungen, da ein de-regulierter »Markt« die erforderlichen langanhaltenden und komplexen Informations- und Koordinationsprozesse entlang der Wertschöpfungsketten über mehrere industrielle Sektoren, Dienstleistungsbereiche und gesellschaftliche Entwicklungsbereiche (Bildung, Forschung) hinweg grundsätzlich nicht leisten kann und zudem zu schnell zu einer Macht- und Umverteilungsmaschine nach oben degeneriert.

Die genannten Länder haben sich daher stets weniger als »Marktwirtschaften« oder »Demokratien« (Oligopole und Kartelle von Parlamentsparteien) im westlichen Sinne verstanden, sondern eher als Entwicklungsdiktaturen, die einen begrenzten Parlamentarismus mit autoritäreren Führungsstrukturen verbunden haben. Wie uns neuerdings ostasiatische Politikwissenschaftler und Politik-Philosophen erläutern, verstehen ostasiatische Bevölkerungen die »Herrschaft des Volkes« eher darin, dass sie »reagible« und »responsive« anstatt parteipolitisch abgeschotteter Regierungen sehen wollen, die auf Diskussionen, heutzutage vor allem in den sozialen Medien, schnell reagieren und die solange unterstützt werden, wie sie nachprüfbar den Wohlstand der Bevölkerung erhöhen.[180]

Nach ähnlichem Muster, teilweise mit abgeschwächten staatlichen und kollektiven Handlungskompetenzen, sozialen Mobilisierungs- und Innovationskompetenzen, mit höheren neoliberalen Anteilen beziehungsweise mit größeren Abhängigkeiten vom Westen sowie entsprechend schwächeren Erfolgen stiegen später einige weitere Länder auf, die sogenannten Pantherstaaten Malaysia, Thailand, Indonesien und die Philippinen, ferner später Vietnam, zum Teil auch Indien, Pakistan und Bangladesch.

Mit höherer kollektiver und staatlicher Handlungs-, Lenkungs-, Koordinierungs- und Mobilisierungsfähigkeit, mit entsprechend umfassenderer und langfristigerer Entwicklungsstrategie und somit höherem und langfristigerem Erfolg trat dann als zunehmend führendes Modell China hinzu.[181] Und falls die Metapher von den fliegenden Gänsen heute noch anwendbar ist, dann ist in weitesten Technologiebereichen China die führende Ökonomie Ostasiens geworden, die zudem aber nun eine wesentlich breitere Initiativrolle für einen größer gewordenen »Schwarm« von Aufholern, für Südostasien, den westpazifischen Raum und für Eurasien vorantreibt, von Infrastrukturintegration (Neue Seidenstraßen) über Finanzierung (Asian Infrastructure Investment Bank – AIIB) bis zu neuen regionalen Koordinationsformen (Regional Comprehensive Economic Partnership – RCEP) und ihren Freihandelszonen ergriffen hat.

Es zeigt sich insgesamt, dass die weiteren Aufstiege in Südostasien, der nahezu einzigen Großregion mit längerfristigen »Aufstiegsökonomien« unter der neoliberalen Hegemonie der 1980er bis 2000er Jahre, ebenfalls wesentlich durch

- Import von Ressourcen, Produkten und Wissen von außen, also auch durch Erlernen, Imitation, Absorption und Adaptation von Technologien und Organisationsformen sowie
- einen starken, proaktiven, koordinierenden, intervenierenden und langfristige nationale Entwicklungsziele formulierenden und verfolgenden Developmental und Entrepreneurial State

erfolgten und auch nur so erfolgen konnten.[182] Zunächst Japan, dann die Tigerstaaten und schließlich China konnten dabei (nur) soweit erfolgreich sein, wie sie sich unabhängig machen konnten vom direkten Einfluss des Westens und, selbst bei grundsätzlicher (anfänglicher) Westorientierung der meisten von ihnen, nicht zuletzt bei Warenexport und Kapitalimport, nicht alle wesentlichen westlichen Strukturmerkmale übernommen haben, sondern ihre ererbten kulturellen Wertsysteme durchaus zur Geltung gebracht und »pfadabhängig« weiterentwickelt haben. Japan, das sich abhängig gemacht hatte, hat dafür einen hohen ökonomischen Preis bezahlt.

5. Exkurs: Der Nachhol- und Aufstiegsprozess der Sowjetunion: Soziale Mobilisierung, Entwicklungsdiktatur und Ressourcenreichtum

Die Sowjetunion repräsentierte neben dem späteren China den vermutlich größten Aufholprozess des 20. Jahrhunderts, von einem »abgehängten« agrarischen Großstaat des alten monarchistischen Europas, einem der schwächsten unter den Kolonialstaaten vor dem Ersten Weltkrieg, der mit den anderen europäischen Großmächten nicht mehr mithalten konnte, zur zweiten »Supermacht« eines knappen halben Jahrhunderts nach dem Zweiten Weltkrieg. Als gleichzeitig systemischer Konkurrent und Herausforderer des etablierten kolonialen und imperialen Weltsystems fällt sie aber, ebenso wie die VR China, »aus der Reihe« und kann nicht einfach aus der Dimension »Nachholen« betrachtet werden. »Überholen ohne einzuholen« war zumindest das Selbstverständnis des europazentrierten staatssozialistischen Staatensystems des 20. Jahrhunderts.

Das zaristische Russland bereits war räumlich »ambivalent«, weit gespannt zwischen Fernem Osten und Mitteleuropa, zwischen Europa und Asien. Es hatte mit seiner geografischen Größe und Multiethnizität wohl mehr zu kämpfen, als dass sie ihm über den Ressourcenreichtum genutzt hätten, und war wohl auch deshalb gegenüber den anderen europäischen Kolonialmächten, die die Welt eroberten, in Rückstand geraten. Überseeische Kolonien (in Amerika, Afrika, Vorderasien, Südasien oder Australien) hatte Russland praktisch nicht.[183] Die Kolonisierung war insoweit wesentlich eine »innere«, um die dünn besiedelten Landmassen Nord- und Zentralasiens von Moskau aus zusammenzufassen und zu halten und dauerhafte Zugänge zu den Weltmeeren zu sichern. Damit war man wohl ressourcenmäßig »sich selbst genug«, damit hatte man aber wohl auch genug zu tun. An den östlichen und südlichen Rändern hatte man stets mit Invasoren aus Japan, Europa und den USA zu tun. Alaska wurde zwecks Konsolidierung billig an die USA verkauft. Auf dem Balkan und an anderen Gebietsrändern (zum Beispiel zur Mandschurei) wurden ebenfalls Gebiete abgegeben. Zu einem Teil gab später auch die junge Sowjetrepublik Gebiete an Nachbarstaaten ab (zum Beispiel Teile Kareliens an Finnland sowie Gebiete an die Türkei) beziehungsweise akzeptierte die Unabhängigkeit (zum Beispiel Finnlands und Polens).

Schon vor der formalen Gründung der Sowjetunion Ende 1922, nämlich vom ersten Tag der Oktoberrevolution an, war das Land ohnehin mit westlichen (und östlichen) Invasoren an allen seinen Rändern konfrontiert. Gegen die sozialistische Alternative verbündeten sich naturgemäß sogar die alten kapitalistischen Kriegsgegner des Ersten Weltkrieges, die Entente-Mächte (England und Frankreich, ferner die USA und auch Japan) und die »Mittelmächte« (Deutschland, Österreich und Verbündete), und zwar übergangslos aus dem Weltkriegsgeschehen heraus.

Gegenüber dem deutschen Kaiserreich hatte die sowjetische Führung allerdings bereits dessen Diktatfrieden von Brest-Litowsk akzeptiert. Damit hatte sie zumindest die größte militärische Gefahr an den Westgrenzen gebannt.[184]

Die führenden kapitalistischen Mächte unterstützten bei ihren militärischen Interventionen zugleich massiv die inneren Feudalkräfte des zaristischen Russlands, die sogenannten weißen Truppen der Kosaken, der Großbauern und anderer oppositioneller sozialer Klassen und auch Ethnien. Der Interventions- und Bürgerkrieg konnte erst 1922 beendet werden, indem die Interventionstruppen (einschließlich Japan in Wladiwostok) an allen Enden Russlands wieder hinausgedrängt wurden.

Nur knapp zwei kurze Jahrzehnte des Aufbaus waren möglich, die jedoch kaum weniger turbulent waren als die Revolution selbst und die nachfolgenden Jahre des Interventions- und Bürgerkriegs. Erste Experimente im Bereich der Wirtschaftsmechanismen wurden versucht, zeitweilig mit einer gewissen Rolle von Märkten, selbständigen Bauern und kleineren Unternehmen, im Rahmen der von Lenin konzipierten Neuen Ökonomischen Politik (NÖP), die nach dessen Tod aber nicht produktiv weiterentwickelt wurde und erst in China nach 1978 unter Deng Xiaoping eine entscheidende historische Rolle spielen sollte.* Es gab, ähnlich wie später auch in der VR China, auch gescheiterte agrarpolitische Experimente mit kontraproduktiven Kollektivierungsvorstellungen. Schließlich gab es unter Stalin eine das Land, seine Führung und seine militärische Verteidigung eher schwächende und demobilisierende Verfolgung und Ermordung zahlreicher führender Kommunisten, einschließlich hoher Offiziere der Roten Armee.

Und dennoch entwickelte sich die Sowjetunion in den 1920er und 1930er Jahren außerordentlich dynamisch, insbesondere in der Zeit der Großen Depression im Westen 1929 ff., als das kapitalisti-

---

* Deng Xiaoping nahm bei den Reformen in China ab 1978 explizit Bezug auf Lenins Konzept der Entwicklung der Produktivkräfte mit Hilfe von Märkten in rückständigen sozialistischen Ländern. Siehe unten, Teil III, Abschnitt 6.

sche Weltsystem sich in einer anhaltenden Wirtschaftskrise befand. Bildung, Kultur oder Forschung und Entwicklung, Investitionen und Wirtschaftswachstum explodierten geradezu.

Aber schon ab Mitte der 1930er Jahre existierte die unmittelbare Gefahr für die Sowjetunion durch das massiv aufrüstende, auf Expansion, Eroberung, Ressourcenausbeutung und rassistisch motivierte Bevölkerungsvernichtung im Osten ausgerichtete, nach Osten drängende Nazideutschland, das sein gesamtes ökonomisches, waffentechnisches, menschliches und medial-ideologisches Aggressionspotenzial gegen das »untermenschliche« Slawentum, insbesondere den »Erzfeind« Russland und speziell den »Bolschewismus« und Sozialismus richtete und das eigene Überleben als Volk ideologisch vom Zugriff auf »unsere« Ressourcen der Sowjetunion abhängig erklärte.

Dieses Nazideutschland, das den Friedensvertrag von Versailles offen brach, wurde vom Westen zunächst in Ruhe gelassen und »besänftigt« (Appeasement-Politik), in der Hoffnung, in ihm einen faktischen, wenngleich etwas »unanständigen« Verbündeten gegen den wirklichen Feind, das sowjetische System, zu haben, der die »Drecksarbeit« hoffentlich erledigen würde. Die Gebietsforderungen der Nazis in Mitteleuropa wurden akzeptiert.

Die Sowjetunion war auf den militärischen Angriff Nazideutschlands, mit dessen unvergleichlichem militärisch-technologischen, aber auch ideologischen Hasspotenzial, nicht genügend vorbereitet, da eine vergleichbare Aggressions- und Zerstörungskapazität in der Menschheitsgeschichte noch nicht vorgekommen war und man sich noch nicht vorstellen konnte, was kommen würde. Sie versuchte lediglich, allein gelassen und isoliert eine kriegerische Konfrontation mit Nazideutschland, in der sie keine Chance gehabt hätte und in kürzester Zeit die größte Kolonie der Welt geworden wäre, durch einen Nichtangriffsvertrag aufzuschieben und zumindest Zeit zu gewinnen, um die eigenen Ressourcen in eine forcierte Aufrüstung statt in die weitere innere Wirtschafts- und Wohlstandsentwicklung zu lenken. Der letztlich nicht zu verhindernde imperialistische

Überfall Nazideutschlands auf die erst 20 Jahre alte Sowjetunion gefährdete diese daher unmittelbar existentiell. Die deutsche Kriegsmaschine, zu Beginn des Zweiten Weltkrieges die militärtechnisch stärkste und ideologisch aggressivste der Welt (zusammen mit der japanischen Militärmaschine in China und Südostasien), war nur nach Jahren mit wirtschaftlichen, technischen, infrastrukturellen, menschlichen und sozialpsychologischen Opfern von ungekannten Ausmaßen zu stoppen, wobei das Schicksal der Sowjetunion lange am seidenen Faden hing. 27 Millionen getötete Russ*innen und die nahezu komplette Zerstörung des entwickelten (europäischen) Teils der Sowjetunion sprechen für sich.

Die Westalliierten hatten der Sowjetunion wohlüberlegt die Hauptlasten des Niederringens der Barbarei überlassen und sich auffällig zurückgehalten und traten erst massiver gegen Nazideutschland an, als die Sowjetunion die Kriegswende herbeigeführt hatte und eindeutig auf dem Vormarsch nach Westen war.

Die permanenten außergewöhnlichen, meist über die Leistungsgrenzen hinausgehenden Kraftanstrengungen der Sowjetunion, die schon mit ihrem weitaus größten Lastenanteil beim Niederringen des im Prinzip höchst effektiven Nazisystems verbunden waren, gingen mit Beendigung des Zweiten Weltkriegs nicht zu Ende. Mit einem ausgeplünderten und zerstörten Mittel- und Osteuropa, einschließlich Ostdeutschlands (der späteren DDR), war, analog zur kollektiven Organisation Westeuropas unter der Ägide der damals unangefochtenen Nummer eins, den USA, ein eigenes, neuartiges internationales System fast aus dem Nichts aufzubauen. Und die US-Atombomben auf Japan waren auch eine klare militärstrategische Botschaft an die Sowjetunion gewesen.

Der heiße Krieg ging somit unmittelbar in den neuen (ersten) Kalten Krieg über, denn die Sowjetunion war nun für die USA und den kapitalistischen Westen erklärtermaßen ein existentiellerer, weil systemischer, Feind, als es Nazideutschland je gewesen war, auch wenn das Schreckensbild vom »Kommunismus« hier nicht so offen den rassistischen Unterton vom zu vernichtenden »slawischen

Untermenschen« wie bei den Nazis hatte.* Als Systemalternative zum kapitalistischen System war die Sowjetunion der eigentliche Feind des Westens, mit dem man für das Niederringen des allzu unberechenbar gewordenen Nazideutschland lediglich ein befristetes taktisches Bündnis eingegangen war.[185]

Die Masse der Naziführer und Hitler selbst waren in ihrem Wahn zu verbohrt gewesen, um zu erkennen, dass sie sich durch einen fundmentalen Strategiewechsel an den Westfronten ab 1943/44 noch hätten retten können. Geheimgespräche zwischen den wenigen flexibleren Nazis und Generälen und dem Westen liefen in diese Richtung, und die Signale an Nazideutschland, alles nach Osten zu werfen und sich im Westen zu einem Waffenstillstand zu arrangieren, waren da. Die Invasion in der Normandie kam schon unübersehbar sehr spät, die intensivierten Bombenkriege auch. Es half aber offenbar nicht, die rasende Nazimaschine auf Überlebensrationalität und eine prowestliche Priorität umzuorientieren, also im Westen Waffenstillstand zu schließen und ihre Truppen nach Osten zu werfen.

Die Sowjetunion wiederum schaffte nach dem Endc des Zweiten Weltkriegs im Alleingang frühzeitig die Entwicklung einer eigenen Atombombe und garantierte so, nicht sofort wieder in eine existentielle Bedrohung, jetzt durch die USA und ihre Unterstützer, zu geraten, deren erklärter Hauptfeind sie nun war. Und das existentielle Wettrüsten der späten 1940er, der 1950er und 1960er und dann wieder der 1980er Jahre begann. Der erste Kalte Krieg war nicht nur ein Wirtschafts-, Finanz- und Medien- beziehungsweise Ideologie-Krieg, sondern auch ein Totrüstungs-Krieg. Auf all diesen Gebieten war der Westen zu dieser Zeit potenter und mächtiger. Die USA ver-

* Allerdings sattelte zum Beispiel das bekannte Wahlplakat der CDU im Bundestagswahlkampf 1953 mit der Parole »Alle Wege des Marxismus führen nach Moskau!« und dem dämonisierten Aussehen eines Rotarmisten, in dessen Rachen »wir« optisch hineinrutschten, nahtlos auf den von den Nazis benutzten und in Deutschland noch vorhandenen antislawischen Rassismus und seiner Untermenschen-Ideologie auf. (Zu diesem Wahlplakat gibt es einen eigenen Wikipedia-Eintrag.)

fügten über die Ressourcen von zwei Dritteln der Welt und konnten Geld und Kapital nahezu grenzenlos generieren.

Der Sowjetunion gelangen außer der Atombombe einige weitere überraschende Erfolge, vor allem der »Sputnik-Schock« 1957 und weitere Weltraum-Erfolge, später auch der Praxistest ihrer Waffentechnik im Vietnam-Krieg, die es dem kleinen Entwicklungsland Vietnam ermöglichte, die Weltmacht USA 1975 endgültig niederzuringen.

Letztendlich aber war ihr Sozialismusmodell, das auf reale Produktion statt auf die Generierung von Finanz- und Kapitalüberschüssen für das Kaufen und Investieren im Rest der Welt hin konstruiert war, rein finanziell unterlegen und konnte so von den USA und ihren Verbündeten auch relativ leicht »totgerüstet« werden. Die Sowjetunion, die nicht nur praktisch bei sich selbst und in ihrem neuen größeren Einflussgebiet alles wieder aufbauen, sondern auch mit Neuem experimentieren musste, weil ihre nicht-kapitalistischen Wege ja noch nie begangen worden waren, war auf Dauer sowohl finanziell und von ihrer ökonomischen Kapazität, von ihren Humanressourcen, ihrer Ideologie und Sozialpsychologie her gesehen über ein kritisches Maß hinaus erschöpft. Ein später Sieg der Nazis in der Vernichtungskriegs-Strategie! Und zwar ausgerechnet in einer Zeit, nicht zuletzt auch wegen des »Vietnam-Schocks« der USA, in der sie noch eine Reihe von Abrüstungsverträgen mit den USA abschließen konnte, also in der Hochzeit von Entspannung, Abrüstung und Rüstungskontrolle, von Ende der 1970er bis Ende der 1980er Jahre.

Die USA spielten auch international ihre Weltmacht, ihr größeres Weltsystem und ihren unendlich größeren globalen Ressourcenzugriff, konsequent aus, und es gelang ihnen etwa ein umfassender Rollback der antikolonialen Befreiungsbewegungen der Nachkriegszeit in den asiatischen, afrikanischen und arabischen Welten. Dem hatte die Sowjetunion, die sich zwar an der Seite dieser »Dritten Welt«, der »Bewegung der blockfreien Länder« und der nationalen Befreiungsbewegungen sah, auf Dauer nichts mehr entgegenzusetzen.

Die wirtschaftliche, soziale, humane, sozialpsychologische und ideologische Dynamik einer langfristigen, zwischen den 1920er und 1970er Jahren virulenten und insgesamt außerordentlichen Nachhol- und Aufstiegsentwicklung vom rückständigen absolutistischen Agrarstaat zur modernen Industrienation und zur Nummer zwei in der Welt erschlaffte in den 1980ern, und am Ende wurde die Sowjetunion dem Westen von Gorbatschow und Jelzin als »Morgengabe« zum Nulltarif angeboten. Die freie Ausbeutung des größten Ressourcenlagers der Welt würde, wie es aussah, dem neoliberalen späten Finanzkapitalismus noch einmal ein halbes Jahrhundert wirtschaftlichen Aufschwung bescheren können …

Es folgten existentielle wirtschaftliche Einbrüche in den Nachfolgestaaten der Sowjetunion durch eine denkbar brutal inszenierte »Schocktherapie« des Neoliberalismus, das »Freilandexperiment« des schnellstmöglichen Totalzusammenbruchs aller Institutionen und allen gewachsenen Human- und Sozialkapitals durch die eingeflogenen »Berater« der USA (»Chicago Boys«), die Plünderung des ehemals öffentlichen Eigentums, die flächendeckende Zerstörung staatlicher Kompetenzen, die Schaffung einer umfassenden kriminellen Atmosphäre und einer Klasse von Oligarchen, entsprechende Kapitalflucht mitsamt dem nachfolgenden breitesten Abfluss qualifizierten »Humankapitals« in die USA und der unterbeschäftigten unqualifizierten Arbeitskräfte nach Westeuropa.

Das Abbremsen, Auffangen und allmähliche Umkehren des historisch außerordentlichen ökonomischen Absturzes (zeitweiser Einbruch des Sozialprodukts um 50 Prozent) und der umfassenden humanitären Katastrophe (indiziert durch die lange Zeit sinkende durchschnittliche Lebenserwartung) im Russland der 1990er Jahre gelang erst wieder durch die Entwicklung eines längerfristig orientierten, zielstrebiger, rationaler und qualifizierter handelnden »Developmental State« unter Putin seit den 2000er Jahren.

In dem Maße, in dem unter Putin die nationale Souveränität, territoriale Integrität und das nationale Selbstwertgefühl Russlands wiederhergestellt und die US-Konzerne wieder aus den russischen Ressourcen entfernt wurden, bleibt Putin in weitesten Kreisen Russlands anerkannt und im Westen ein für alle Mal abgrundtief verhasst.[186] Denn damit waren die Blütenträume des Westens über einen abhängigen und leicht ausbeutbaren Ressourcengiganten, der eine »Bluttransfusion« für den niedergehenden neoliberalen Finanzkapitalismus hätte bedeuten können, mindestens für Jahrzehnte ausgeträumt.

Die »Freundschaft«, die man mit einem wenig geachteten (und schnell in die Vergessenheit geschickten) Gorbatschow oder mit einem offenkundig verachteten und auf offener Bühne verlachten Jelzin herablassend praktizierte, endete bei Putin abrupt. Sie schlug unvermittelt wieder in die Russo- und Slawophobie um, die in Zentraleuropa seit dem Mittelalter über den Sozialdarwinismus des 19. Jahrhunderts bis zur rassistischen Vernichtungsmaschine der Nazibarbarei gediehen war, in einen erneuten Wirtschaftskrieg und erneute, schon gegen die Sowjetunion praktizierte Sanktionsregime sowie natürlich ein neuerliches Wettrüsten um. Der Kalte Krieg 2.0 wurde in Gang gesetzt.

Die alte »Erbfeindschaft« gegen »den Russen« feierte also in den westlichen »Eliten«, ihrer »liberalen« Intelligenzia und den Medien schnell wieder fröhliche Urständ und hat insofern heute wieder eine solide Basis in der Politiker-Kaste, den etablierten Parlaments-Parteien, der Staatsbürokratie, den Medien, der »Intelligenz«, im gesprachregelten Alltagsbewusstsein und im informell vorgeschriebenen und formierten Neusprech.

Dem Rauswurf aus dem ehemals globalen »G8«-Herrschaftskartell, dem offenen Bruch der entscheidenden Verträge und Vereinbarungen der Jahre 1989/90 ff. (zum Beispiel des »2+4«-Vertrages über den Erhalt des Status quo der NATO-Ostgrenzen) folgte das Heranrücken der NATO an die Grenzen Russlands und dessen Einkreisen mit Militärstützpunkten, militärischen Offensivwaffen und Raketenabfangschirmen rund um seine Grenzen herum.

Erst mit erheblicher zeitlicher Verspätung, nachdem in den ersten 2000er Jahren allmählich wieder eine wirtschaftliche Erholung von der neoliberalen Destruktion auf das Sozialproduktsniveau der sowjetischen Zeit erreicht werden konnte, während aber die OECD Russland gleichwohl noch keine Zukunftsaussichten als Wirtschafts-, Technologie- und Militärmacht bescheinigte und US-Präsident Obama es als nur noch eine »Regionalmacht« verspottete,[187] gewann Russland, in Unabhängigkeit und unter neuen nationalen Entwicklungsvisionen, allmählich wieder außen- und militärpolitisches Profil, insbesondere bei der Herstellung einer militärischen und diplomatischen Wende in den Stellvertreterkriegen des von den USA beanspruchten »Greater Middle East«, insbesondere Syriens, und erkennbar zunehmend internationale Autorität.

Russland verfolgte seitdem zunehmend nicht nur eine meist zurückhaltende, vermittelnde und eher defensive internationale Politik und Diplomatie, sondern auch zunehmend durch überraschend fortgeschrittene, den USA überlegene Militärtechnologien, die effektiv und im Vergleich zu den USA mit relativ geringem materiellen und finanziellen Aufwand zu effektivem Einsatz kommen.

Die umfassende strategische Kooperation mit China, bilateral sowie multilateral in der Schanghai Kooperations-Organisation (SCO) tut ein Übriges, um Russland heute als alles andere als eine Regionalmacht, sondern eher wieder als eine der drei führenden Weltmächte (USA, China, Russland) erscheinen zu lassen.[188]

Die bereits zitierte Prognose der Standard Chartered Bank für 2030 jedenfalls sieht die Wirtschaftsrangfolge des Jahres 2017 zwischen Japan (Rang 4), Deutschland (5) und Russland (6) sich bis 2030 umkehren zugunsten Russlands (dann Rang 8, hinter massiveren Aufsteigern: Indien, Indonesien, Türkei, Brasilien, Ägypten) und zulasten Japans (dann 9) und Deutschlands (dann 10). Eine bemerkenswerte globale Strukturverschiebung innerhalb eines Jahrzehnts, die da prognostiziert wird.

Die aktuellen Fragen des Ukraine-Konflikts und der dadurch ausgelösten gravierenden Veränderungen des internationalen politischen und wirtschaftlichen Systems wären hier natürlich zu berücksichtigen, sind hier aber nicht unser Thema. Sie können hier und heute auch noch nicht abschließend sachlich beurteilt werden.

Die militärischen, politischen und wirtschaftlichen Sanktions-Reaktionen im Westen haben das internationale System nun in eine Disruption ungeahnten Ausmaßes gestürzt, wie es sie seit dem Zweiten Weltkrieg nicht mehr gab, eine Umwälzung aller Verhältnisse, die niemand heute bereits seriös überblicken kann.

Fest steht: Die Welt ist eine andere als sie es noch vor zehn Jahren war und ist nicht mehr wiederzuerkennen. Die ersten seriösen Analysen der neuen (Kriegs-)Lage sind zwar bereits erschienen (z.B. Kronauer 2022), wir werden dennoch historische sowie Ursachen-, Prozess- und Wirkungsanalysen künftigen Untersuchungen überlassen müssen.

Zurück zur Sowjetunion: Aus dem (annähernden) Nichts eines zurückgebliebenen feudalen Russland, das großen Teils noch vorkapitalistisch und agrarisch war, zur Nummer zwei der Nachkriegsordnung und der zweiten Hälfte des 20. Jahrhunderts aufgestiegen, zeitweise auf Augenhöhe mit dem Hegemon, und einer der beiden Staaten, die man in der Welt des ersten Kalten Krieges »Supermächte« nannte. Wie aber war dies möglich angesichts der beschriebenen fast permanenten existentiellen Bedrohungen von außen, die offenbar stets alle Ressourcen des Landes banden und sie ja ab irgendeinem Punkt auch vollkommen erschöpfen sollten?

Die Sowjetunion hat den Zeitensprung vom agrarischen Feudalismus zum hochentwickelten Industrie- und Technologieland, von einer rückständigen Monarchie in die Jetztzeit, der in der »regulären« Geschichte des Kapitalismus etwa dreihundert Jahre gebraucht hatte, unter ständigen existentiellen Bedrohungen in wenigen Jahrzehnten bewältigt. Allerdings mit sozialen, ökologischen, humanen und psychologischen Kosten eines permanenten Überlebenskampfs, deren eigentliche Bilanz noch aufzumachen wäre und die vermutlich in letzter Instanz, mit Zeitverzögerung und »hinter dem Rücken« der sichtbaren Ereignisse, zum Zusammenbruch dieses europäischen Sozialismusversuchs geführt haben.

Angesichts der globalen Bedingungen, unter denen dieser Sozialismusversuch stattfinden musste, würde heute eine Ex-post-Prognose also klar negativ ausfallen. Gleichwohl gelang der Sowjetunion über einige Jahrzehnte hinweg Unglaubliches: der Aufbau einer funktionierenden Schwerindustrie, die Industrialisierung generell, die Erschließung der reichen natürlichen Ressourcen, der Aufbau eines staatlichen Planungssystems, der Aufbau einer Armee, der es (unter riesigen Verlusten) gelang, die größte und aggressivste Militärmaschine der damaligen Welt niederzuringen, später der Aufbau eines höchst leistungsfähigen Systems der Wissenschaften und der wissenschaftlich-technischen F&E, der Aufbau eines internationalen Wirtschaftssystems (Rat für Gegenseitige Wirtschaftshilfe – RGW), das seinerseits aus wenig entwickelten Ländern bestand, und eines internationalen Systems der Hilfe für nationale Befreiungsbewegungen und antikoloniale Staatsgründungen, einschließlich der Führung eines Krieges gegen die scheinbar allmächtige US-Militärmaschinerie in Vietnam. Man kann sich nur vage vorstellen, was dies an Mobilisierung menschlicher Ressourcen durch die wirkmächtigen Ideen von Gleichheit, Gerechtigkeit, kollektivem Handeln, sozialer Versorgung und Frieden voraussetzte.

Trotz reicher Naturreserven und großer wirtschaftlicher Erfolge, sogar eines gewissen Nachkriegs-Wirtschaftswunders, Ansätzen von bescheidenem Wohlstand sowie der Produktion eines gewissen, international bereitgestellten wirtschaftlichen und sogar finanziellen Überschusses, hielten jene revolutionären Motivationen nur für eine begrenzte Zeit vor, bevor sie sich im permanenten Überlebenskampf erschöpften. Unter Stalin wurde die revolutionäre Motivation der Menschen mit der patriotischen Motivation der Vaterlandsverteidigung verbunden, nach dem Zweiten Weltkrieg kamen die Erfolge der Weltraumforschung, eine gewisse internationale Autorität sowie schließlich der Sieg über die USA im Vietnam-Krieg als Motivatoren hinzu. Aber alle Motivatoren ließen in den 1980ern erkennbar nach, insbesondere nach den als Schock wahrgenommenen Verlusten bei der Intervention in Afghanistan gegen den neuartigen, von den USA geförderten islamistischen Terrorismus (damals Mudschaheddin, Vorläufer der späteren Taliban), der 1989 mit ungezügelter Brutalität gegen die sowjetischen Soldaten vorging.

Die außergewöhnliche Entwicklung der Produktivkräfte jedenfalls, die Potenzen freisetzte für die Prägung der Weltgeschichte für circa sieben Jahrzehnte, der einmalige nationale Aufstieg, wäre ohne die große systemische Bedeutung eines starken, organisierenden kollektivistischen Erziehungsstaates, oder einer Erziehungsdiktatur, äquivalent zur preußischen, nicht denkbar gewesen. Man könnte von einem Developmental und Entrepreneurial State »sowjetischer Prägung« reden, das bis dahin konkurrenzlose europazentrierte Modell eines Staatssozialismus. Allerdings ließ dieses Sozialismus-Paradigma wie erwähnt längerfristig keine hinreichende Dynamik zu, wie sie etwa heute in China mobilisiert wird.

Die Existenzbedingungen der Sowjetunion, als alleiniger Träger eines alternativen Systems zum etablierten kapitalistischen Weltsystem, das unter Führung der USA nach dem Zweiten Weltkrieg für gut sechs Jahrzehnte seinen Machtzenit erreichte, waren, trotz des Ressourcenreichtums des Landes und trotz für lange Zeit erheblicher sozialer Mobilisierung, letztendlich zu widrig, als dass sie ihren Sozialismus hätte hinreichend weiterentwickeln und weiter motivieren können. Die Motivationen ließen nach, die sozialistischen und nationalen Ziele verloren an Bindungskraft, und die Kosten der Erfolge wurden zu hoch. Der Aufstieg eines isolierten sozialistischen Führungsstaates, auf dem alle Lasten eines alternativen internationalen Systems ruhten, war möglicherweise zwar die größte Nachhol- und Aufstiegsleistung eines Landes im 20. Jahrhundert, aber seine Gesamtbilanz musste kippen, im permanenten Angriff eines weit überlegenen Gegners, und es kam zum systemischen Zusammenbruch. Für den Wettlauf des Totrüstens mit dem kapitalistischen Weltsystem, das gleichzeitig gerade seinen globalen Machtzenit erreichte, hatte das sowjetische System nicht schnell genug genügend produktive Kräfte und schon gar nicht die freien Überschussfinanzen des Finanzkapitalismus, die die USA mit ihrem Wall-Street-Dollar-System generieren konnten, das das gesamte Überschusskapital der kapitalistischen Welt an sich zu binden vermochte.

Das europazentrierte Staatssozialismus-Modell war aber offenbar nicht das letzte Wort der Geschichte, wie die heutigen Erfolge Chinas vermuten lassen. Wir kommen darauf zurück.

6. *Aufstieg der USA zur Weltherrschaft: Kontinentale Eroberung und Genozid, Wissensimport, Militarismus und Imperium*

Die USA sind bekanntlich aus Land- und Ressourcenraub eines ganzen Kontinents sowie der Vertreibung und einem weitgehenden Genozid seiner Einwohner entstanden. Zunächst hatte die Kolonialmacht Spanien die relativ friedlichen und naturverbundenen sowie waffentechnisch (als eher steinzeitliche beziehungsweise frühbronzezeitliche Kulturen) natürlich unterlegenen süd- und mittelamerikanischen Hochkulturen (Inkas, Mayas, Azteken) überfallen und ausgeraubt, der europäischen Wirtschaft mit mittel- und südamerikanischem Silber und Gold einen lang anhaltenden frühkapitalistischen Wirtschaftsaufschwung verschafft und am Ende die Einwohner Mittelamerikas um ein Haar gänzlich ausgerottet. Allmählich fuhren ihre Schiffe an der Westküste auch nach Norden, offiziell stets »im Dienst von Gott und König«, also in der Absicht »missionarischer« Unterwerfung der Einwohner, aber vor allem auch weiter auf der Suche nach den dringend benötigten »Drogen« Gold, Silber und Sklaven sowie nicht zuletzt auch nach Möglichkeiten, weiterhin nützliches Wissen der indigenen Kulturen zu stehlen.

Im Westen des nordamerikanischen Kontinents wurden sie aber nicht gleichermaßen fündig wie in Mittel- und Südamerika (und zuvor auch im heutigen Florida), wo sie aus dem vollen Reichtum der Hochkulturen hatten schöpfen können. Sie trafen überwiegend auf verschiedene steinzeitliche Jäger-und-Sammler-Kulturen (»Indianer«) und nur sehr wenige feste Siedlungen oder gar Städte und Staaten wie weiter südlich. So wurden in den Gebieten der überwiegend noch nomadischen Kulturen Nordamerikas zunächst lediglich einige bedeutungslose isolierte Missionen gegründet, deren Namen heute große Städte kennzeichnen (San Diego, Los Angeles, Santa Barbara, San Francisco, San Jose, Sacramento oder Santa Rosa). Nördlich (von Sacramento) ließ man es gleich ganz bleiben. Auch Engländer und Franzosen, die sich, von Osten und über Land kommend, ihre Anteile am nordamerikanischen Kontinent sichern wollten, wussten zunächst nicht viel mit dem westlichen Teil des Kontinents anzufangen, da er nicht die leicht stehlbaren Reichtümer des Südens bereithielt.

Dabei hatte man ja auf Seiten der europäischen Kolonisatoren zunächst geglaubt, Indien entdeckt zu haben. Entsprechend wurden die Bewohner des Kontinents »Inder« (span.: Indios, engl. »Indians«, später ins Deutsche als »Indianer« übersetzt) genannt. Aber weder hatte man Indien gefunden, noch den »amerikanischen« Kontinent (seit Anfang des 16. Jahrhunderts nach Amerigo Vespucci genannt) »als erste entdeckt«. Zumindest die Wikinger hatten wohl eine Route über den Nordosten Amerikas (über Island und Grönland nach Neufundland und Labrador) entdeckt, Nordafrikaner möglicherweise eine nach Mittelamerika (gemäß Thor Heyerdahls Ra-II-Expedition 1970) und die Chinesen möglicherweise eine über Nordwestamerika.

Auch war man auf keinen »leeren« Kontinent gestoßen, wie das zentrale Narrativ des europäischen Selbstverständnisses gegenüber dem nördlichen »Amerika« seit den Tagen der englischen »Pilgerväter« suggerierte. Im Gegenteil, dieser Teilkontinent war besiedelt, und zwar vollständig, mit etwa einer Million Einwohnern, die ihn vollständig nutzten und bewirtschafteten, allerdings auf ihre überwiegend steinzeitlich-nomadische Weise, also extensiv, allerdings auch weitgehend im Einklang mit der Natur.

Zunächst war Nordamerika daher für die west- und kontinentaleuropäischen Kolonialmächte (im Südwesten und in Florida: Spanien, im Mittleren Westen von New Orleans bis zum heutigen Ostkanada: Frankreich, im Osten: England, partiell die Niederlande: Neu Amsterdam, heutiges New York) nur willkommenes Auffangbecken für alle Arten von »Überschüssigen« und »Unpassenden« des alten Europa, für Spätgeborene ohne eigenes Erbe an Grund und Boden, für zum Teil verfolgte religiöse Abweichler und Sektierer, für Arme und Hungernde, für die es keine Arbeit gab, für Intellektuelle und Esoteriker, aber auch Abenteurer, Kriminelle aller Art usw., seltener auch für liberale Freidenker und politisch verfolgte bürgerliche (und später auch proletarische) Revolutionäre, darunter vertreten Berufe aller Art, Bauern, Handwerker, Händler, Finanzakrobaten und Geschäftemacher, Intellektuelle und Kunstschaffende. Es schien allerdings in den größten Teilen auch nicht so unwirtlich wie Australien, wohin England gleich massenweise seine Kriminellen, Lumpenproletarier und politischen Gefangenen ausgelagert hatte.

Die meisten von ihnen, mit ihren oft gewalterfahrenen europäischen Biografien, merkten schnell, dass sie neue Bedeutung, Macht, Identität und Selbstbewusstsein gewinnen konnten durch Unterwerfung, Ausbeutung und oft genug direktes Abschlachten der unterlegenen und ohnehin »gottlosen« indigenen Bevölkerung. Diese war ihnen zwar meist noch nützlich beim Navigieren, Finden von Wasserquellen, guten Siedlungs- und Anbauplätzen und so weiter, doch danach nur noch lästige Konkurrenz und unwerte Wilde.

Die »Indianer« waren allerdings auch »unterlegen« gerade aufgrund ihrer Naturreligion, die sie Fremden gegenüber naiv, meist gastfreundlich, kooperativ sowie handels- und tauschorientiert auftreten ließen – was ihnen wiederum, in Konsequenz der europäischen kolonialen Eroberungs-, Unterwerfungs- und Weltherrschaftsmentalität, von den meisten europäischen Eindringlingen und ihren Kolonialarmeen und -verwaltungen als Schwäche und Unterlegenheit ausgelegt wurde.

Erst als weitere Millionen an Europäern, auch aus Nord-, Süd- und Osteuropa, angelandet waren und sich allmählich vollständig über den gesamten Teilkontinent ausbreiteten, wurde deutlich, dass eine Europa ergänzende, nützliche und effektive Großlandwirtschaft (zunächst Baumwolle im Süden und Südosten, dann Getreide im Norden und Mittleren Westen) aufgebaut werden konnte.

Aufgrund der gleichzeitigen kolonialen Unterwerfung und Ausplünderung des afrikanischen Kontinents wurde das weiße »Amerika« zumindest im Süden (Baumwolle) mit Hilfe von Millionen versklavter Afrikanerinnen und Afrikanern als neuzeitliche Latifundien- und Sklavenhaltergesellschaft aufgebaut.

Wildwüchsiger Landraub, Kolonialisierung und extensive Ressourcenausbeutung, zunächst insbesondere der nordamerikanischen Tierwelt, der Wälder und Gewässer, wurden dann mit dem Ausbau der Industrie durch eine mehr systematische und intensive Ressourcenausbeutung des sich nun als durchaus interessant (im agrarischen wie im industriellen Sinne: Kohle, Eisenerz, Wasserkraft) erweisenden Teilkontinents ergänzt.

Die großen Industrien des klimatisch moderaten Nordens des Halbkontinents saßen natürlich historisch »am längeren Hebel« und brauchten die billigen schwarzen Arbeitskräfte des Südens zunehmend als »freie« Industriearbeiter, nicht als Farm- und Familiensklaven. Sie entschieden letztendlich den unvermeidlichen späteren Bürgerkrieg um das künftige sozialökonomische System (industriekapitalistische oder Sklavenhalter-Gesellschaft) der »Vereinigten Staaten« für sich. Die zukunftsorientierte globale Industrienation (statt der veralteten agrarischen Sklavenhaltergesellschaft) ließ sich nicht aufhalten.

Das US-amerikanische »Aufhol«-Paradigma, Kolonialisierung, Land- und Ressourcennahme und partieller Genozid (das letzte große Massaker an einem Teilvolk Nordamerikas fand noch 1890 in Wounded Knee gegen die *Lakota* statt), war zur Zeit der Entscheidung des Bürgerkrieges (1865) allerdings als Paradigma der Entwicklung der USA bereits fest etabliert und wurde daher nun systematisch auch zur Ausdehnung der offiziellen Grenzen des Landes genutzt. Zunächst (bereits seit 1836) wurden Kriege gegen die spanische Macht und Kultur auf dem nordamerikanischen Kontinent, stellvertretend gegen den Nachbarstaat Mexiko geführt, und gewonnen, und so das Land nach Süden und Südwesten ausgedehnt. Dann ging es Richtung Mittelamerika und über das Festland hinaus: gegen Nicaragua seit 1856, Argentinien, Chile, Haiti 1890/91, Korea ab 1894, China ab 1895, gegen Panama 1895, Hawaii, die Philippinen, Kuba, Puerto

Rico, Guam, allesamt 1898, gegen Samoa 1900, also alles noch vor der Jahrhundertwende, später gegen die junge Sowjetunion.

Von 244 Jahren ihrer Existenz (ab 1776 bis 2020) waren die USA nur 16 Jahre *nicht* in einem Eroberungskrieg.[189] Angegriffen oder bedroht wurden sie dabei niemals, von keinem anderen Land. Seit ihrer Gründung 1776 sind sie so in insgesamt 70 souveräne Nationen eingedrungen.[190] Und bereits 1823 bereits hatten sie die sogenannte Monroe-Doktrin aufgestellt (und nachfolgend vor allem gegen die konkurrierenden europäischen Kolonialmächte auch umgesetzt), wonach der gesamte amerikanische Kontinent (einschließlich Mittel- und Südamerika) zur exklusiven Herrschaftszone der USA erklärt wurde, aus der Europa sich herauszuhalten habe. Seit den 2010er Jahren wird eine Art Monroe-Doktrin wieder formuliert, nun gegen chinesische Kooperationsabkommen und Investitionen in Mittel- und Südamerika.

Neben »innerer« und »äußerer« Kolonialisierung aber bestand der wichtigste »Rohstoff« für den US-Nachhol- und Aufstiegsprozess in der Einfuhr von Arbeitskräften, zunächst Handarbeiter, später Wissenschaftler. Dies waren Millionen afrikanischer Sklaven, dann auch die Einfuhr chinesischer Quasi-Sklaven, die für den Eisenbahnbau im Westen geraucht wurden,[191] schließlich der endlose Zustrom vieler Millionen Immigranten aus dem alten Europa und anderen Teilen der Welt.

Später, auf dem Weg zum entwickelten und hegemonialen Kapitalismus, zum Land mit globalem Herrschaftsanspruch, wurde ein systematischer Brain-Drain in die USA, also der Import höherwertigen »Humankapitals«, organisiert und Teil der weiteren Aufstiegsstrategie. Die Green Card ist hierfür zum Symbol geworden. Nach dem Ende des Naziregimes wurde zum Beispiel die deutsche Forscher-, Ingenieurs- und Technikerelite, die vor allem in den Bereichen Raketentechnik sowie Luft- und Raumfahrt führend gewesen war, in die USA verbracht. Natürlich wurden dabei den deutschen Rüstungsfachleuten, ungeachtet ihrer Nazivergangenheit, in jeder Hinsicht höchst attraktive Arbeits- und Lebensbedingungen geboten.

Das gleiche Muster wurde nach der Zerstörung der Sowjetunion mit der Wissenschaftlerelite der ehemaligen staatssozialistischen Länder praktiziert, die in ihren von der kapitalistischen Restauration zerstörten Ländern oft nur noch die Perspektive hatten, sich als Taxifahrer, Fremdenführer, Hausmeister oder ähnliches zu verdingen.

Die USA haben in ihrem Aufstieg auch eine lange Tradition der systematischen Ausschaltung kapitalistischer Konkurrenten entwickelt. Von den europäischen Kolonialmächten auf dem nordamerikanischen Kontinent (Spanien, Frankreich und schließlich England) hatte man sich emanzipiert und auch kriegerisch durchgesetzt. Man konnte Europa vom nordamerikanischen Teilkontinent vertreiben und auch Mittel- und Südamerika zum eigenen Hinterhof machen. Über zwei Weltkriege, in denen sich die anderen Mächte wechselseitig ruinierten, rückten die USA zur westlichen Führungsmacht auf, von der totalen Weltherrschaft nur noch abgehalten durch die Verfügung der Sowjetunion über die Atombombe. Die Ergebnisse des Zweiten Weltkrieges für Großbritannien (existentielle Verschuldung bei den USA) nutzten sie zum Beispiel, um das Britische Empire endgültig aufzulösen, seine Kolonien zu »befreien«, England zu zwingen, sie aus ihren Schulden zu entlassen und sie, nunmehr schuldenfrei, zum eigenen Absatz-, Rohstoff- und Einflussgebiet zu machen.[192]

40 Jahre später schafften die USA sich mit dem Plaza-Abkommen den bis dahin industriell außerordentlich erfolgreichen japanischen Konkurrenten vom Hals, und schließlich erkannten sie mit dem Rüstungswettlauf einen der tödlichen Schwachpunkte der Sowjetunion.

Nach dem Ende der Sowjetunion 1991 erfolgte nicht nur eine »Beratung« und Steuerung Russlands hin zu einem »Sprung ins Kalte Wasser«, zu einem marktextremistischen Neoliberalismus, der Russland und die Länder Mittel- und Osteuropas in kürzester Zeit in existentielle Krisen hineinkatapultierte, es für längere Zeit aus jeglicher Konkurrenzfähigkeit mit dem Westen hinaus- und die Länder Mittel- und Osteuropas in eine strukturelle Abhängigkeit von der Deutsch-EU hineinkatapultierte. Die USA sicherten sich einen erneuten Brain-Drain, einen enormen Transfer der ehemaligen sowjetischen Forscher- und Wissenschaftlerelite.

Neben den deutschen, russischen und mittel- und osteuropäischen Wissenseliten sind aber auch jahrzehntelang Teile asiatischer Wissenseliten in die USA abgeworben worden, und die USA konnten so zunehmend, über Jahrzehnte hinweg die »Front« von F&E und den Standard der wissenschaftlichen Ausbildung in nahezu allen Wissenschaftsdisziplinen definieren.

Viele chinesische Wissenschaftler aber, die von der chinesischen Politik lange Zeit zum Auslandsaufenthalt, vor allem in den USA, ermuntert worden waren, sind bereits wieder zurückgewandert, vor allem unter den Bedingungen des globalen Wandels zugunsten Chinas seit den 2000er Jahren und vor allem unter dem Washingtoner Wirtschafts- und Medienkrieg gegen ihr Land seit 2016. Über Jahrzehnte hinweg, und in erheblichem Maße noch bis heute, aber profitierten die USA auch von zehntausenden chinesischen Wissenschaftlern. Erst in den letzten Jahren läuft der Brain-Drain wieder in umgekehrter Richtung. Für viele chinesische Wissenschaftler sind die Bedingungen in den USA im Vergleich zu denen, die ihnen heute in China selbst geboten werden, nicht mehr überlegen.

Die mit dem allmählichen Niedergang aufgekommene Fremdenfeindlichkeit und der wieder gesteigerte Rassismus haben aktuell nahezu jeden Brain-Drain in die USA zum Erliegen gebracht, wie wir an Zahlen zu ausländischen Wissenschaftlern und internationalen Studenten in den USA sehen.[193]

Ein Indikator sind etwa Berichte aus den US-Colleges und -Universitäten über zurückgehende Einschreibungen ausländischer Studenten,[194] Doktoranden und Nachwuchswissenschaftler, und zwar bereits vor »Corona«.[195]

Insgesamt zeigt das Beispiel des Aufstiegs der USA von einem »Niemandsland« und einer vernachlässigten Kolonie Englands, mit der dieses zunächst nicht so recht etwas anfangen konnte, zur Nummer eins des 20. Jahrhunderts, dass aufholende kapitalistische Entwicklungen typischerweise über Landnahmen, äußere wie innere

Kolonisierungen sowie extensive Ressourcenausbeutung und später über einen Import von Wissen und »Humankapital« aus anderen fortgeschrittenen Ländern erfolgt.

Im Falle der USA konnte der Import fremden Wissens besonders effektiv und umfangreich erfolgen, weil nicht nur attraktive Einkommensbedingungen, sondern auch attraktive Lebensbedingungen für hochwertiges »Humankapital« gezielt, staatlich organisiert (Einwanderungspolitik mit Green Card) und unter Einsatz der üppigen Ressourcen des Landes (großzügige, landschaftlich attraktive und exklusive Wohngegenden in den Randgebieten der großen Agglomerationen) bereitgestellt werden konnten. Hervorragende Einkommens- und Lebensbedingungen konnten dabei im Rüstungssektor als einer Quasi-Staatsökonomie, in privaten Eliteuniversitäten, im Banken- und Finanzsektor sowie in den IT-Sektoren geboten werden.

Nicht zu vernachlässigen allerdings ist im Fall der USA (Ähnliches gälte für Großbritannien) auch die globale Finanzstaubsauger-Funktion der Wall Street, der es die meiste Zeit seit dem Zweiten Weltkrieg gelungen ist, die Masse des (über-)flüssigen internationalen Geldkapitals zu importieren.[196] Dessen finanzieller und wirtschaftlicher Impuls für den Aufstieg der USA zum Hegemon, dessen Kreditierung der Auslandsinvestitionen US-amerikanischer Konzerne, der zunehmenden Verbraucher- und der gigantischen Staatsverschuldung und vor allem für den mit Abstand größten Rüstungsapparat der Welt, ist nicht zu unterschätzen – auch wenn die Wall-Street- und Dollar-Dominanz seit Ende der 2010er Jahre deutlich schwächer wird.

Das Bild vom Aufstieg, und eben auch des heutigen Abstiegs, der USA wäre also unvollständig, würde man die Entwicklung nicht nach den unterschiedlichen Phasen und den damit zusammenhängenden spezifischen Erfolgen und Misserfolgen, Leistungen und Schäden differenzieren.

Die Phase des extensiven Wachstums und des Aufstiegs durch innere und äußere Kolonisierung (Landraub) und entsprechende extensive Ressourcenausbeutung, das anarchische »Wild-West«-

Paradigma, hatte in den Küstenregionen zu wildwüchsigen oligopolistischen Macht- und Wirtschaftsstrukturen, zur Dominierung von Ökonomie, Gesellschaft und Staat durch oligarchische Dynastien, zu Mega-Trusts und Kartellen, zu einem unregulierten Finanz- und Spekulationssektor und einem Goldgräber- und Ölmagnaten-Kapitalismus geführt, dessen umfassende Überakkumulationen zwangsläufig zu immer größeren zyklischen Krisen führten und schließlich 1929 mit dem vorläufig größten Finanzcrash der Wirtschaftsgeschichte und der anschließenden Großen Depression der 1930er Jahre endete.

Anfängliche Versuche, das Unheil durch Verschärfung der altliberalen (neoklassischen »Freie-Märkte«- und Austeritäts-)Rezepte zu beenden, mit noch mehr Freiheiten für das große Kapital, noch mehr Lohnsenkung, Massenverelendung und Hunger und noch weniger Staat, verschärften die Lage und drohten zu größeren sozialen Kämpfen zu führen. Bei Teilen der Herrschenden setzte daher ein gewisses Umdenken ein, und ein »New Deal« wurde installiert, der partiell (etwa der öffentlichen Versicherung für Hypothekenschulden der Privathaushalte, einer gewissen Arbeitslosen- und Rentenversicherung, bei öffentlichen Infrastrukturinvestitionen und anderem) nicht nur in den 1930er und frühen 1940er Jahren erfolgreich war, sondern teilweise etwa vier Jahrzehnte lang, von Mitte der 1930er bis Mitte der 1970er Jahre anhielt. Dieser New Deal proaktiver staatlicher Sicherungs- und Strukturierungstätigkeiten war ursprünglich verbunden mit dem Namen des Präsidenten Franklin D. Roosevelt, der die staatliche Handlungsfähigkeit ausweitete, Millionen von Haushalten durch öffentlich organisierte und öffentlich besicherte Umschuldungen, Schuldenstundungen und -streckungen vor sozialem Absturz und Armut bewahrte, soziale Sicherungssysteme und eine korporatistische makroökonomische Rahmensteuerung einführte, sogar unter einer gewissen Beteiligung der Gewerkschaften, Staatsausgaben ankurbelte sowie die Infrastruktur des Landes massiv ausbaute, so dass sie von den 1930er Jahren bis heute das Rückgrat des US-amerikanischen wirtschaftlichen »Unterbaus« bilden.

Am Ende der zweiten Amtsperiode Roosevelts und im Vorlauf zum Kriegseintritt der USA hatte deren oligopolitischer Konzernkapitalismus, dessen Strukturen natürlich nicht angetastet worden waren, verstanden, dass ein expansiver Staatshaushalt aber vor allem dann am einfachsten mit seinen oligarchischen Interessen vereinbart, seine Herrschaft am besten gesichert und soziale Kämpfe am ehesten dann unterdrückt werden konnten, wenn dieser proaktive Staat in eine Art Rüstungs-Keynesianismus bei struktureller Staatsverschuldung überführt werden könnte. Es entstanden der US-amerikanische Rüstungsstaat und die US-amerikanische Variante einer rüstungsdominierten Ökonomie, die Grundform eines »Monopolkapitalismus«[197] oder »Staatsmonopolistischen Kapitalismus«, in dem Großkonzerne eine stabile Subventionsachse mit dem Staat bilden. Auf der Grundlage dieses Rüstungs-New-Deals und mit dem Sieg im Zweiten Weltkrieg und dem Aufbau eines Weltsystems gelang den USA ihr goldenes Zeitalter, sogar mit breiten Wohlstandssteigerungen und sozialen Aufstiegen im Innern, mit der Attraktion des globalen Überschusskapitals an die Wall Street und der Rekrutierung der globalen wissenschaftlichen Intelligenz für seine Universitäten und Forschungsinstitute sowie mit der globalen Verbreitung seiner Hollywood-Kultur, schließlich die globale Dominanz schlechthin. Ein »Amerikanischer Traum« wurde für einige Jahrzehnte glaubhaft, nach innen selbst und, noch mehr, nach außen. In dieser Phase bauten die USA das attraktivste System der (nicht nur rüstungsorientierten) F&E in führenden öffentlichen und privaten Universitäten und Forschungsinstituten sowie entsprechenden Abteilungen großer Konzerne auf. Während die primäre und sekundäre Bildung in den USA nie besonders hervorstach, die soziale und räumliche Segmentierung (schwarze Ghettos) nahezu unverändert blieb (wo Schwarze einzogen, zogen Weiße weg), definierte das tertiäre Bildungssystem für Jahrzehnte die Weltspitze. Als regionale Zentren der Rüstungs-F&E, Rüstungsgüterproduktion und Rüstungs-IT kristallisierten sich der Nordosten der USA um Boston und Cambridge/Massachusetts, entlang der sogenannten Route 128 (zum Beispiel um das berühmte MIT), Kaliforniens Silicon Valley (ausgehend von der Universität Stanford), der Gürtel New Mexico/Nevada/Arizona (um Atomforschungsinstitute und Spezialeinrichtungen der Air Force, etwa das berühmte Los Alamos) sowie der Nordwesten um Seattle (Washington State, um Boeing, später auch Microsoft) heraus. Aus diesen Rüstungszentren entstanden später die großen globalen IT-Oligopole, Google, Apple, Facebook, Amazon (der heutige GAFA oder, mit Microsoft, GAFAM-Komplex) und viele andere.

Die »Kehrseite« der Phase der New Deals, ähnlich praktiziert in fast allen kapitalistischen Ländern seit den 1930er und 1940er Jahren, die dann nach dem Zweiten Weltkrieg mehr oder weniger keynesianische »Wohlfahrtsstaaten« einführten, war, dass Streik- und andere soziale Aktivitäten zunahmen und sich dadurch langsam die Einkommensverteilung der altliberalen oligopolistischen und kartellierten Phase des Kapitalismus gleichmäßiger zu entwickeln begann und der Sozialproduktsanteil der großen Kapital- und Vermögenseinkommen zugunsten der Lohneinkommen vorübergehend etwas zurückging (zum Teil seit den 1950ern und zum Teil bis hinein in die 1970er Jahre). Nach einem Jahrzehnt zunehmend aktiverer Arbeitnehmer- und Gewerkschaftskämpfe für höhere Löhne in den 1960er und 1970er Jahren und zunehmender Preiserhöhungen und Mengenreduzierungen durch die Unternehmen, also zunehmender beidseitiger Verteilungskämpfe mit zunehmender »Stagflation«, kündigten die herrschenden Schichten zunehmend den alten korporatistisch-wohlfahrtsstaatlichen »New-Deal«-Konsens mit seiner makroökonomischen Rahmensteuerung und setzten das schon länger vorbereitete und in Reserve gehaltene Konzept des Neoliberalismus durch.

Die neoliberale Phase seit Mitte der 1970er Jahre führte über De-Regulierungen für Kapital-, Geld- und Vermögensbesitzer, Beseitigung von Arbeitnehmerrechten, Entstaatlichung, Wohlfahrtsstaatsabbau, billigen Verkauf von öffentlichem Eigentum an die großen Kapital- und Vermögensbesitzer (»Privatisierung«) sowie über eine Verlagerung der Wirtschaftspolitik an die Geldpolitik der Zentralbanken (»Monetarismus«), die ihrerseits als austeritätspolitischer Olymp über das politische System gestellt wurden, schnell wieder zu einer Erhöhung und geradezu einer Explosion des Anteils der Gewinn- und Vermögenseinkommen am Sozialprodukt auf Werte wie zu Zeiten vor dem Ersten Weltkrieg.[198] Angesichts der finanzpolitischen Austerität (»Sparen«), dem Staatsrückzug aus der Arbeitsmarkt- und Sozialpolitik, der Privatisierung der sozialen Vorsorge und der insgesamt dadurch begrenzten Konsumnachfrage allerdings tendenziell auch zu einem Stagnationsregime, damit zunehmend zu einer nicht-investiven, sondern spekulativen Verwendung der überschüssigen Gewinnmassen und so zu einer Finanzialisierung, die ein großes »Kasino« für die überschüssigen Geldkapitale der Welt als eigenen Kosmos für sich entstehen ließ. Die erste, eher »erfolgreiche« neoliberale Phase mit einer noch gewissen ökonomischen Belebung und einer Explosion des Anteils der Finanzgewinne am Sozialprodukt ging aber bereits ab Mitte der 1980er Jahre in erkennbar höhere Volatilitäten (Schwankungsintensitäten) des Spekulationssektors über, woraufhin die finanzdominierte globale Ökonomie in eine Phase sich häufender Wirtschafts- und Finanzkrisen zum Teil mit Staatsbankrotten in Südamerika und Asien eintrat, mit dem vorläufigen Kulminationspunkt der Großen Finanzkrise und Großen Rezession 2008 ff.[199]

Die fortschreitende neoliberale Phase nach 2008 ist dann, auch nach einer speziellen Staatsfinanzierungskrise der EU nach 2009, insbesondere in den USA, mit einem erkennbaren Niedergang der Fähigkeiten des Staates zum Management der inneren und äußeren Krisen und mit einem globalen Ansehens- und Machtverlust der USA verbunden. Dies zum Beispiel verknüpft mit einem fortschreitenden Verfall ihrer harten und weichen Infrastrukturen, Humankapital-Investitionen und -Fähigkeiten, prekärer Arbeit und Armutsausbreitung, einer zunehmend obszönen Umverteilung des Reichtums nach oben, der Entstehung einer »1-Prozent«-Plutokratie sowie einer weiteren Explosion der staatlichen Verschuldung und der Verschuldung der Normalhaushalte und normalen Unternehmen. Der globale Herrschafts- und Dominanzanspruch zwang die USA gleichwohl zum Tragen einer Rüstungslast, die ihre Ökonomie erkennbar nicht mehr lange hergeben wird.

Der Aufstieg war seit den 1990er Jahren und in den 2000er Jahren unübersehbar in Abstieg umgeschlagen, und die Kosten-Nutzen-Relation der globalen Hegemonie war für die USA seit längerem auf über 1 geklettert (d. h. es fielen zunehmend mehr Kosten als Nutzen an durch die neoliberale Globalisierung und die zunächst »pastorale«, gönnerhafte Rolle der USA). Damit war seit Mitte der 2000er Jahre und insbesondere nach der Finanzkrise 2008, bei der sich vor allem China für ein Jahrzehnt als leistungsfähige, zukunftsorientierte und handlungsstarke Weltkonjunkturlokomotive erwies, ein grundlegender Strategiewechsel in Washington von proaktiver Globalisierung und Dominanz zu Restriktion, nationalem Egoismus, und aktiver De-Globalisierung vorgenommen worden.[200]

In der Ära Trump schließlich kulminierten alle Krisensymptome der USA, extreme Ungleichheit, Massenarmut, teilweise sogar regionale Ernährungsprobleme, Deindustrialisierung und industrielle Ausgezehrtheit, Bildungsarmut, eine plutokratische Finanzkrake, die sich alles aneignet, ein ausgezehrter, zu Organisation, Koordination und Planung unfähig gewordener Staatsapparat, Staatsverschuldung und in der Pandemie nicht zuletzt ein völlig unfähiges Gesundheitssystem, schließlich soziale Revolten und bewaffnete Gewalttätigkeiten mit faschistischen Tendenzen und eine tiefe politische Spaltung des Landes. All dies ließ einen Koloss auf tönernen Füßen erkennen. Dieses Land im Abstieg wird größte Schwierigkeiten haben, jemals wieder einen Weltordnungs-Anspruch durchzusetzen. Erstmals wurde formuliert: »Die Welt hat die USA geliebt, gehasst und beneidet. Jetzt haben wir zum ersten Mal Mitleid mit ihnen.«[201]

Die Entwicklungen seit Mitte der 2010er Jahre, als China unübersehbar als dynamischste Kraft auf der globalen Ebene in Erscheinung trat, und die Perspektiven für die 2020er Jahre müssen einer künftigen Anschlussstudie vorbehalten bleiben. Ziehen wir also zunächst die Quintessenz unserer »Fallstudien« von historischen Aufstiegen, Aufstiegskonstellationen und Aufstiegsmechanismen, die unsere aktuelle Weltlage prägen und ihre erkennbare Zukunft bestimmen werden.

7. Quintessenz: Wie also gelangen Aufstiegsprozesse?

So unterschiedlich die hier genannten Beispiele in systemischer Hinsicht auch sein mögen: Sie alle liefern Belege dafür, dass sich der Kapitalismus eine »sich selbst überlassene« neoliberale »freie Marktwirtschaft« (die ja ohnehin nur angeblich sich selbst überlassen bleibt) nur bei einer bereits erreichten Vormachtstellung überhaupt leisten und sie nur zur Festigung einer bereits erreichten wirtschaftlichen (industriellen, finanziellen) Überlegenheit und politischen Vormachtstellung gegen potenzielle Aufsteiger einsetzen kann. Historisch gesehen also nur in einer bestimmten Phase und taktisch, einer Phase relativer Dominanz. »Freie Marktwirtschaft« konnte historisch jedoch nie für eine nationale Qualifizierungs-, Nachhol- und Aufstiegsentwicklung nutzbar gemacht werden.

»Freie Marktwirtschaften« à la kolonialistischem Vereinigten Königreich und später USA organisierten ihren weiteren Aufstieg nur so lange durch »freien Wettbewerb«, wie keine ernsthaften Konkurrenten existierten und sie hinreichende natürliche Ressourcen durch ein eigenes Herrschaftssystem (Kolonialsystem) international ausbeuten (England/Vereinigtes Königreich oder Japan: äußere Kolonialisierung) oder im »eigenen« Kontinent als Heimvorteil (USA: innere Kolonialisierung) nutzen konnten.

Die Erziehungsdiktatur Sowjetunion konnte ihren »Zeitensprung« von einem Jahrhundert, den sie, unter ständigen existentiellen Angriffen, in nur 20 Jahren nachholen musste, um die größte Militärmaschine der Zeit niederringen zu können, ebenfalls nur unter extensiver Ausbeutung ihrer gewaltigen natürlichen Ressourcen bewerkstelligen.

Die ökologischen Konsequenzen innerer Kolonisierung waren und sind sowohl in den USA als auch in der Sowjetunion/Russland zu erkennen.

Erziehungsdiktaturen mit Kulturen strikter Disziplinierung der Arbeitskräfte wurden auch in Preußen/Deutschland, Japan oder den südostasiatischen »kleinen Tigern« praktiziert.

Sie alle haben aber auch vom Wissensimport gelebt, England (UK) und die europäischen Kolonialstaaten (zum Teil auch die USA, Russland und Japan) vor allem vom Wissensimport/Technologieklau aus China, die USA später vom Wissensimport aus Europa, dann auch aus Asien und aller Welt.

Mehr oder weniger starke zeitweilige Abschottung nach außen, meist gegen billigere konkurrierende Waren, gehörte in vielen Fällen zum Repertoire binnenzentrierter Entwicklung, bevor man sich international, dem »Weltmarkt«, öffnen konnte. Wie gezeigt, war die (im Prinzip befristete) Außensicherung der nationalen Entwicklung (»Erziehungszölle«) elementarer Bestandteil einer mehr oder weniger umfassenden Industriepolitik, die oft über die Bildungs- und Lohnpolitik sogar mit gesellschaftspolitischer Formierung verbunden war.

Für das Nachholen und den relativen Aufstieg bedurfte es in den meisten historischen Fällen (Preußen, Japan, Sowjetunion, ostasiatische Tigerstaaten) also immer auch einer systematischeren, mehr oder weniger geplanten Bündelung, Organisation und Koordination nationaler Ressourcen durch den Staat unter einer längerfristigen Vision nationaler Entwicklung, darunter eben der Industrie- und Technologiepolitik sowie einer gezielten Schutz(zoll)politik, später auch Kontrollen für den internationalen Kapitalverkehr. Staatliche Organisation wurde insbesondere dort praktiziert, wo nationale natürliche Ressourcen knapp waren. (Die Sowjetunion fällt hier als systemische Alternative mit riesigen natürlichen Ressourcen in eine eigene Kategorie.)

Allerdings bedurfte es in den Fällen des Wissensimports/Technologieklaus auch immer der Entwicklung von Fähigkeiten, andernorts entwickeltes Wissen absorbieren zu können, also einer eigenen nationalen »Absorptionsfähigkeit« (eine Mindestqualifikation und -lernfähigkeit). Denn fremdes Wissen kann nur in das eigene System transferiert und intern nutzbar gemacht werden, wenn bereits bestimmte Wissensvoraussetzungen sowie Lernhaltungen und -erfahrungen geschaffen worden sind. Dies ist keineswegs eine triviale Aufgabe für Nachholer und Aufsteiger, da es sich sowohl beim Geber wie beim Nehmer um komplexe Systeme handelt, die sich jeweils »pfadabhängig« auf ihren Entwicklungswegen befinden und nicht ohne Weiteres auf ein anderes »Gleis« hinüberspringen können.

High-Tech-Unternehmen, die ja ebenfalls komplexe Systeme sind, kennen das Problem der »absorptive capacity« gegenüber dem Nachahmen von Konkurrenzprodukten genau ebenso wie die ökonomische, betriebswirtschaftliche, Management- und technologische Literatur. Wenn Unternehmen ebenso wie ganze Volkswirtschaften dies übersehen, scheitern ihre Versuche, durch Nachahmen Anschluss an »Technologieführer« zu gewinnen. Und wenn etwas auf nationale oder Unternehmenssysteme aufgepfropft wird, was dort nicht absorbiert werden kann, sei es von einem Hegemon auf neue Vasallen, von den USA auf die zerfallende Sowjetunion, von einem übernehmenden Konzern auf seine neu akquirierten Tochterunternehmen, vom Marktführer zum nachfolgenden Konkurrenten und so weiter, scheitern schnelle Anpassung und Aufholprozesse kläglich. Typischerweise handelt es sich um inkommensurable Systeme, die man als »cultural clash« verstehen kann.

Deshalb ist auch eine rein technologische Betrachtungsweise zu eng, weil die Absorptionskapazität eben auch eine organisatorische und kulturelle Dimension hat, also sowohl das »Humankapital« wie auch das erlernte Regelsystem (»Sozialkapital«) beteiligt sind.

Neben dem direkten Technologieklau geschieht der internationale Wissenstransfer in einem funktionierenden, nicht kolonial oder imperial pervertierten, gleichberechtigten und fairen internationalen Austausch- und Kooperationssystem natürlich auch »naturwüchsig« permanent und über viele Kanäle, nämlich über Warenhandel, internationale Investitionen, personelle Kooperationskontakte, wissenschaftliche Publikationen, eine ideale, optimale Situation komplexer, oft wechselseitiger und synergetischer Wissens- und Informationsflüsse. Das Erlernen von Wissen, das »von außen« kommt, und sein Anwenden im Innern sind immer zugleich auch eine Adaption und Weiterentwicklung, die der Technologie neue Aspekte hinzufügen, was wiederum vom ursprünglichen Geber »zurückgenutzt« werden kann. Interdependente komplexe Systeme unterliegen einer ganz anderen Dynamik, als von statischem »Wettbewerbs«- und »Kostenvorteils«-Denken erfasst werden kann.

Wenn zum Beispiel Washington Huawei bei 5G »Technologieklau« vorwirft, obwohl niemand sonst die Technologie Huaweis besitzt,[202] oder wenn US-Politiker bei Orders für Metrowaggons für US-Städte von möglicher Spionage reden oder davon, US-Jobs würden gefährdet, obwohl die USA seit Jahrzehnten keine U-Bahn-Waggons mehr bauen,[203] erkennt man, wie schnell man im Reich realitätsfeindlicher ideologischen Absurditäten landen kann.[204]

Es braucht da keiner besonderen Erwähnung, dass etwa der ehemalige Generaldirektor der Weltorganisation für geistiges Eigentum (WIPO), Francis Gurry, der Technologieklau-Unterstellung Washingtons gegenüber Huawei widerspricht: Huawei hat seinen Patentvorsprung nachweisbar selbst erarbeitet.[205] Und China insgesamt ist heute nicht nur Patentweltmeister,[206] sondern auch Technologieexporteur.[207]

Keiner der betrachteten Aufstiegsprozesse gelang auch ohne einen längerfristigen, systematischen, koordinierten und zielorientierten Staatseinsatz, zum Beispiel zum Schutz junger Industrien, zur Entwicklung der nationalen Humanressourcen oder zur Sicherstellung elementarer Informationsflüsse, die im Übrigen zunächst überwiegend von außen kamen. Dies gilt unverändert und sogar verstärkt unter den neoliberalen Regimes.[208]

Die Entwicklungsforschung ergänzt noch, dass der Staat ferner eine Bändigung von Egoismus und Individualismus, vor allem die Bändigung von Trittbrettfahrertum bei der Lösung der nationalen kollektiven Probleme, wie der Sicherung der natürlichen Ressourcen, der Schaffung eines allgemeinen Bildungsniveaus, der Herstellung allgemeiner Informationsstandards, eines Mindest-Vertrauensniveaus und so weiter sicherstellen muss sowie ein Ausufern sozialer Ungleichheit verhindern sollte, um ein Land langfristig zu entwickeln und vor allem aufholen und aufsteigen zu lassen.[209]

An all diesen kritischen Punkten ist der neoliberale finanzialisierte Umverteilungskapitalismus der westlichen Welt zunehmend gescheitert und in seine Abstiegskonstellation übergegangen. Namentlich wird das »Gift der Ungleichheit« erwähnt.[210]

Im naturgemäß stärker »proprietären« Finanzkapitalismus wird Wissen meist deshalb individualistisch angeeignet, nicht geteilt, nicht in einen gesamtwirtschaftlichen Wissensfluss eingespeist, sondern mit hohen exklusiven rechtlichen Schutzzäunen (»intellectual property rights« – IPR) umgeben, weil jedes Informationsbit im Portfolio eines Unternehmens ein Faktor der Wertsteigerung (»asset«) werden und potenziell zum Objekt finanzieller Spekulation gemacht werden soll, um allein aus einer Exklusivitätsstellung (Wissensmonopol) heraus eine umverteilende, also nicht produktive Extrarendite, eine Rente, zu extrahieren (»rentier economy«).

Proprietäres, patentiertes und oft weggeschlossenes Wissen ist die bevorzugte Methode großer marktmächtiger Konzerne, die oft auf großen Beständen von IPR und Patenten allein zum Zweck höherer »Shareholder Values« sitzen, während andere, vor allem kleinere Unternehmen sie volkswirtschaftlich oftmals besser nutzen könnten. Es ist die Methode der großen oligopolistischen und spekulativen Wissens-Aneigner und Wissens-Wegschließer, die entsprechend neoliberal positiv gesprachregelt wurde.

Gesamtwirtschaftlich aber ist dies kontraproduktiv, da vorhandenes Wissen fließen und geteilt werden muss, um es optimal zu nutzen. Jeglicher Patentschutz müsste daher mindestens zeitlich eng begrenzt und mit einem hohen Lizensierungsanreiz oder -zwang versehen werden, damit Information und Wissen maximale wirtschaftliche Wirkungen entfalten können.

Das diesbezüglich erfolgreiche China, das in Bezug auf technologisches Wissen ein einziges großes Labor und Experimentierfeld ist, geht so, jenseits vom ständig lamentierten »Technologieklau«, genauso offen, vorwärtstreibend, fließend und ausbreitend, mit eigenen Informationen um.[211] Nicht nur wurden die meisten industriellen und Transporttechnologien zunächst von China geklaut, heute ist China in den meisten Feldern bereits selbst der führende Technologiehersteller. Heute ist also der Spieß erneut umgedreht, und China ist einer der effektivsten Produzenten und breitesten Anwender neuen (technologischen) Wissens. Es »hebelt« ein noch kleines durchschnittliches Sozialprodukt (pro Kopf zurzeit noch etwa ein Fünftel des US-Durchschnitts) in eine Wissensproduktion auf breiter Front, wandelt Wissen in technologische, organisatorische und soziale Höchstleistungen um.

Erst jüngst hat eine internationale Patentstudie der Bertelsmann-Stiftung bestätigt, dass China an die Spitze der Wissens- und Technologieentwicklung aufgestiegen und neben den traditionellen High-Tech-Feldern vor allem in den humanitär relevanten Bereichen, Ernährung, Wasseraufbereitung, Umwelt und Recycling führend geworden ist.[212] So gesehen droht Deutschland in bestimmten Bereichen zur »Werkbank« Chinas zu werden.[213] Schnelle Umkehrung der Verhältnisse. Komplexe nationale Entwicklungs-Rahmensteuerung macht's möglich. Preußische Schulpflicht ebenso wie chinesische kollektive Informationsnutzung und geregelte nationale Entwicklung wurden und werden von den Menschen stets recht bald als Erweiterung ihrer Handlungsoptionen wahrgenommen. Millionen junger chinesischer Entrepreneure sind beredtes Zeugnis eines umfassenden sozialen Mobilisierungsprozesses, ohne den ein langanhaltender Aufholprozess undenkbar ist.

Wir haben am Beispiel der japanischen Industriepolitik und des Developmental und Entrepreneurial State (Japan und die imitierenden ostasiatischen Tigerstaaten) gesehen, dass selbst im Kapitalismus diese informationellen »Commons«, also das technologische und organisatorische Grundlagenwissen, kollektiv geteilt werden muss, damit ein nationales System effektiv sein und vor allem aufsteigen kann. Solche (informationellen) Kollektivgüter sind Güter, zu deren Entstehung alle beitragen müssen, die sich durch Nutzung durch viele aber nicht abnutzen, sondern zum Teil erst im Wert erhöhen (»Nicht-Rivalität«) und von deren Nutzung andere nicht oder nur schwer und mit hohem Aufwand ausgeschlossen werden können (»Nicht-Ausschließbarkeit«).

Die Bereitstellung von Wissen, das ohnehin »auf den Schultern von Giganten« gewonnen wurde, für alle, die dann kompetitiv und nach eigenen Fähigkeiten diese Gemeingüter nutzen und für weitere Anwendungen weiterentwickeln können, wie am Beispiel Japans gezeigt, ist ein komplexer Prozess. Es ist eine zentrale Methode nationaler Aufholentwicklung.

8. »Kicking away the ladder«: Reaktion des westlichen Hegemonialsystems auf weitere Aufsteiger

Die Leiter wegtreten...

Nachholen und Aufsteigen, Wissens- und Technologieimport, Imitation und Lernen von den bereits Etablierten und Fortgeschritteneren, das alles wird natürlich nie gemocht von jenen, die schon »oben« sind, auch wenn sie selbst auf diese Weise früher dorthin gekommen sind, und die sich heute Macht und Ressourcen gesichert beziehungsweise unter sich aufgeteilt haben. Sie mögen naturgemäß keinen »freien Wettbewerb« mit weiteren Aufsteigern. Das gilt für Hegemonialstaaten und die Staatenkartelle ihrer Verbündeten ebenso, wie es für oligopolistische Großunternehmen und kapitalistische »Märkte« schon immer gegolten hat. Alles andere wäre die Übertragung der Illusionen eines idealen »Wettbewerbsmarktes« aus dem konventionellen Lehrbuch auf ein oligarchisches und kartelliertes Machtsystem kapitalistischer Staaten. Kein Unternehmen und kein Staat mag echten Wettbewerb, außer in Sonntagsreden, und alle versuchen, die Machtpositionen zu erlangen, um genau diesen auszuschalten. Deshalb sind ja auch »freie Wettbewerbsmärkte«, wenn sie nicht strikt staatlich-gesellschaftlich reguliert werden, Mechanismen, die sich selbst schneller aufheben, als man zuschauen kann.

Und so wurden vom letzten hegemonialen Machtsystem des 20. Jahrhunderts unter globalem Führungsanspruch der USA, seinem Netzwerk von Verbündeten und den internationalen Organisationen ihrer Interessenbündelung und ihres internen Interessenausgleichs (neben der NATO IWF, Weltbank, G7, OECD, WTO und andere), wie bereits für England/UK in seiner Phase als größte europäische Kolonialmacht, mit ihren jeweils starken Produktionssektoren und damit verbundenen notorischen Überproduktionen in Agrarwirtschaft, Industrie, Dienstleistungen und Spekulationssektor, die Ideen des Freihandels und des unregulierten Kapitalverkehrs sowie des Neoliberalismus im Innern (Privatisierung und Entstaatlichung, de-regulierte und entgrenzte Arbeit, Lohndruck und Umverteilung nach oben,[214] massenhafte Kriminalisierung und Einkerkerung[215] und so weiter) entwickelt und den potenziellen Aufsteigern angepriesen und gegebenenfalls per Kreditbedingungen diktiert. Die internationalen Handels- und Kapitalverkehrsregeln sowie die Regeln für die inneren neoliberalen »Reformen« (»Strukturanpassungen«) der potenziellen Aufsteiger, seit 1990 auch »Washington Consensus« genannt, wurden früher über imperiale Zwangsaufschlüsse von Ländern (siehe oben das Beispiel Japan), seit den 1980er Jahren über die Kreditauflagen der speziellen internationalen Organisationen IWF[216] und Weltbank (WB), durchgesetzt.[217]

Während also der westliche Hegemon und seine Partnerländer selbst, wie gezeigt, über Staatseinsatz, Bildungs-, Forschungs-, Beschaffungs-, Zoll-, Industrie- und Militärpolitik, oft gepaart mit extensiver Ressourcenausbeutung (innerer und äußerer Kolonisierung), sowie durch Wissens- und Technologieimport aufgestiegen sind, schlossen sie, insbesondere nachdem das alternative staatssozialistische System zusammengebrochen war, ihren »globalisierten Club« nach »unten« ab, zum Beispiel auch durch institutionelle Verfestigung ihrer Machtpositionen durch ungleiche Stimmrechte (vor allem in den kreditvergebenden Institutionen IWF und WB, in denen die USA dominieren).[218]

Dabei sklerotisierten typischerweise ihre eigenen inneren Macht- und Elitensysteme, die eigenen inneren oligopolisierten »Märkte« begannen aufgrund von Überproduktion von Waren und Überakkumulation von Geldkapital zu stagnieren.[219] Umverteilung nach oben und Finanzialisierung ließen Plutokratien (die »Herrschaft der 1 Prozent«) entstehen, Industrie, vor allem einfache und schmutzige, wurde in Billiglohnländer ausgelagert, Drittländer auf Ressourcenlieferanten und Absatzmärkte für billige Überschussproduktionen reduziert, das nationale »Geschäftsmodell« auf Exklusion, internationale Umverteilung und Import von Geldkapital aufgebaut. So wurde das Hegemonialsystem spätestens seit den 2000er Jahren auch auf einen wenig dynamischen und zunehmend fragilen und krisenanfälligen Entwicklungspfad »eingeschlossen«. Der Traum vom »Ende der Geschichte«[220] unter dem globalisierten Hegemon erhielt mit der Großen Finanzkrise 2007/08 ff. und der Großen Rezession seitdem einen globalen und systemweiten Schlag.

Die Explosion der scheinbar »rettenden«, in Wirklichkeit aber völlig versagenden Geldschwemmen der Zentralbanken seitdem, Zeichen des Scheiterns der neoliberalen Geldpolitik schlechthin,[221] bei praktischem Ausbleiben jeglicher Reformen zur Sicherung gegen die Wiederholung von Krisen des Spekulations- und des Realsektors, haben die herrschenden Systeme immer volatiler und vulnerabler werden, die schleichende nächste große Finanzkrise verschärft und die offenkundig eingetretene Zeitenwende aus Anlass von »Corona« im Jahre 2020 schlagartig hervortreten lassen.[222] Für globale Großzügigkeiten blieb da so schon seit längerem kein Spielraum mehr.

»Bad Samaritans«

In wirtschaftsgeschichtlichen Untersuchungen wurde festgestellt, dass liberale »Markt«-Ökonomien und langfristige Prosperität »fundamental inkompatibel« sind,[223] weshalb die führenden kapitalistischen Ökonomien stets einen Anreiz (gehabt) hätten, ihr Oligopol zu einem staatlich organisierten »Closed Shop« zu machen. Potenziellen Aufsteigern wird aktiv »die Leiter weggetreten«, wie der berühmte Cambridge-Ökonom Ha-Joon Chang in seinem entsprechenden »Millionseller« formuliert hat.[224]

Chang zeigt, dass die heute führenden neoliberalen kapitalistischen Staaten potenziellen Aufsteigerländern seit den 1980er Jahren genau das Gegenteil dessen, womit sie selbst groß geworden sind und ihre heutigen Machtpositionen erreicht haben, für einen künftigen »Wohlstand« angeraten und über Auflagen bei Kreditvergaben von IWF und WB auch oktroyiert haben, und es ungeachtet aller weltweiten Krisen und Diskussionen bis heute tun.[225]. Am Beispiel Japans wurde 1985 erstmals jener später sogenannte Washington Consensus exerziert.

Sie empfehlen, beziehungsweise erzwingen, Abbau von Zollschutz und Kapitalverkehrskontrollen, also Öffnung für die Überschussproduktion und das Überschusskapital des Westens, Verkauf des öffentlichen Vermögens und der Naturressourcen an westliche Konzerne, Abbau staatlicher Kontrolle und öffentlicher und kollektiver Handlungsfähigkeiten, etwaiger sozialpolitischer und Sozialversicherungssysteme sowie historisch gewachsener sozialer Netze. Dies alles zugunsten der von ihnen beherrschten »Märkte«, auf denen sie aufgrund von Skalenökonomien Massenware zu günstigeren Preisen anbieten können als die jeweilige lokale, arbeitsintensive Kleinindustrie. Die neoliberalen »Ratschläge« und die entsprechenden Mythen des »Freihandels«, »freien Kapitalverkehrs«, der »Globalisierung«, »Privatisierung« und so weiter hat Chang in mehreren Büchern analysiert.[226]

Interessant dabei ist, dass das »Wegtreten der Leiter« und die keineswegs samariterhaften Ratschläge, genauer: Vorschriften und Diktate, erst ein Phänomen der neoliberalen Hegemonialperiode seit Ende der 1970er Jahre, und verstärkt seit dem Ende der Konkurrenz mit der Sowjetunion auf dem Entwicklungshilfe-Parkett seit Ende der 1980er Jahre, geworden ist, während es in den ersten Nachkriegsjahrzehnten, aufgrund der Emanzipation der ehemaligen Kolonien und des Systemwettbewerbs um den Einfluss in der »Dritten Welt« noch nicht möglich war.

Dies hatte aber auch damit zu tun, dass sich die eigenen Möglichkeiten der führenden kapitalistischen Länder, nach dem Ende des Kriegsbooms (in den USA) und der Wiederaufbauphase (in Westeuropa) ihr Prosperitätswachstum durch Erweiterung des inneren Marktes aufrechtzuerhalten, im Innern glaubhaft soziale Wohlstands- und Aufstiegsversprechen und damit politische Stabilität und Innovationsmotivationen zu geben sowie weiterhin hohe Renditen auf einen (überproportional wachsenden) Kapitalstock zu erzielen, von Jahrzehnt zu Jahrzehnt und von Konjunkturzyklus zu Konjunkturzyklus verschlechtert hatten. Der langfristige Niedergang der Wachstumsraten der führenden kapitalistischen Länder auf Niveaus um die 0 bis 2 Prozent ist ein vielsagender Indikator.

Gescheiterte Aufholprozesse: Kaum noch Aufstiege unter dem neoliberalen Hegemon

So stellen Studien folgerichtig auch fest, dass internationale Aufholprozesse in der Ära des Neoliberalismus selten wurden. Für die meisten Entwicklungsländer, »Schwellenländer« (»newly industrialized countries«), aber auch die meisten sogenannten »Transformationsökonomien« Mittel- und Osteuropas, vor allem, und anscheinend paradox, soweit diese Mitglieder der EU geworden sind, ist ein stabiles längerfristiges überdurchschnittliches Wachstum kaum noch erreicht worden. Typischerweise gehen vielmehr Wachstumsphasen einher mit Strukturbrüchen mit mindestens ebenso starken und langanhaltenden Einbruchsphasen. Insgesamt hat damit auch die Volatilität der globalen Entwicklung zugenommen.[227]

Nach dem Zweiten Weltkrieg, und vor allem seit der neoliberalen Restauration frühkapitalistischer Macht- und Verteilungsverhältnisse seit den 1970er Jahren, innerhalb der führenden nationalen Ökonomien ebenso wie in den internationalen Beziehungen, ist es nur noch Südkorea und China gelungen, aus dem Kreis der armen

Entwicklungsländer aufzusteigen. Nur einzelne andere Länder (etwa Vietnam, zeitweise wohl auch Indien) haben später einen Weg für einen organisierten Aufholprozess geschafft. Alle anderen ehemaligen Entwicklungsländer sind im Kreis der Niedrigeinkommensländer verblieben, einige wenige haben es zu »Schwellenländern« gebracht. Viele haben sich in der »Middle-Income Trap« verfangen, in der durch Umverteilung nach oben Einkommens- und Kapitalansprüche an das Sozialprodukt über verschiedene sozialökonomische Mechanismen schneller steigen als die Produktivität und das Sozialprodukt selbst. Sogar an den vier »kleinen Tigerstaaten« sei dieses Problem nicht vorübergegangen.[228]

Solche Prozesse des »Steckenbleibens« können natürlich weder das Entwicklungsziel eines Landes noch das Ideal einer ausbalancierten, inklusiven und somit starken Entwicklung des Weltsystems sein – sind aber die Realität unter den Regeln der neoliberalen Hegemonie mit den die Souveränität von Staaten beseitigenden politischen Interventionen von WB und IWF, bis hin zur Rechtfertigung von Landklau (»Land Grabbing«),[229] geworden.

Zwangsgeöffnete und abhängige Länder: Nationale Oligarchien, Desinvestition und »Middle-Income Traps«

Wie erwähnt sind daher viele Länder, nach anfänglich – nach dem Zweiten Weltkrieg bis in die frühen 1970er Jahre hinein – ermutigenden Befreiungs-, Entkolonialisierungs- und Aufstiegserfolgen, im oligopolistisch verhärteten neoliberalen System steckengeblieben. Das Phänomen des »Steckenbleibens« (der »Middle-Income Trap«) ist wie erwähnt eine Falle, in die Länder geraten, die bereits bis auf ein im internationalen Vergleich »mittleres« Durchschnittseinkommen und ein entsprechendes Konsumniveau aufgestiegen sind, wenn auch oft nur durch Ausverkauf ihrer natürlichen Ressourcen an die führenden Industrieländer. Bei diesem »mittleren« Einkommens- und Konsumniveau und seinem erwarteten Wachstum kann aber die Produktivitätsentwicklung nicht mehr hinreichend gepflegt werden, denn das relativ hohe durchschnittliche Einkommensniveau wird dann typischerweise zunehmend Gegenstand von Verteilungskämpfen und Umverteilungsprozessen nach oben, bei sich wieder vergrößernder Armut. Diese Polarisierung spiegelt sich aber im durchschnittlichen statistischen Einkommen nicht wider.

Diese Länder werden dann strukturell von den Importen aus den führenden kapitalistischen Ländern, bemerkenswerterweise nicht zuletzt auch industrieller Agrarprodukte und Lebensmittel aus den USA und der EU, abhängig, und ihre Exporte bleiben auf qualitativ geringem Niveau: primäre Produkte (Ressourcen) und wenig verarbeitete Waren. In der Folge stagnieren typischerweise nicht mehr nur ihre Produktivität und Innovation, sondern auch ihre absolute Produktion, sinkt oft sogar die Produktivität wieder, steigt die Inflationsrate und verfällt ihre Währung.

Dies alles hat, wie schon angedeutet, nicht zuletzt seinen Grund darin, dass in tendenziell bereits oligarchisch strukturierten und beherrschten Ländern, Gesellschaften und Ökonomien schon in ihrem frühen Aufstiegsprozess vor allem ihre alten Latifundien- und neuen Finanzeliten überproportional reich werden können, während eine originäre Industrieelite schwach bleibt und mehr egalitär und sozialrevolutionär ausgerichtete Parteien oder auch Gewerkschaftsbewegungen mehr oder weniger brutal unterdrückt werden.

Imperial unterstützte oder orchestrierte Militärputsche und Staatsstreiche sind dabei stets das probate Mittel der Lenkung der lateinamerikanischen, afrikanischen und lange Zeit auch südostasiatischen »Hinterhöfe« der alten Kolonial- und neuen Imperialmächte gewesen.

So entstanden oder wiedererstanden schon in frühen Phasen eines möglichen »catching up« neue alte Latifundien-, Minen- und Finanzeliten, die ihr überschüssiges Geldkapital meist postwendend in den Finanzzentren der führenden Staaten (Wall Street oder City of London) spekulativ anlegten, statt in die langfristige nationale Entwicklung zu investieren. Für ein Investieren in eine längerfristige nationale Entwicklung fehlten ihnen typischerweise auch jegliche Vorstellung, sozialökonomische Vision, jegliche organisatorische Handlungsfähigkeit und jeglicher Handlungsanreiz.

Nicht zufällig ging dieser Entwicklungsweg unter in einem umfassenden System von Geldflüssen und Korruption, vom Verhältnis der alten globalen Zentren und ihrer herrschenden Klasse zu den jeweiligen nationalen »Kompradoren« bis zum Verhältnis dieser Kompradoren zu ihren inländischen Vasallen, bis hinunter in die Favelas der Ärmsten der Armen. Mit diesem System und seiner sozialen Desintegration und Deprivation ist zugleich ein umfassendes System der Drogenökonomie und der Kriminalität, von Mord, Totschlag, Angst und Misstrauen entstanden, durch das am Ende jegliche Hoffnung auf eine Rückkehr auf einen ordentlichen, zivilen und progressiven nationalen Entwicklungspfad zunichte gemacht wird.[230]

Und wo soziale Revolutionen dann doch versucht werden, ist das Imperium stets sofort zur Stelle, diese zu belagern, zu sanktionieren, auszuhungern und zu unterminieren. Es ist kein Zufall dass der Prototyp derart strukturell anhängiger und abgehängter Länder vor allem im US-»Hinterhof« in Lateinamerika, aber zum Teil auch noch im allmählich aufbrechenden Afrika und nur noch seltener und abgeschwächter im deutlicher im Aufbruch befindlichen Südostasien zu finden ist.

Es braucht nicht besonders betont zu werden, dass das ganze Sanktionsunwesen im Übrigen völkerrechtswidrig, also mit der UN-Charta unvereinbar ist. Für internationale Streitigkeiten sieht das Völkerrecht klare Streitverhandlungsmechanismen vor.[231] Aber seine frühere bürgerlich-anständige, zivilisierte Phase hat der Kapitalismus in seiner hegemonial-imperialen finanzialisierten Periode längst hinter sich …

So fragt zum Beispiel der frühere brasilianische Wirtschaftsminister und heutige Ökonomieprofessor Luiz Carlos Bresser-Pereira, warum unter dem globalen Regime der Handelsliberalisierung etwas für einige Länder Ostasiens funktionierte, was es für Lateinamerika offenkundig nicht tat. Während in China und einigen »Tigerstaaten« (Südkorea, Singapur) die durchschnittlichen Wachstumsraten 1960-1980 in Höhe von 4,7 Prozent im Zeitraum 1991-2014 sogar noch weiter auf 5,3 Prozent stiegen, sackten sie in Lateinamerika (Brasilien, Argentinien, Mexiko, Kolumbien) zwischen diesen beiden Perioden von durchschnittlich 3,0 Prozent auf 1,2 Prozent ab.[232]

Im Ergebnis miteinander verbundener, eben »systemischer« Gründe und Mechanismen flossen »Ersparnisse« Lateinamerikas eben ins Ausland, während China die heimischen Ersparnisse und damit Investitionsmöglichkeiten förderte, die Vermögensbildung auch der entstehenden Reichen regulierte und die Gewinne der staatlichen wie privaten Firmen in die Investitionsverwendung, und nicht zuletzt in den Infrastrukturaufbau, zwang. Lateinamerikas Industrie- und Technologieentwicklung konnte in seiner imperialen Abhängigkeit international nicht konkurrenzfähig werden, so Bresser-Pereira, während Chinas Industrie- und Technologieproduktion sowie Infrastrukturen und »Humankapital« heute an der Spitze der Länder liegen.

Aber es sind darüber hinaus doch eben sehr diverse Länder, neben Brasilien, Argentinien, Mexiko oder Kolumbien auch so unterschiedliche Länder wie Südafrika, Ägypten, Thailand, die Ukraine oder eben auch viele der neueren, peripheren EU-Mitgliedsländer[233], die ehemaligen »Transformations-Ökonomien«, für die in der EU offenbar nur der Weg in strukturelle Abhängigkeiten von den Zentren der EU (Deutschland und Frankreich) offenstand.[234] Sie alle sind im »Sumpf« nationaler autoritärer Oligarchien, die meist in verschiedenen »Finanzbeziehungen« mit Regierungen und Konzernen der führenden Staaten stehen, steckengeblieben.[235]

Das westliche Versprechen des Aufstiegs, der sozialen Aufstiegsmobilität im Innern »vom Tellerwäscher zum Millionär« oder vom Arbeiter-Vater zum Angestellten-Sohn, oder des »Marathonlaufs des Aufholens« für ganze Länder wird daher heute sowohl in der sozialen Mobilitätsforschung wie in der internationalen Ungleichheits- und Entwicklungsforschung als unrealisierbar erkannt. Im internationalen Bereich wird stattdessen von einer Hierarchie zweier verfestigter Blöcke von Ländern, »oben« und »unten«, gesprochen, zwischen denen kaum noch eine Aufstiegsmobilität stattfindet. China bildet hier die große historische Ausnahme.[236]

Einigen solcher Länder wird in der bereits erwähnten Studie zum Länderranking 2030 der Standard Chartered Bank für das nächste Jahrzehnt durchaus noch eine gewisse Aufstiegsperspektive zuerkannt (vor allem Indien, Indonesien, der Türkei, Brasilien oder Ägypten). Dies allerdings erscheint im Einzelnen fraglich.

Erneute Aufbrüche: China und neue Konstellationen

Allerdings ändert sich die Welt insbesondere seit den 2010er Jahren massiv und schnell, und das jahrzehntelange neoliberale Hegemonialsystem dominiert die Welt nicht mehr ohne Weiteres. Neue Aufbrüche finden statt und neue Allianzen entstehen, in denen der Westen keinen oder nur noch einen schwindenden Einfluss hat, wie die BRICS-Ländergruppe (Brasilien, Russland, Indien, China, Südafrika, wie heterogen und brüchig diese auch immer sein mag), die erwähnte SCO, die ASEAN,[237] die ebenfalls erwähnte RCEP und vor allem die Neuen Seidenstraßen (BRI, auch One-Belt-One-Road – OBOR – genannt),[238] mit ihren über 140 Partnerländern und über 40 internationalen Partnerorganisationen sowie ihren regelmäßigen Arbeitskonferenzen nach Kooperationsregionen, etwa mit Afrika (im Forum China-Africa Cooperation – FOCAC, das 2020 sein 20-jähriges Jubiläum hatte),[239] wodurch sich nun große Teile Afrikas erstmals industrialisieren können,[240] oder mit einer Reihe von mittel-, ost- und südeuropäischen Ländern (das ursprüngliche »16+1«-Format, bei dem inzwischen einige ausgetreten, andere neu eingetreten sind). Wodurch nun auch Teile Lateinamerikas gewisse infrastrukturelle Neuanfänge wagen können[241] und Südostasien nun unübersehbar, und (soweit absehbar) unaufhaltsam, zur führenden Wirtschaftsregion der Welt wird.

Seit mehr als 30 Jahren ist es übrigens chinesisch-afrikanische Tradition, dass der chinesische Außenminister seine erste Reise im Jahr in afrikanische Länder unternimmt.

Und dies alles hat nicht zuletzt mit dem aufgestiegenen China, der neuen und künftigen Nummer eins zu tun. Wir haben oben deutlich gemacht, dass der nachhaltige und zunehmend stabile Aufstieg Chinas von einem der ärmsten Entwicklungsländer zur Nummer eins historisch und global betrachtet eine ganz große Ausnahme war, die damit nun umso mehr untersuchungsbedürftig wird: Warum und wie konnte es gelingen?

Nun, vor 50 Jahren noch hätten die meisten der damals jüngeren Generation auf die Frage nach dem »Warum und wie?« die Antwort gegeben: »Sozialismus natürlich!« Die meisten von denen sind dann allerdings angesichts der Beseitigung des europazentrierten Staatssozialismus sprachlos geworden, wenn sie sich nicht ganz auf die Seite des neoliberalen Finanzkapitalismus geschlagen haben; denn bei den (vorübergehenden) Siegern der Geschichte ließ es sich besser, bequemer und wärmer leben. Und parlamentarische Mandate, ministerialbürokratische Posten und gelegentlich ein Ministersessel sprangen dabei auch schon mal heraus.

Unterhalb der Schwelle der pauschalen »Sozialismus«-Formel sollten heute dringend auch Nicht-Sozialisten, Nicht-Marxisten, Nicht-Linke verstehen, was China anders macht, was es gelernt hat vom Schicksal der Länder des ehemaligen sowjetischen Systems, was es anders und, unter veränderten Umständen, besser gemacht hat und macht, wie es »Produktionsverhältnisse« geschaffen hat, die die »Produktivkräfte« auf neue, ungekannte Weise und in ungekannten Ausmaßen mobilisiert haben.[242] Und dass es dabei auf einem Weg ist zu einem Sozialismus, den man so noch nicht gekannt hat …

Uns kommt es also im Weiteren nicht so sehr auf »das System« und seine Charakterisierung auf höchstem Abstraktionsniveau an, sondern darauf, wie die konkreten Mechanismen im heutigen China aussehen und erfolgreich sein können.

Teil III

Neue alte historische Normalität: Der Wiederaufstieg Chinas zur Nummer eins – Warum und wie?

1. Der Wiederaufstieg ist alles andere als selbstverständlich: Nationale Kräftemobilisierung und Stabilisierung

»Kaltstart« aus dem Nichts, Abhängigkeit vom Westen und die großen Krisen

Wie unser kurzer Blick in seine Geschichte gezeigt hat, war China, auch in der Perspektive und Absicht der europäisch-angelsächsischen kolonialen und imperialen Weltbeherrschung,[243] keineswegs ein Kandidat für einen langanhaltenden Aufhol- und Aufstiegsprozess. Ganz im Gegenteil: Nach einer kaum kriegerischen Geschichte, stets sich selbst genügend mit seinem Überfluss an Luxusgütern, fortgeschrittenen Produktionstechnologien und wissenschaftlichen Erkenntnissen, wurde es nach mehreren tausend Jahren Hochkultur, nach 4.000 Jahren staatlicher Einheit und 2.200 Jahren Großstaat in einem »Jahrhundert der Schande und der Demütigung« durch europäische, US-amerikanische und japanische koloniale Ausplünderung zu einem der ärmsten Entwicklungsländer der Welt degradiert. Die chinesische Erfahrung mit dem, was nach dem Zweiten Weltkrieg »Freedom and Democracy« getauft wurde.

Der Zweite Weltkrieg war faktisch bereits 1937 in China durch das faschistische Japan begonnen worden, und kein Land der Welt, nicht einmal die Sowjetunion mit ihren circa 27 Millionen Todesopfern, hat mehr Menschen im Weltkrieg verloren als China, das nach verbreiteter Schätzung circa 35 Millionen Tote zu beklagen hatte.[244] Nach Verfolgung durch die bürgerliche Regierung der rechten Fraktion der Guomindang* unter Tschiang Kai-schek hatte die KPCh unter Mao am Ende des Langen Marsches 1934/35 im Schnitt neun von zehn Kämpfern verloren, und die Rote Armee war ein kleiner Haufen geworden. Von 1921 bis 1949 hatte die KPCh insgesamt 3,7 Millionen Mitglieder als Opfer von Bürgerkrieg und Interventionskriegen zu verkraften.[245] Aber die Bauern liefen ihr auch ständig zu Zehntausenden zu. Die Guomindang, die sich im Kampf gegen die Kommunisten von einer bürgerlichen Partei zu einer Terrororganisation gegen die Bauern, in Kooperation mit den acht westlichen Kolonial- und Interventionsstaaten, unterstützt von den Mussolini-Faschisten und dem Vatikan, gewandelt hatte,[246] wurde somit am Ende ebenso vertrieben wie zuvor die japanische faschistische Besatzung.[247] Die VR China konnte erst spät nach dem Ende des Zweiten Weltkriegs, 1949, gegründet werden.

Nach einer langen Geschichte großer Massaker, darunter das frühere deutsche von Liangxiang bereits im Jahre 1900[248] und das japanische in Nanking von 1937, nach langem Bürgerkrieg und den Turbulenzen des Aufbaus, dem missglückten Großen Sprung nach vorn bei der Agrarreform mit anschließender Hungersnot (1958-1961), nach der schwierigen Suche, unter Bedingungen extremen Mangels,

* Offiziell gab es von 1937-1946 noch die zweite nationale Einheitsfront der Guomindang mit der KPCh, die jedoch von Tschiang Kai-schek durch zunehmende Kommunistenverfolgung und Kollaboration mit den internationalen Kolonialmächten (Deutschland, Italien, USA) torpediert wurde. Die Guomindang hatte sich schon länger faktisch in einen progressiven »Sun Yat-sen-Flügel« und einen »Tschiang Kai-schek-Flügel« differenziert und später gespalten. Das spätere progressive »Revolutionäre Komitee der Guomindang« ist bis heute eine der acht politischen Parteien in der VR China und im Nationalen Volkskongress vertreten. (Dank für Hinweise an E. Najmehchi.)

nach neuen Strukturen von Agrarwirtschaft und Industrie, Land und Stadt, ferner nach dem Zerwürfnis mit der Sowjetunion 1960 sowie nach den Schwächungen durch die Kulturrevolution (1966-1976) wäre die Prognose für China noch Mitte der 1970er Jahre doch sehr bescheiden gewesen. Nach der anschließenden wilden Entfesselung der Produktivkräfte durch »Reform und Öffnung« 1978 ff. und dem jahrelangen »Wilden Osten«, mit Strukturbrüchen, sozialer Desintegration, anschwellender Ungleichheit und politischen Spannungen, die in den Tiananmen-Protesten 1989 mündeten (die dann wiederum, nach dem Drehbuch der US-gesponsorten »Farbenrevolutionen«, zu exzessivem Terror, mit verbrannten Polizisten und einem Bus mit verbrannten unbewaffneten Rekruten, missbraucht wurden),[249] sowie nach der Abschaffung des europäischen Staatssozialismus 1991 hing das Schicksal eines eigenständigen chinesischen Entwicklungsweges unter sozialistischen Vorzeichen und eines künftigen eigenständigen und einheitlichen China zeitweise erneut am seidenen Faden.

Ein typisches vom Westen abhängiges Land, dem die Rolle als verlängerte Werkbank, als »altindustrielle Region« der ausgelagerten westlichen »Billig- und Dreckig«-Produktion, als Ressourcenlager, als Mülldeponie des Westens und bestenfalls noch als großer Absatzmarkt für (offiziell) westliche (vermutlich aber wiederum in China hergestellte) Produkte zugewiesen war, hätte sich aus dieser Abhängigkeitsstruktur vermutlich nie mehr lösen können. Und nur wenigen Ländern ist dies überhaupt ansatzweise gelungen. Damit wäre China bestenfalls, unter typischen abhängigen kapitalistischen Strukturen, mit entsprechenden Sozial- und Vermögensstrukturen, wie etliche andere Entwicklungsländer bis zu einem mittleren Einkommensniveau gekommen, bis zum Status eines Schwellenlandes, das beim Aufstiegsversuch in der »Middle-Income Trap« hängen bleibt beziehungsweise gestoppt wird.

Als ein Land von kontinentaler Ausdehnung und als jahrtausendealtes multiethnisches und multireligiöses Land mit heute 90 Ethnien, davon etliche Kleinstethnien, davon aber auch 56 größere Ethnien, genannt Nationalitäten oder Völker, wäre es auch der perfekte Kandidat gewesen für eine Fragmentierung in Dutzende ethnisch basierte Warlord-Gebiete und Kleinreiche, für einen Failed State und damit ein Hauptobjekt imperialistischer Ausbeutung. Der letzte »fette Brocken« der Welt, der dem westlichen Kapitalismus eine »Injektion« (an Rohstoffen, Billigarbeitskräften und gehorsamen Verbrauchern) für mehrere Jahrzehnte hätte bescheren können …

Die Kraft des geschichtlichen Erbes und die Kraft von Multikulti

Aber kaum jemand im Westen hatte die Kraft des historischen kulturellen und moralischen Erbes Chinas erahnt, seines Motivs, aus dem Jahrhundert der Demütigung und dessen Spätfolgen herauszukommen, seines Wunsches nach nationaler Souveränität, territorialer Integrität und selbstbestimmter Entwicklung, noch offenbar seiner Analyse-, Wandlungs- und Neuerfindungsfähigkeit. Südostasiatische Beobachter verzweifeln, wie erwähnt, bis heute, und heute erst recht, an der Unfähigkeit und Unwilligkeit des Westens, Südostasien und China im Besonderen zu begreifen.[250]

Das jahrtausendealte Multikulti-Land China kann jede/r China-Reisende selbst erleben, zum Beispiel in der alten Kaiserstadt Xi'an, die 1.200 Jahre lang Hauptstadt war und erste kosmopolitische Multikulti-Millionenstadt der Welt. Dort leben traditionell muslimische Hui* seit ewig in guter Nachbarschaft mit den Han, die traditionell

* Chinesen kamen im 8. Jahrhundert, vor etwa 1.300 Jahren, während der *Tang*-Dynastie, über arabische Reiche (namentlich die Umayyaden und deren Eroberungen bis Samarkand, Kabul und Nordwestindien, von China dann gestoppt in der Schlacht von Talas 751, heutiges Kirgisistan) mit dem Islam in Kontakt. Turkvölker (Uiguren), Hui und acht andere kleinere Ethnien Chinas konvertierten zum Islam. Im Chinesisch der Hui zum Beispiel finden sich noch heute religionsbezogene Fremdwörter aus dem Arabischen, Persischen und Türkischen. 10 der 55 anerkannten nationalen Minderheiten in China sind traditionell islamisch (hauptsächlich Sunniten). Sie umfassen knapp 1,8 Prozent der chinesischen Bevölkerung, die Hui knapp 0,8 Prozent, die Uiguren 0,9 Prozent. Zwischen unterschiedlichen Ethnien gleichen Glaubens, vor allem den Uiguren und den Hui, ist es aber historisch durchaus auch zu Konflikten gekommen.

weltlich-ethische Konfuzianer sind, gelegentlich eher philosophisch ausgerichtete Buddhisten.* In den multikulturell geprägten Provinzen jenseits des mehr östlich gelegenen Hauptgebietes der Han, in Shaanxi (mit dem Zentrum Xi'an), aber auch in Sichuan, Yunnan, Qinghai bis hinunter nach Tibet, aber auch im Norden und Nordwesten, in Gansu, Níngxiàn, Xinjiang, bis zur Inneren Mongolei, kann man von Dorf zu Dorf unterschiedliche Ethnien, Nationalitäten, und auch Religionen finden, deutlich unterscheidbar, aber stets in guter Nachbarschaft: Mongolen, Tibeter, verschiedene Tai-Ethnien (darunter die Zhuang),** Hui, Uiguren, Miao, Yi, Dai, Koreaner in China, Han …[251] Die jahrtausendealte Geschichte der Migrationen, Reiche, Interaktionen, des Handels und der Alten Seidenstraßen lässt grüßen …

Auch Tibet etwa ist kein national, ethnisch, kulturell oder religiös abgrenzbares Gebiet, entgegen interessierten westlichen Mediennarrativen; in Lhasa steht eine uralte Moschee, weil immer auch Muslime dort lebten. Ähnlich wie der islamistische Terrorismus in die Autonome Provinz Xinjiang wurde ein buddhistischer Extremismus in die Autonome Provinz Tibet infiltriert, und es war, vergleichbar mit den Ausschreitungen in Urumqi 2007, in Lhasa 2008 zu nationalistisch-rassistischen Übergriffen gekommen, in diesem Fall seitens einiger junger Tibeter auf Moscheen. Heute aber ist das entspannte, friedliche Multikulti-China überall auf Reisen im Lande, und eben auch in Tibet und Xinjiang, zu erleben.

Dass China zu Beginn des 21. Jahrhunderts die Nummer eins in der Welt werden würde, hatte man im Westen noch in den 1990er

* In China ist übrigens mehr als die Hälfte der Bevölkerung konfessionsfrei, viele davon sind philosophisch-ethische Konfuzianer, gut 20 Prozent der Bevölkerung bekennen sich zu sogenannten Volksreligionen, die anders sind als die im Westen bekannten Staatsreligionen, etwa 18 Prozent bezeichnen sich als Buddhisten, 5 Prozent als Christen, 1,8 Prozent als Muslime (siehe oben) und knapp ein Prozent als religiös-philosophische Taoisten (Daoismus).

** Die Tai bilden eine ethnische »Übergruppierung«, unter die mehrere Ethnien fallen, darunter auch die Thai in Thailand. Und die erwähnten Zhuang in China.

Jahren kaum vorhergesehen, obgleich die klügsten westlichen Strategen mit den besten Informationsapparaten, wie etwa der Ex-US-Außenminister Henry Kissinger, es relativ früh klar formuliert haben.[252] Da aber war es vermutlich zu spät, um es noch zu verhindern. Den WTO-Beitritt Chinas 2001 hatte Washington noch durchgehen lassen – und war danach enttäuscht. Und spätestens seit der Finanzkrise 2008 ff., die die veränderten globalen Strukturen schlaglichtartig zum Vorschein brachte, kämpfte Washington deutlich aggressiver einen Abwehrkampf gegen Chinas Aufstieg, der immer deutlicher auch ein Kampf gegen den eigenen Abstieg geworden ist.

Reform und Öffnung, 30 Jahre »Wilder Osten«, riskanter Aufstieg – und die gelungene Stabilisierung

Der »Wilde Osten«, die Folgen von 30 Jahren markwirtschaftlicher Entfesselung der Produktivkräfte, bei großem Einfluss des Westens, seiner Konzerne und seiner verschiedenen Vertreter aus Politik, Kultur und Wissenschaft, im Innern zunehmend mit Korruption und Kriminalität verbunden – hätte das Land fast in eine existentielle Gefährdung getrieben, es von innen zersetzt, gespalten und zerstört. 2012 warnte der scheidende Vorsitzende der KPCh, Hu Jintao: Wenn man die Korruption nicht in den Griff bekomme, drohten »der Kollaps der Partei und der Zusammenbruch des Staates.«[253]

Doch China und die KPCh konnten sich, ein weiteres Mal nach der Tiananmen-Krise 1989, in einem analytischen und politischen Kraftakt in den 2010er Jahren neu erfinden. Der typischen kapitalistischen Korruption, dem Kern vom Kern des neoliberalen Finanzkapitalismus, der sich im Westen sein politisches Personal und Parteiensystem aushält (unter anderem durch »Parteienfinanzierung«, »Drehtüreffekte« von Ex-Ministern in Konzernvorstände u. v. a. m.), und der Finanz-, Banden- und Allgemeinkriminalität, die sich dementsprechend schon, wie im Westen, in allen Poren der Gesellschaft breit gemacht hatte, wurde glaubhaft der Kampf angesagt.

Ab 2012 wurde unter Staatspräsident Xi und Ministerpräsident Li eine umfassende Wende eingeleitet, eine Re-Kultivierung und

Re-Moralisierung, mit erneuerter sozialer Vertrauensbildung, mit qualitativ neuen Ideen und Konzepten und verstärkter mobilisierender Planung für die 2010er Jahre, mit stärkerer Gestaltung und gesellschaftlicher Kontrolle des Prozesses von »Reform und Öffnung« und einer generellen Qualifizierung des Entwicklungsprozesses. Damit gelang in den 2010er Jahren tatsächlich eine sich zunehmend selbst verstärkende stabilere und planmäßigere Entwicklung mit zunehmender sozialer Mobilisierung der Kräfte. Auf diesem Pfad kann China heute nichts mehr, was an Feindseligkeiten aus Washington und dem Westen kommt, existentiell gefährden, und auf jede Krisenerfahrung kann die Volksrepublik heute offenbar strategisch und proaktiv, also im Rahmen eines Handlungsspielraumes, reagieren, während sie augenscheinlich stärker und souveräner wird.[254]

Die Neue Normalität aufhalten? Immer höhere Kampfkosten für den Westen

Der Westen war allerdings natürlich zu keiner Sekunde dieser Entwicklung untätig. Die Bekämpfung der künftigen neuen alten historischen Normalität in den globalen Strukturen, dieses Mit-allen-Mitteln-verhindern-Wollen aber erfordert heute von den USA immer höhere Kosten …

Heftige Reaktionen des Westens auf seine wachsende Enttäuschung in Sachen China bereits nach dem WTO-Beitritt 2001 und nun seine wachsende spontan-emotionale Abstiegsangst angesichts der offensichtlichen umfassenden Stärkung Chinas während der 2010er Jahre ließen nicht lange auf sich warten. Das hetzerische »Prinzip Trump« stand exemplarisch für ein Washington, dessen maximal aufgeheizte politische Eliten (erkennbar weniger dagegen deren Konzerne, die jenen die Einkommen verdienen müssen, und nach Lage der Dinge eben zum großen Teil in China) sich für einen maximal aggressiven Konfliktkurs am Rande der Kriegsschwelle und eine Isolation Chinas (»De-Coupling«) im Sinne eines Kultur-Endkampfes um die Beherrschung der Welt als letzte Strategie entschieden haben. Für einen hybriden Kalten Krieg 2.0, der bis jetzt noch knapp unterhalb der Schwelle der direkten heißen militärischen Konfrontation gehalten werden konnte.

In einer solchen Situation ist die eigentliche Gefahr nicht die Absicht zum großen heißen Krieg, sondern die Tatsache, dass es bei solchem maximalen Provozieren am Rande des Krieges nur noch eines zufälligen Funkens bedarf, um kriegerische Automatismen auszulösen, die dann niemand mehr anhalten kann. Schon für den Ersten Weltkrieg brauchte es in einer ähnlich aufgeputschten Situation nur einen einzigen Schusses in Sarajewo …

Die (implizite) Einschätzung des Washingtons der DEM-REPs, Geheimdienste, Think Tanks und des Militärs ist vermutlich nicht ganz falsch, wonach China unter gegebenen Umständen von friedlichen Bedingungen, von florierendem Handel und von internationaler Kooperation am meisten profitieren würde. Die zwar aggressiven, aber in Wirklichkeit eher verzweifelten, meist nur kurzfristig und oft nur linear gedachten Versuche Washingtons, die Geschichte anzuhalten, den globalen Wandel zur Neuen Normalität zu verhindern, der die USA ökonomisch auf Platz zwei verdrängen wird, wird diesen Abstieg eher noch befördern und die USA in existentielle Turbulenzen treiben.

Die inneren Kosten sind hoch. Ein Land, das (sich) circa 70 Prozent der weltweiten Rüstungsausgaben »leistet«, hat auf Dauer nichts mehr übrig für die Lösung der explodierenden sozialen Kosten. »Ein Land stürzt ab«,[255] wird sogar im Medien-Mainstream gelegentlich kommentiert: Industriebasis weg, Arbeiterschaft in Auflösung und Farmer in prekärer Lage, Hoffnungsträger »Fracking-Industrien« am Rande der Pleite, »humanitäre Katastrophen« unter Corona.[256] Selbst der Medien-Mainstream sieht die USA gelegentlich auf dem Weg in einen »Failed State« … Ob die Biden-Administration angesichts der tendenziell gewalttätigen Fundamentalopposition einer Hälfte des Landes, angesichts weggebrochener Lieferketten und plötzlicher wie erstaunlicher Inflationsraten oder angesichts eines wackeligen, weil hoffnungslos überspekulierten Finanzsektors allein mit billionenschweren Ausgabeprogrammen eine Wende bewerkstelligen kann, ist zweifelhaft. Ernüchternd, aber auch bezeichnend, dass Bidens »Beliebtheit« bereits nach einem Dreivierteljahr Amtszeit einbricht, und der »disruptive« REP-Einpeitscher aus Florida schon wieder zuversichtlich sein Comeback 2024 vorbereiten kann …

Die ersten Versuche, die dringend erforderlichen Infrastrukturerneuerungen anzuschieben, sind erwartungsgemäß auf eine Ökonomie mit kaputter Industriestruktur und nur noch bruchstückhaften Wertschöpfungsketten gestoßen,[257] die ein entsprechendes Angebot für die neue Nachfrage nicht mehr bereitstellen kann. Der »plötzliche« Anstieg der Inflationsrate von 1 bis 2 auf über 6 Prozent innerhalb weniger Monate, war in Wirklichkeit alles andere als überraschend. Und die Trump-Biden-REP-DEM-Entkopplungsstrategie gegenüber China hat auch insofern die Lage für die USA nur noch verschärft. Da hilft dann auch der kurzfristige Erfolg der internationalen Organisierung des Halbleiter-Boykotts gegen China, das ökonomisch vielleicht letzte »Ass« im Ärmel Washingtons, nichts.

An industriell nicht mehr leistungs- oder gar lebensfähigen USA aber hat niemand auf der Welt ein Interesse, auch China nicht. Wenn die USA nur einen »U-Turn«, weg von einem plutokratischen Regime der »1 Prozent« und immer weiterer unproduktiver Umverteilung nach oben, zu einer Reindustrialisierung, zu einer modernen Infrastruktur und schließlich zu einer Verhandlungs-, Ausgleichs- und Kooperationskultur nach innen wie nach außen, zu einem mentalen Aushalten der Andersartigkeit des Anderen schaffen könnten, statt narzisstisch ihren »Exzeptionalismus« zu vergöttern … Aber den meisten Imperien fehlte am Ende die Kraft, sich noch anzupassen, neu zu definieren, neu zu erfinden, und sie mussten krisenhaft abtreten, und das heißt eben: meist mit großen Schäden für sich selbst und für den Rest der Welt kollabieren.

Wie viel sie dabei an Schaden noch anrichten und mit sich nach unten reißen, wird dann die große Menschheitsfrage der nächsten Jahrzehnte werden. Wir kommen darauf zurück.

China kann Marktwirtschaft: Ein »Developmental and Entrepreneurial State« in sozialistischer Perspektive

China wird sich eine Neuauflage des Jahrhunderts der Demütigung und eine Unterwerfung unter eine monopolare, hegemoniale und militaristische Herrschaft jedenfalls nicht mehr antun lassen. Neutrale Beobachter aus Südostasien werden nicht müde, dem Westen zu erklären, dass China Anerkennung und Respekt will, aber keine neue monopolare Weltherrschaft.[258] Die hatte ja, wie wir gesehen haben, sogar das feudale China unter der alten Normalität nicht praktiziert, obwohl es dazu ökonomisch, technologisch und militärisch in der Lage gewesen wäre.

Im ersten Jahrzehnt nach Gründung der Volksrepublik konnte China sich noch unter dem Schutz der Atommacht Sowjetunion entwickeln. Beim Bruch mit der Sowjetunion war es bereits selbst auf dem Weg zur Atommacht, stand insoweit sicherheitspolitisch schon nahezu auf eigenen Beinen und war gegen existenzvernichtende Angriffe grundsätzlich geschützt.* Unter diesem Schutzschirm konnte eine über Jahrzehnte hinweg kluge Eigenentwicklung mit einer »leisen« und zurückhaltenden internationalen Diplomatie geführt werden und führten Chinas innere Turbulenzen und Krisen nicht zu einer Intervention von außen und nicht zu Zerlegung, Unterwerfung und Zerstörung. Den Hegemon bei Laune zu halten, begrenzte Interessenkonvergenzen mit ihm auszuloten, seine Kapitalverwertungs- und Konsumbedürfnisse zu befriedigen und sich dennoch aufwärts zu entwickeln, aufzuholen und die Faktoren voranzubringen für einen Wiederaufstieg zur Nummer eins, das war, was wir als einen jahrzehntelangen Ritt auf der Rasierklinge bezeichnet haben.

Nach Problemen der Umgestaltung der Landwirtschaft, Experimenten mit unterschiedlichen Anreiz- und Governance-Systemen für die Bauern, die Genossenschaften, die Dorfgemeinschaften und für die dann erfolgreichen dörflichen Unternehmen (Township and

* Tatsächlich wurde China dann erst als fünftes Land Atommacht, nach den USA, der UdSSR, Großbritannien und Frankreich, und zwar erst ab 1964.

Village Enterprises – TVE), nach »Großem Sprung nach vorn« und Hungersnot, gelang schließlich eine Stabilisierung, gelangen systemische Synergien und somit anhaltendes Produktivitäts- und Wirtschaftswachstum, sowohl bei Agrar- wie bei Industrieproduktion. Das Wirtschaftswunder Chinas war insoweit bereits in den 1950er Jahren angelegt worden und hatte schon in den 1960er Jahren – an den Ergebnissen erkennbar (Sozialproduktswachstum, steigender Rang in der Liste der größeren Volkswirtschaften) – begonnen, und dies war schon symptomatisch dafür, dass ein langanhaltender Aufstiegsprozess in den Tiefenstrukturen von Gesellschaft, Ökonomie und Staat tatsächlich angelegt war und sich nun strukturell entwickeln konnte, und zwar im Prinzip stetiger, als auf der turbulenten Oberfläche der politischen Ereignisse der 1960er bis 1980er Jahre (Kulturrevolution, später Tiananmen-Proteste) erkennbar war.[259] Und dass dies nicht unabhängig war von den Grundstrukturen des sozialistischen Systems, von Planung, Partizipation, Mobilisierung, oder auch Staatsqualifikation, das sich gleichwohl weiterentwickelte, und zwar von einer Entwicklungsdiktatur zum modernen Developmental State und Entrepreneurial State.[260] Chinas zunehmend adaptive und mobilisierende Fünf-Jahres-Pläne dürften dabei prototypisch sein für einen zunehmend synergetischen und zunehmend stabilen Aufstieg, der sich in den Tiefenstrukturen vorbereitet hatte.[261]

Die Wirtschaftserfolge waren ja noch einmal unterbrochen worden von einem Machtkampf, der sich über die strategischen Debatten bezogen auf Landwirtschaft und Bauernschaft, Städteentwicklung und Ernährung der städtischen Arbeiterschaft, Schwerindustrie versus Leichtindustrie, Staatsunternehmen versus Privatsektor, Industrie versus Dienstleistungen oder auch außenwirtschaftliche und außenpolitische Orientierung legte und der auch ein Kampf Maos um seine zunehmend umstrittene führende Position war. Die Kulturrevolution war in der vehementen, gewalttätigen und zerstörerischen Form möglicherweise auch ein Instrument Maos in diesem Machtkampf.

Die KPCh fand schließlich ab Mitte der 1970er Jahre erneut die Kraft und den Weg zurück zu Stabilisierung, Produktionsförderung und Wirtschaftswachstum, zur konzeptionellen Weiterentwicklung des Sozialismus-Zieles, mit dem bekannten Ergebnis der Reformen und Öffnungen von 1978 ff., mit den offensichtlichen Risiken des Experiments der Außenöffnung und der inneren Liberalisierung. Insgesamt ein neuartiger, nicht europazentrierter Ansatz zu einem Sozialismus, die Produktivkräfte allmählich auf das Niveau der fortgeschrittenen kapitalistischen Länder zu heben, ohne als System einem neoliberalen Finanzkapitalismus, einer Plutokratie zu verfallen. Tatsächlich wurden erfolgreich privates Kapital und Marktmechanismen genutzt, um die Produktivkraftentwicklung des Kapitalismus nachzuholen, allerdings unter einer weiterhin führenden Rolle des staatlichen Sektors, unter kollektiver Planung und Dominanz der Politik.

Die Reaktionen des bis zur Finanzkrise 2008 ff. nahezu uneingeschränkt vorherrschenden, global mit WB, IWF und WTO gut organisierten, die internationalen Regeln und die Bedingungen der internationalen Kreditvergabe vorschreibenden Oligopols der entwickelten, finanzialisierten neoliberalen Industriestaaten (G7) auf Chinas Aufholen und Aufstieg waren damals (in den 1980er bis 2000er Jahren) noch weit weniger heftig und aggressiv als heute. Gleichwohl waren sie auch bereits mit den Empfehlungen und Forderungen »schlechter Samariter« (Ha-Joon Chang) gemäß dem »Washington Consensus« versehen und in der stillen Hoffnung vorgebracht, über eine »Liberalisierung« die Leiter auch für China wegtreten zu können. Man hoffte, China als verlängerte Werkbank und »Dreckschleuder« des Westens unter Kontrolle halten zu können.

Aber je systematischer, länger und erfolgreicher Chinas Lern- und Absorptionsprozesse und seine umfassende Selbstqualifizierung und Aufwertung vonstattengingen, je kontinuierlicher und stabiler dieser einzigartige, und – neben der Sowjetunion (siehe oben) – fast einzige erfolgreiche Nachhol- und Aufstiegsprozess wurde, umso heftiger wurden die Reaktionen der USA und des Anhangs in ihrem Fahrwasser.

Forderungen nach vollständiger Liberalisierung und Öffnung Chinas für westliche Überschussproduktion und westliches Überschusskapital, nach Beseitigung der staatlichen chinesischen Unternehmen, die zahlenmäßig geringer, jedoch qualitativ bedeutsamer geworden waren und zunehmend das innovative und strukturpolitische Rückgrat für Chinas Entwicklung bildeten, und Forderungen danach, so zu werden »wie wir«, gehörten stets zum Arsenal des Westens, bis zum heutigen Kalten Krieg 2.0. Begleitet waren solche Forderungen immer auch durch Technologie-Boykotte und andere Behinderungen.

Zu diesem Arsenal gehören auch die neuerlichen WTO-Reformvorschläge der USA, EU und Japans mit der Forderung an China, die staatlichen Unternehmen wegen »Wettbewerbsverfälschung« zu beseitigen, da die »subventioniert« seien. Man stelle sich nur umgekehrt vor, China forderte von den USA und der EU, eine sozialistische Planung einzuführen, um ihre privaten Oligopole und Kartelle sowie die Finanzierung der kapitalistischen Politik durch die Konzern-Parteispenden, um alle möglichen Steuervergünstigungen, F&E-Subventionen oder Abschreibungserleichterungen zu beseitigen. Aber alle Illusionen, dass China eine vom Westen abhängige neoliberale kapitalistische »Marktwirtschaft« werden würde, haben sich, auch nach seinem WTO-Beitritt und bis heute, zerschlagen. Wir kommen im Weiteren darauf zurück.

Marktwirtschaft kann China durchaus, und viele westliche Konzerne und Industrieverbände sprechen davon, man habe in China oft mehr Freiheiten als im Westen. Manche sehen das Land sogar als eine »sozialistische Marktwirtschaft«, aber die Märkte verbleiben im Regulierungsrahmen eines Entwicklungs- und unternehmerischen Staates mit sozialistischer Perspektive, also einer Dominanz der Politik. Sie sind zum Dienen gezwungen, aber trotzdem hinreichend (und vor allem hinreichend sicher) gewinnträchtig für privates Kapital. Auch dazu noch mehr unten.

So wurde, alles in allem, China eben nicht zu einer neoliberalen finanzkapitalistischen, oligopolistisch und plutokratisch (de-)regulierten kapitalistischen Marktwirtschaft. Und damit entstand nach dem letzten großen »traumatischen« Erlebnis des Westens, der Finanzkrise 2008 ff., in den 2010er Jahren schon unter Obama ein fundamentaler Strategiewechsel Washingtons in Richtung auf eine offenere, aggressivere Bekämpfung Chinas, der nun angeblichen »existentiellen Bedrohung der USA«, im Pazifikraum und vor allem im Südchinesischen Meer, der Lebensader für Chinas maritimem Außenhandel. Dem folgte ab 2017 unter Trump und ab 2021 unter Biden ein geheimdienstegetriebenes aggressiveres China-Bashing mit fast täglich neuen Vorwürfen und Kampagnen, die durchweg keinen seriösen Nachforschungen standhalten. Wenn sie dann jedoch als Teil der größeren Fake-Strategie nachgewiesen sind, wird schon längst vom Tiefen Staat[262] wieder eine neue Fantasie- und Geheimdienste-»Sau durchs Dorf getrieben«.[263]

Warum konnte und kann China das alles tun, dass es solche Reaktionen des Westens hervorruft: Aufsteigen trotz heftigster Bekämpfung durch das überlegene Hegemonialsystem, alle seine Strukturen beständig umwerfen und verbessern, Handlungskompetenzen aufbauen, die im Westen Traum bleiben müssen beziehungsweise für die Herrschenden Albtraum sind? Und wie macht es das, insbesondere »das mit den Märkten« und »das mit dem Kapital«, bei gleichzeitigem planvollen Vorangehen und der Mobilisierung der Menschen? Wir schauen uns dazu Einiges an.

2. China im Kreis der »Marktwirtschaften«

Mit der Zulassung Chinas zur WTO im Jahre 2001 war ja im Westen noch einmal die Hoffnung verbunden worden, das Land auf die neoliberal interpretierten »marktwirtschaftlichen« Regeln einer deregulierten Öffnung für westliche Überschussproduktion (vor allem aus amerikanischer Agrar- und deutscher Industrieproduktion) festzunageln. US-Medien und US-Botschafter in China drohten aber auch nach dem Beitritt, wie schon davor, immer wieder mit Sanktionen und der Schließung des US-Marktes für chinesische Waren. Und China unterlag auch nach dem Beitritt immer noch dem »CoCom«-Technologie-Embargo aus der Zeit des Ersten Kalten Krieges.[264]

Zum Beispiel wurde für Joint Ventures chinesischer mit westlichen Firmen oft genug nur veraltete Technik nach China transferiert, weshalb zum Beispiel die chinesische Flugzeugindustrie viele Jahre lang hinter dem Weltstandard von Boeing und Airbus zurückblieb.[265]

Aber die Einhegung schlug letztlich fehl. Seitdem wurde im Westen immer wieder die Enttäuschung artikuliert, dass sich China nicht zu einer (neoliberalen) »Marktwirtschaft« entwickelt habe und die USA den Entwicklungsweg Chinas nicht umlenken konnten.[266]

Diese Enttäuschung sitzt tief und wird auch heute noch als Grund für den aktuellen Wirtschafts-, Technologie- und Finanzkrieg Washingtons angegeben.[267] Meist wird dabei aber das argumentative Baby mit dem propagandistischen Badewasser ausgeschüttet und der Kurzschluss geschaltet: »China hat sich in die WTO gelogen!«

Nicht nur chinesische Ökonomen haben darauf mit dem Hinweis argumentiert, bezüglich dessen wir bereits historisch dokumentiert haben, dass die führenden westlichen kapitalistischen Industriestaaten selbst

- einer merkantilistischen und kameralistischen Geschichte aus spätfeudalen und frühindustriellen Zeiten entspringen, also auf einer Tradition der Staatswirtschaft, der subventionierenden Industriepolitik und des Protektionismus, später dann der Exportüberschuss-Maximierung (»Beggar-thy-neighbor«-Politik) und der Devisenmaximierung (zwecks Investitionen und Firmenkäufen im Ausland) basieren;
- ihre merkantilistischen Instrumente stets in Reserve gehalten und in Krisen auch immer wieder angewendet haben, so zum Beispiel nach der Großen Depression 1929 ff. (Phase der massivsten »Beggar-thy-neighbor«-Politik: 1930er und 1940er Jahre), angesichts der japanischen Exportoffensive in den 1980er Jahren, nach der Großen Finanzkrise 2008 ff., oder auch in und nach der Corona-Krise 2020;[268]
- angesichts des langfristig sinkenden eigenen Wachstums, nachlassender innerer Investitions-, Technologie- und sozialer Aufstiegs-Dynamiken und um den Aufstieg Chinas zu verhindern,

diese Instrumente nun mit einer erstaunlichen Leichtigkeit und Schnelligkeit wieder aus der »Versenkung« geholt haben und sie anwenden, etwa prophylaktische Verstaatlichungen gegen chinesische Investitionen in eigene Unternehmen, dabei aber

- den marktwirtschaftlichen Status Chinas leugnen, weil sie nur das eigene, neoliberal-finanzkapitalistische Verständnis von Märkten (aner-)kennen.[269]

Nicht zuletzt damit sind ja, wie gezeigt, große Teile der Welt, nicht nur die armen Länder, sondern auch potenzielle und steckengebliebene Aufsteiger, unter dem imperialen Staatsprojekt der neoliberalen Globalisierung in Armut, nationaler Überschuldung und so erzwungener millionenfacher Arbeits- und Armutsmigration gestrandet.

In welchem Sinne aber ist nun China eine Marktwirtschaft? Die Frage des »marktwirtschaftlichen« Charakters eines Mitgliedslandes ist in der Tat das Zulassungskriterium für die WTO und bei China zur Streitfrage eskaliert. Die Frustration Washingtons nach 2001 hat dazu geführt, dass China die ursprünglich zugesagte Anerkennung des Status einer »Marktwirtschaft« verweigert werden soll, damit man mit »Antidumping«-Zöllen (»Strafzöllen«) gegen die Volksrepublik arbeiten kann.

Heute verhängt zum Beispiel die EU bereits in 93 Sektoren »Strafzölle« gegen China.[270] China klagt gegen seine Diskriminierung formalrechtlich bei der WTO. Und Washington hat unter Trump, außerhalb der WTO, in wildem Ausmaß »Strafzölle« gegen China vervielfacht, aber gleichzeitig die WTO zunehmend torpediert und ihre Schiedsrichteraufgaben lahmgelegt.[271]

Das Ziel der WTO, den internationalen Handel zu fördern, ist interessanterweise eben nicht unmittelbar an das Kriterium »Marktwirtschaft« geknüpft, sondern an operationalere, überprüfbarere Kriterien wie den Abbau von Zöllen und technischen Handelshemmnissen, Nichtdiskriminierung und Reziprozität. Das dürfte seinen Grund genau darin haben, dass es theoretisch-konzeptionell schwer ist, »Märkte« und »Marktwirtschaften« eindeutig operational zu definieren, und dies schon gar nicht im Sinne eines einzigen Systemmodells.

Sind kartellierte oligopolistische Märkte tatsächlich auch noch »Märkte«, die ihre umgangssprachlich suggerierte positive Konnotation (»Märkte sind effizient«) noch rechtfertigen, die also tatsächlich positive Wohlfahrtswirkungen für die Menschen haben? Welche Möglichkeiten haben die einzelnen Verbraucher*innen, Nutzer*innen, Kund*innen etwa gegen die gigantischen internationalen Privatbürokratien und Machtapparate der Banken und Konzerne? Wenn das noch »Märkte« sein sollen, was bedeuten »Märkte« dann für das Ziel der Wohlfahrtssteigerung für alle, das Ziel der Nichtdiskriminierung, der Transparenz, der Konsumentensouveränität, des versprochenen »größten Glücks der größten Zahl«?

Die führenden kapitalistischen Länder mit ihren vermachteten Strukturen und überwiegend wenigen globalen Oligopolen in allen führenden Sektoren, tun vermutlich tatsächlich gut daran, dass sie die Frage der Strukturen, Funktionsweisen und breiten sozialökonomischen Wirkungen ihrer »Märkte«, nach innen wie international, in der WTO nicht öffentlich zu thematisieren.

3. Marktpolitik im neoliberalen Finanzkapitalismus und in der Sozialismus-Perspektive Chinas

Was sind, wie funktionieren und wie degenerieren »Märkte«?

Von den realen Märkten im neoliberalen Finanzkapitalismus wissen wir heute durch anspruchsvolle statistische Netzwerkanalysen mit neuesten Analysemethoden über Zehntausende der führenden Unternehmen der Welt, wie sehr diese, über mehrere Stufen der Beteiligung und Steuerung hinweg, eigentumsmäßig konzentriert sind bis in eine Top-Gruppe von etwa 40 oligopolistischen Finanz- und Industriekonglomeraten, die über das Eigentum an Zehntausenden von Unternehmen und Marken dic globale Ökonomie steuern. Sie sind zudem untereinander personell vernetzt (»interlocking«) und bilden sogar gegenüber dem Politiksystem einen Closed Shop, der von außen nicht mehr zugänglich und nicht mehr steuerbar ist.[272] Es handelt sich dabei um wenige hundert Personen weltweit, die wechselseitig in Vorständen und Aufsichtsräten sitzen.

Dieses Netzwerk extremer Eigentums- und Steuerungskonzentration, das wir umgangssprachlich unreflektiert immer noch »Märkte« oder »Marktwirtschaft« nennen, erweist sich zudem als ziemlich resistent gegen ökonomische, soziale, ökologische oder politische Krisen oder Schocks in dem Sinne, dass die zuvor reichsten, mächtigsten und zentralsten Organisationen und Personen dies auch nach jedweder Art von Krise wieder sind.[273] Flexibilität, Offenheit, Dynamik, Anpassungsfähigkeit, Verantwortlichkeit, Chancengleichheit, Abstiegs- und Aufstiegsmobilität … ade. Abstrakte Ideen des Frühkapitalismus, nicht mehr von dieser Welt.

»Märkte« sind idealerweise zunächst nichts anderes als dezentrale spontane Mechanismen, in denen Angebots- und Nachfragemengen, bei »normalem Verhalten« von Anbietern und Nachfragern, über Preise in Beziehung gesetzt, gesteuert und zum quantitativen Ausgleich gebracht werden können. So herrscht in einer »Marktwirtschaft« zum Beispiel jederzeit Vollbeschäftigung, vorausgesetzt die Löhne (die Preise für Arbeitseinheiten) können beliebig niedrig werden, wenn nötig eben bis auf null, oder gegebenenfalls auch negativ.

Mit diesen allgemeinen Merkmalen versehen und nach diesem Ideal konstruiert, können Märkte in der Realität allerdings je nach konkreter Ausgestaltung und bei schnell erfolgender Degeneration zu menschlichen Albträumen oder aber zu relativ vernünftigen Hilfsmitteln menschlicher Wohlfahrtssteigerung entwickelt werden. Was sich von beidem realisiert, hängt entscheidend davon ab, in welche formellen und informellen sozialen Institutionen (Verhaltensregeln und -normen) sie eingebettet sind, ob sie relativ machtfrei gehalten werden können, ob jeder Generation die gleichen Startchancen gegeben werden können, sie also entsprechend (durch Staat und Gesellschaft) derart reguliert sind und Degenerationen derart kontrolliert werden, dass sie eben nicht innerhalb kürzester Zeit zu oligopolistischen Machtkonzentrationen degenerieren.

Tatsächlich ist »freien«, de-regulierten, neoliberalen Märkten genau diese Tendenz der Macht-Degenerierung so inhärent wie keinem anderen Mechanismus. Kein Mechanismus degeneriert derart schnell in das Gegenteil der mit ihm verbundenen Absichten und Hoffnungen wie »freie« (de-regulierte) »Märkte«.

Können wir als Verbraucher im Supermarkt, im Kaufhaus, im Geschäft oder im Internet gleichberechtigt mit den großen industriellen Anbietern, den großen Einzelhandelsketten oder den Online-Händlern etwa über die Preise verhandeln? Können wir durch den Wechsel zu einem anderen Anbieter tatsächlich die Preise verändern? Steigen wir zum Beispiel bei den kompliziert gemachten Energie-, Telekommunikations-, Spar-, Investitions- oder Versicherungsangeboten überhaupt noch durch, sind sie mit ihren verschiedenen komplizierten Preis- und Konditionenstrukturen überhaupt für den Normalverbraucher vergleichbar? Gibt es überhaupt eine transparente Informations-, Wissens- und Bildungsgrundlage für einen »rationalen«, »nutzenmaximierenden« Verbraucher, der im Zweifel seine Sensoren, Emotionen, Bedürfnisse und Süchte gegenüber der Multimilliarden schweren tiefenpsychologisch beeinflussenden Suggestionsindustrie (verharmlosend »Werbung« genannt) unter Kontrolle halten könnte oder wollte? Was könnten einige »Verbraucherberatungsstellen« gegen den Billionensektor des Handels ausrichten? Warum sollten sich Jeff Bezos, die VW AG, mein Energie- oder IT-Anbieter mit mir auf eine Preisverhandlung einlassen? Welche Preiskomponenten könnte ich als Laie überhaupt beurteilen und zur Senkung vorschlagen oder fordern? Würde ich zudem überhaupt den zusätzlichen Nutzen einer zusätzlichen Einheit »Auto«, »Telefon«, »Elektrizität«, »Wasser«, »Versicherungsleistung«, »Geldanlage«, »Zinssatz«, »Tilgungsrate« oder »Download-Geschwindigkeit« kennen? Sind die Produkte überhaupt graduell quantitativ änderbar, oder muss ich nicht die wenigen Angebotspakete der Oligopolindustrie annehmen. Gehe ich für ein 20 Cent billigeres Brötchen etwa einen Kilometer weiter zum konkurrierenden Bäcker? Auch die Bäcker bilden ja ein lokales Oligopol und im Zweifel daher ein Kartell.

In der Telekommunikation muss ich ohnehin den »Provider« wählen, der schon die meisten Produkte verkauft, das größte Netz von Händlern, Reparaturwerkstätten, Mit-Usern hat. Und gerade die größten Plattformen mit den größten Skalenersparnissen in der Massenproduktion und einer Kompatibilität mit den meisten anderen Nutzern (sogenannte »Netzexternalitäten«) können die niedrigsten Preise anbieten. Gleichzeitig bilden genau diese Größten mit der größten Massenproduktion und damit den niedrigsten Stückkosten und jene mit den größten Nutzerzahlen typischerweise enge Oligopole, die aufgrund ihrer geringen Zahl auf einfachste Weise informelle Kartelle bilden und ihre Preisstrukturen, intransparent für den Verbraucher, aufeinander abstimmen und die Preise hoch halten können. Gehen sie etwa in der Absatzkrise mit ihren Preisen runter, gerade in einer Zeit, in der ihre Stückkosten hoch gehen?

Auch ihre Plangewinne, Planrenditen, die Plandividenden ihrer großen Kapitaleigner, die Planzinsen ihrer großen Kreditgeber und die Planboni ihres Spitzenpersonals unterliegen so gut wie nicht den Schwankungen der Absatzmengen. Während zum Beispiel die Realökonomie darbt, zeigen die Dividenden-, Boni- und Zinskosten sowie gegebenenfalls die Börsenkurse der Konzerne und die hohe Liquidität ihrer »Kriegskassen« für Firmenakquisitionen, wie wenig sie an die Realität der Menschen gebunden sind und wie wenig sie von realen »Märkten« zu Verantwortung und Rechenschaft herangezogen werden können.[274] Natürlich kann man realweltlich-ökonomisch, und gerade angesichts der Corona-Krise, fordern: »Auch die Dividenden müssen in den Lockdown.«[275]

Es wird nichts helfen. Die Realität ist so weit weg vom Idealbild des traditionellen volkswirtschaftlichen Lehrbuchs, dass uns die Vorstellung einer »Allokation der Ressourcen« über die Preise völlig absurd erscheint.[276]

Wir können und wollen hier natürlich nicht ansatzweise eine fundierte Diskussion oder wissenschaftliche Analyse der idealen und der tatsächlichen Voraussetzungen, Strukturen, Mechanismen und Wirkungen von »Märkten« und »Marktwirtschaften« führen.

Die kritisch-analytische Literatur zu den heroischen Modellvoraussetzungen und der realen Unmöglichkeit von im herkömmlichen Lehrbuchsinn funktionierenden »Märkten« ist Legion.[277] Wir wollen aber noch einmal betonen, dass »Märkte« in der Wirtschaftsgeschichte und ihren nahezu unendlich vielen Erscheinungsformen in der gegenwärtigen Welt tatsächlich Alles und Nichts sein können. Von den humanitären Albträumen zum Beispiel der Märkte für heutige weltweite Sklavenarbeit, für Kinderarbeit oder Kinderhandel, Organhandel, vom Markt für Prostitution, Pornografie, Drogen oder Auftragsmorde bis hin zum Markt für Wähler- und Abgeordnetenstimmen und zum Markt für politische Parteien (»Spendenfinanzierung«); für Märkte, die wir in ihren für unser moralisches Empfinden unangenehmen Aspekten als Märkte gerne negieren oder verdrängen würden, gibt es praktisch keinen privaten oder öffentlichen Lebensbereich, der nicht von der Kaufkraft der großen Kapital- und Geldbesitzer mit ihrer dominierenden »Marktmacht« und entsprechend generierten »Leistungs-Angeboten« gekennzeichnet wäre. Warum sollten das nicht alles Märkte sein? Die dahinterliegenden Vermögens-, Einkommens- und Machtstrukturen hat die traditionelle, alte ökonomische Wissenschaft ohnehin nie interessiert.

Die Kollision realer Märkte mit unseren moralischen Normen und Wertvorstellungen darf kein Grund sein, die finanzialisierte neoliberale kapitalistische »Marktwirtschaft« nicht realistisch zu betrachten. Tatsächlich kollidieren ja die meisten heutigen Märkte mit ihren meist ungerechten Mechanismen und Verteilungswirkungen mit unseren Normensystemen, beginnend mit dem Arbeitsmarkt bis zu den Kredit-, Wohnungs- oder Versicherungsmärkten.

Märkte als Hilfsinstrumente zur Lösung ökonomischer und gesellschaftlicher Probleme

Märkte könnten allerdings durchaus auch nützliche Instrumente werden, so wie sich die Urväter der »Marktwirtschaft« das Ende des 18. Jahrhunderts vorgestellt hatten. Vorausgesetzt, die Marktmacht, in neoliberalen Lehrbuch- und Modellkategorien unzulänglich als

Angebots- und Nachfrage-»Elastizitäten« (oder Kurvenneigungen) abgebildet, also die Geld- und Vermögensverteilung und damit die Fähigkeit zu warten, zu verhandeln oder auch den »Markt« zu verlassen (»Exit«) und sein Geld zu verstecken und zu horten, ohne zu verhungern, wären halbwegs gleich(-verteilt) zwischen allen »Anbietern« und »Nachfragern«. Oder der Staat würde nach gesellschaftlichen Wohlstands- und Erfolgskriterien regulierend und korrigierend eingreifen …

Unter entsprechender öffentlicher Regulierung könnten die Verteilungen der Größen der Akteure und ihrer Markt-Macht-Positionen kontrolliert werden, eine Transparenz für alle hergestellt sowie Anreizsysteme für besseres und effektiveres Handeln der Akteure statt Kurzfrist-Maximierung installiert werden. Explodierende Ungleichheit könnte ausgeglichen und korrigiert werden und akkumulierte Milliarden-Finanzen zu gesellschaftlich und gesamtökonomisch nützlichem Investieren statt individuellem Spekulieren veranlasst werden. Zum Beispiel für langfristigen Ausgleich der Nutzen und langfristige Kooperation statt kurzsichtiger Maximierung durch schnelle Ausbeutung und neoliberale »Winner-takes-it-all«-Strategien. Und das unter langfristigen öffentlichen Strukturvorgaben, die der »Markt« weder selber weiß noch selber erlernen oder gar generieren kann. Dann könnten zum Beispiel weiter verbreitete Wohlstandswirkungen erzielt werden, viele Erfinder, Selbständige, Dienstleister, kleine und mittlere Entrepreneure und sogar die dann machtbegrenzten Großkonzerne viele Angebote generieren, die sich breiteste Nachfragerkreise leisten könnten. Breite und gleichberechtigte Marktzugänge, entsprechende Finanzierungsbedingungen und langfristige dynamische Ressourcenmobilisierung könnten dann Hand in Hand gehen, und das dezentrale System »Markt« könnte dazu beitragen, die Produktivkräfte einer Nation zu mobilisieren, indem es die Menschen aktiviert und zu Agilität, Anpassungs- und Innovationsbereitschaft befähigt, ohne sie zu machthungrigen Schnellmaximierern, Umverteilern und Ausbeutern zu degenerieren.

Dazu aber braucht es »eingebettete« Märkte, deren Anreizsysteme so ausgelegt sind, dass sie zur langfristigen nationalen Entwicklung beitragen und alle Menschen gleichermaßen »mitnehmen«. Eine breit Ressourcen mobilisierende Ökonomie wird unendlich effektiver als eine neoliberal de-regulierte sein.

Wir werden noch genauer betrachten, dass so etwas möglich ist und erfolgreich sein kann, und Märkte dann vom ideologischen Selbstzweck, einer Heiligen Kuh, die faktisch den Mächtigsten und den »1 Prozent« dient,[278] zum Anpassungs- und Mobilisierungsinstrument werden können, als das sie ursprünglich konzipiert und der Menschheit versprochen wurden. Wir werden sehen, wie China als erstes Land in der Geschichte Märkte im Großmaßstab effektiv in diesem Sinne nutzt.

Jedenfalls sind Märkte und Marktwirtschaften nicht nur und zwangsläufig neoliberale, »freie« kapitalistische Märkte, die auf mehr oder weniger konzentriertem und sich weiter kumulierendem Privateigentum an Ressourcen und Kapitalvermögen beruhen und vom Staat von jeglicher gesellschaftlichen und ökologischen Inpflichtnahme und Leistungskontrolle entbunden (de-reguliert) werden.

So lehnen zum Beispiel in vielen Gesellschaften große Mehrheiten es ab, dass Grundbedürfnisse nach Luft, Wasser, Nahrung, Wohnen, oder Bildung und meist auch Grund und Boden oder Arbeitskräfte, und eben die großen kollektiven »Commons« (Umwelt-Gemeingüter) über »freie Märkte« gehandelt werden,[279] dass zum Beispiel Kinder und Frauen als Waren gehandelt werden dürfen, dass Kinder arbeiten müssen, dass Menschen als Sklaven verkauft werden dürfen und so weiter und so fort.

Und dennoch ist all das verbreitete Realität der neoliberal (de-)regulierten globalen Ökonomie unter der Herrschaft des Westens geworden, der sich hier, angesichts all dieser sozialen und der ökologischen Katastrophen, aber gern als hilf- und machtlos und vor allem als unbeteiligt an den Ursachen darstellt – oft auch exakt mit dem Argument, »die Märkte« würden dies eben mal so »machen« oder gar »verlangen«.[280] Lässt man aber die politisch

»gemachten« neoliberalen, de-regulierten Märkte dies dann »blind« so hin-regulieren, dann kann man nur noch ex-post Pflaster der »Wohltätigkeit« auf die ökonomischen, sozialen und ökologischen Wunden kleben, statt die Problemlösungen selbst von den ökonomischen Mechanismen zu verlangen und sie in diese zu integrieren. Die »Markt«-Ideologie erweist sich so nicht nur als Ideologie der Absicherung der bestehenden und stillschweigend vorausgesetzten Machtstrukturen, sondern auch als Ideologie der Verantwortungslosigkeit und ihrer geschickten Verschleierung.[281]

Während uns ein neoliberales Narrativ weismachen will, der »freie Markt« sichere ein »Survival of the Fittest«, und dabei die eigentliche Kerndimension von »Märkten« tabuisiert, nämlich die Machtdimension, erweisen sich »freie«, de-regulierte Märkte in der Realität, dort, wo eben die Machtdimension massiv wirkt, als ein »Survival of the Fattest«.

Neoliberale, de-regulierte Märkte, die einem hochgradig missverständlichen, systematisch positiv-normativ »verwuselten« (und als Realität missverstandenen) Lehrbuchideal entsprechen sollen, verlangen von den individualistischen Akteuren erfahrungsgemäß vor allem eine kurzfristige (myopische) monetäre Erfolgsmaximierung in einer notwendigerweise auch sachlich reduzierten Perspektive. Sie sind daher niemals in der Lage, über ihre preislichen Informationen längerfristige und sozialökonomisch oder ökologisch breitere Verhaltensanreize für ein umsichtigeres Verhalten der Menschen und für umfassendere Problemlösungen zu generieren. Anreize zum Beispiel, die es erlauben würden, größere, kollektive oder gar gesamtnationale Ziele zu realisieren, zukünftige effektive Wirtschaftsstrukturen zu entwickeln oder Wohlstand breit und halbwegs fair zu verteilen, also den gesellschaftlichen Werten Genüge zu tun. Sie entarten aus immanenten Gesetzmäßigkeiten heraus stets schnell zu elitären Machtinstrumenten.

Ersatzweise können, angesichts der allgewärtigen ziellosen marktlichen Turbulenzen große Konzernhierarchien ihre bürokratische Macht ausbauen, um für sich selbst längerfristige Planungen zu entwickeln und ihre Umweltbedingungen zu kontrollieren und zu stabilisieren. Diese bleiben aber systemisch notwendigerweise begrenzt und reichen niemals bis auf die systemische Ebene, die Ebene der allgemeineren, breiteren dynamischen Entwicklung nationaler Ressourcen, effektiver sektoraler oder Verteilungsstrukturen, vorausschauender Entwicklung des Wissens- und Innovationspotenzials oder von echten Zukunftstechnologien, deren Anfangsrisiken typischerweise hoch sind, höher als auch der größte Konzern individualistisch übernehmen kann.

Das Zurückbleiben der Entwicklung der E-Mobilität oder jeglicher anderer alternativer Antriebe (die in China vorangetrieben werden) und das mehrjährige Verschlafen kohärenter Zukunftsmobilitätskonzepte der deutschen Autoindustrie sprechen eine eindeutige Sprache, vor allem im Vergleich zu den breit angelegten und um Jahre vorausgehenden verschiedenen Mobilitätstechnologien in China, die Individualverkehr, Kollektivverkehr, Verkehrsinfrastrukturen, umfassende Mobilitätsperspektiven und Künstliche Intelligenz) integrieren. Ein entsprechender Wirtschaftskommentar formulierte etwas hart folgendermaßen:

> »Die deutschen Autobauer als Vorreiter der gesamten Volkswirtschaft haben sich verspekuliert. China beginnt, ihnen den Boden unter den Füssen wegzuziehen. Zugleich schlägt die US-Regierung wild um sich«[282]

Die deutsche Autoindustrie (einschließlich ihrer Kunden) scheint trotz ihrer Skandalserien und trotz jahrzehntelangen Pamperns durch die Regierung (trotz anderslautender Behauptungen) noch nicht im 21. Jahrhundert angekommen: Noch nie ist die PS-Zahl ihrer Flotten innerhalb eines Jahres so stark angestiegen wie 2020.[283] Der SUV-Kult boomt vor allem in Deutschland, und Mercedes will neuerdings wieder verstärkt auf die S-Klasse setzen …

Dass der Staat auch im neoliberalen Finanzkapitalismus (der »freien Marktwirtschaft«) bei Fehlentwicklungen eines ziellosen »Marktes« und seiner Konzernakteure am Ende doch immer wieder einspringen muss und, im Nachhinein naturgemäß teurer für die Steuerzahler, Retter und Kapitalist der letzten Instanz sein muss, statt die Bedingungen und Anreize für Zukunftsverhalten, langfristige Investitionen, Generierung von Zukunftsmärkten und so weiter von vornherein zu implementieren und die Marktmechanismen entsprechend zu regulieren, zeigen die letzten Jahre, und insbesondere die Phase von Epidemie und Quarantänen, in denen die Automobilindustrie, nach Dutzenden von Milliarden von Gewinnen, wiederholt staatlich geschützt, »gerettet« und in die Zukunft »geschubst« und staatlich »begleitet« werden musste und muss.

Und je turbulenter de-regulierte globale Märkte typischerweise werden, umso mehr müssen sich die großen Konzernbürokratien gegen wachsende Turbulenzen und Unsicherheiten schützen. Und dies können sie naturgemäß wiederum nur, indem sie weiter wachsen und noch mehr Macht und Kontrolle über ihr Umfeld und die gesamte Ökonomie akkumulieren, wobei sie wiederum quasi automatisch potenzielle Flexibilitäten und Effektivitäten von Märkten weiter untergraben.

Gestaltung von Rahmenbedingungen für effektivere und agilere Märkte – Märkte in der chinesischen Mobilisierungs-Planung

Tatsächlich könnten angemessenere Rahmenbedingungen für »Preisallokation« und »Markteffizienz« hergestellt werden, indem zum Beispiel

- Startchancen durch entsprechendes Erbschaftsrecht und gleiches Startkapital für alle für jede Generation neu gleich(er) verteilt werden (wie bereits in den ökonomischen Reformdiskussionen Anfang des 20. Jahrhunderts thematisiert und neuerdings wieder von Thomas Piketty vorgeschlagen),
- ein entsprechendes Bodenrecht kumulative Monopolpositionen und Monopolrenten (leistungslose Einkommen) verhindert, die einer »Marktwirtschaft« und der Idee der Leistungsgerechtigkeit widersprechen (weshalb etwa in China Grund und Boden nie auf Dauer privatisiert, sondern nur für nachweisbare ökonomische Zwecke gepachtet werden können),

- die historischen »Jubiläumsjahre«, die auch im »Alten Testament« der Bibel beschrieben sind, in jeder (zweiten) Generation (jedes 50. Jahr) zur Entschuldung von in Schuldenfallen Geratenen genutzt werden, um Anfangsausstattungen einem »Reset« zu unterziehen und, wie im Orient v. u. Z. über etwa 1.500 Jahre geschehen, Ökonomie und Gesellschaft langfristig wiederzubeleben (heute auch »Erlassjahr« genannt),
- eine stark progressive Besteuerung die Chancen innovativer kleiner und mittlerer Unternehmen erhöht (überprüfbare Leistungseinkommen statt Monopolrenten),
- Gewinne zur Beseitigung der tatsächlichen sozialen und Umweltkosten ihrer Produktion und zu Wiederherstellung und Ausbau der kollektiven Voraussetzungen des Wirtschaftens (Infrastrukturaufbau) herangezogen werden,
- Preise als Verkäufereinkommen ebenso wie Löhne einer öffentlichen Transparenz und der kollektiven und politischen Abwägung ihrer ökonomischen Funktionen (Vernünftigkeit, Theorie des »reasonable price«), einschließlich ihrer sozialen Verteilungswirkungen (Gerechtigkeit) unterworfen werden,
- insbesondere unbewertete und offensichtlich falsch bewertete Arbeitsleistungen, etwa der Hausfrauen oder des sozialen Pflege- und Sorgepersonals, kollektiv-rational im Sinne der langfristigen Wertvorstellungen der Gesellschaft bewertet werden,
- gegeneinander gerichtete Aktivitäten, die sich wohlfahrtsmäßig neutralisieren, neu bewertet und für den sozialökonomischen Erfolgsausweis saldiert, statt addiert zu werden.

Viele andere Strukturreformen, die die Rahmenbedingungen effektiven Marktfunktionierens beeinflussen und typischerweise erheblich verbessern, sind in der Ideengeschichte diskutiert worden und in der Wirtschafts- und Sozialgeschichte erprobt worden. Vieles davon wird in verschiedenen kollektiv-regulierten Sozialökonomien auch heute praktiziert. China zum Beispiel hat, systemisch wesentlich auch aus der europazentrierten Ideengeschichte (Hegelianische Dialektik, Frühsozialismus und Marxismus) stammend, einiges davon realisiert.

All dieses ist also nicht aus der Luft gegriffen, sondern in der Geschichte der Menschheit lange Zeit praktiziert worden (Jubiläums-/Erlassjahr), in wissenschaftlicher Literatur und politischer Praxis lange diskutiert worden (radikales Erbschaftsrecht etwa seit der Französischen Revolution; »reasonable prices« im New Deal der USA Mitte der 1930er Jahre) und vor allem in der Welt von heute in vielfältigen Formen tatsächlich vorfindbar, etwa in den traditionellen Hochbewertungen der Sozialberufe in Skandinavien oder in der Bodenordnung und in Gewinnverwendungsregulierungen in China.

Die Idee der Übereinstimmung von Marktmechanismen und -ergebnissen mit den sozialen Werten und Institutionen, also den sozial gelernten koordinierenden Verhaltensregeln, Normen und Werten einer Wirtschaftsgesellschaft, der Einbettung »des Marktes« in diese Institutionen und ihrer staatlichen Regulierung, damit sie mit der Kultur einer Gesellschaft synergetisch wirken können, ist tatsächlich so alt wie das Denken der Menschen über Wirtschaft und Wirtschaften.

Zum Beispiel die E-Mobilität: Die Welten der E-Mobilität in China und im Westen sind nur zum Teil dieselben: Während westliche Autokonzerne, auf sich und »den Markt« gestellt, ihre Autos zu fahrenden IT-Burgen und Hochleistungsrechnern ausbauen (müssen), wird in China stattdessen die Infrastruktur intelligent gemacht, und das Auto kann vergleichsweise abgerüstet bleiben. Der Forschungsleiter von Bosch China bringt es auf den Punkt:

> »Im Westen arbeitet jedes Unternehmen für sich. Jeder macht seine Autos smarter – doch am Ende sprechen bestenfalls die Audi-Wagen unter sich, Daimler mit Daimler und BMW mit BMW.« »Wir [in China] halten die Technik an Bord der einzelnen Fahrzeuge so einfach wie möglich – und investieren stattdessen in die Infrastruktur.« »Würden alle Autos miteinander kommunizieren, unter der Regie einer intelligenten Infrastruktur, dann würden die Hersteller nicht nur Zeit und Kosten sparen, sondern das Fahren insgesamt würde angenehmer und sicherer werden.«[284]

Kein Wunder, dass Bosch mit seinen 60.000 Beschäftigten in China reihenweise Innovationen aus China erhält. Die simple Botschaft dieses Interviews für die westliche »Marktwirtschaft«: »Kein Unternehmen kann die Herausforderungen alleine bewältigen.«[285]

Daher auch kein Wunder, dass selbst ein Konzern wie VW mit dem individualistischen E-Mobilitätskonzept scheitert,[286] die Software für das einzelne Auto überkomplex wurde und selbst vom einzelnen Großkonzern nicht mehr handhabbar ist: »Schuld ist auch die EU, welche alle Neuwagen zu fahrenden Überwachungscomputern ausbauen will.«[287]

Damit wird auch einmal mehr deutlich, wie sehr die deutsche (Auto-) Industrie China inzwischen nicht nur als Absatzmarkt, sondern auch als Innovationszentrum braucht. Auch Opel-Chef Neumann bestätigt übrigens:

> »Das Fahrzeug selbst steht nicht mehr im Zentrum. Das haben am meisten Tesla und die Chinesen verstanden.«[288]

Der ehemalige Chef und heutige Aufsichtsratsvorsitzende der Deutschen Bahn, Rüdiger Grube, analysiert neidlos:

> »China könnte das erste Land sein, in dem sich Mobilität nicht mehr um ein Produkt wie das Auto, den Zug, das Flugzeug oder das Schiff dreht, sondern eine Dienstleistung wird, um jeweils den sichersten, bequemsten, saubersten und vernetztesten Weg für den Kunden zur Verfügung zu stellen.«[289]

Damit scheint, last not least, in absehbarer Zukunft das Ziel der chinesischen Stadt nicht mehr als autoorientierte, sondern als menschenorientierte Stadt realistisch.[290]

Die Versuche »sozialistischer Marktwirtschaften« waren übrigens in der Geschichte und sind auch in der Gegenwart immer noch, wenngleich heute hauptsächlich nur noch auf dem Papier, zahlreich. Und keineswegs a priori so wenig erfolgreich oder »ineffizient«, wie die westlichen neoklassisch-neoliberalen abstrakten Lehrbuch-Narrative behaupten. Die theoretische Debatte dazu, zum Beispiel zwischen einem Oskar Lange und einem Friedrich von Hayek, hatte dies bereits in den 1920er Jahren thematisiert.

Gleichwohl konnten reale »sozialistische Marktwirtschaften«, also Marktmechanismen auf Basis dezentraler kollektiver, oft genossenschaftlicher Eigentumsformen (wie etwa am Beispiel des Nachkriegs-Jugoslawien), als Systeme sich nie auf einem langfristig stabilen Gleichgewichtspfad entwickeln, da sie meist nicht in klare langfristige öffentliche Entwicklungsziele und entsprechende notwendige Regulierungen eingebettet wurden. Sind sie das nämlich nicht, werden auch sie, wie kapitalistische Märkte, zu »Moralzehrern«, die in individualistischer Kurzsichtigkeit und sachlicher Enge degenerieren und sich selbst gefährden und aufheben, oft indem sie sich zu normalen Oligopol-Konzernen entwickeln. Diese Gefahren von Märkten, die zu sehr sich allein überlassen bleiben, kannten schon die Altväter der Marktwirtschaft von Adam Smith bis zu den deutschen »Ordoliberalen« (Alexander Rüstow, Wilhelm Röpke), aber natürlich auch ihre Kritiker von Karl Marx bis heute. Unter solchen Bedingungen unterminieren Märkte dann zwangsläufig die erforderlichen kollektiven, moralischen Verhaltensvoraussetzungen und machen dann auch »gemischte« Systeme einer »sozialistischen Marktwirtschaft« reif für gezielte Angriffe, Zerstörungen und Übernahmen von innen und außen, wie es zum Beispiel das Schicksal Jugoslawiens nach Titos Tod (1980) bewies.

Chinas Führung hat nachweislich solche historischen Erfahrungen in den 1970er und 1980er Jahren wohl aufbereitet und das »gemischte System« der Volksrepublik daher anders als nach den verschiedenen gescheiterten europazentrierten Sozialismuserfahrungen, und eben gerade nicht als schlecht definiertes, simples »Mittelkonzept« einer »sozialistischen Marktwirtschaft« konzipiert.

Was also hat China anders gemacht, neu, richtiger, intelligenter – und zwar sowohl als der inzwischen in eine globale Existenzkrise geratene neoliberale Finanzkapitalismus als auch der schon vor längerem an mangelnder Dynamik und mangelnden Innovationsanreizen zugrunde gegangene europäische Sozialismus sowohl sowjetischer als auch »gemischter«, etwa jugoslawischer Spielart?

Beispiel:
Märkte und Marktpolitik unter »Corona«

Als aktuelle Illustration mag das Preisverhalten der deutschen Automobilhersteller mitten in der Corona-Absatzkrise des Jahres 2020 dienen: Um ihre Plangewinne halbwegs zu sichern, werden bei zurückgehenden Nachfragemengen die Preise nicht etwa reduziert, sondern erhöht: »Deutsche Autobauer ziehen mitten in dramatischer Verkaufs-Krise die Preise an.«[291]

Stattdessen steigt in der Absatzkrise der Staat (und damit der Steuerzahler-Konsument selbst) mit Abwrack- und Kaufprämien (neuerdings für den zuvor jahrelang verschlafenen Strukturwandel zugunsten der E-Mobilität) oder staatlichen Risikoübernahmen (direkte Kapitalbeteiligungen, Bürgschaften, Sonderkredite und Zuschüsse) ein. Die jahrzehntelangen Multimilliardengewinne, Dividenden der Kapitaleigner und Zinskosten für die Kreditgeber werden zur Rettung nicht herangezogen, sie sind längst verteilt und »weg«, für eine Krise wurde nicht vorgesorgt. Dafür ist der Staat zuständig.

Ebenso wenig werden natürlich die internationalen Steuervermeidungsstrategien, mit tausenden Briefkastenfirmen in den einschlägigen Steueroasen, zwecks Krisenbeitrag unterbunden. Die Geld-, Kapital- und Spekulationsmärkte, die die Aktien und Unternehmensbonds mit entsprechenden Zinsgarantien kaufen, werden parallel dazu von den Zentralbanken mit Frischgeld geflutet, wofür nullwertige Schrottpapiere an die Zentralbanken abgegeben und damit der Steuerzahlerin in die Tasche geschoben werden können.[292]

Vom jahrelangen Verschlafen der Zukunft und von der Abgas-Betrugsindustrie reden wir bei »unserer Vorzeigeindustrie« erst gar nicht.

Sie alle sind »too big to fail«, »too big to jail«, ja, sogar »too big to touch«.

4. Wie China mit regulierter Marktwirtschaft seine Produktivkräfte entwickelt: Chinas regulierte UND agile Märkte

The long and winding road… Experimentieren und Lernen in China

All jene historischen und Gegenwartserfahrungen, die gescheiterten und die heute vor unseren Augen scheiternden Systeme, hat China allem Anschein nach, und nach allen Anzeichen der internationalen Literatur, wohl studiert und ausgewertet auf seinem schwierigen, ständig bedrohten, lange Zeit turbulenten, ständig experimentierenden »langen Marsch« seit den 1950er Jahren.

Beginnend mit den ersten Experimenten der Dezentralisierung und Liberalisierung der Landwirtschaft (nach den gescheiterten ersten, vermutlich zu frühen und zu schematischen Kollektivierungsversuchen), den Dorfgenossenschaften und dann den »Township and Village Enterprises« (TVE) seit den frühen 1960er Jahren, auf Basis vielfältiger, zum Teil individueller, zum Teil sozialistisch-kollektiver, aber vor allem dörflich-genossenschaftlicher Eigentumsformen.[293] Und die TVE wurden schnell Ausgangspunkt und einer der Prototypen einer dynamischen Industrialisierung Chinas, bis hin zu den heutigen Freiheiten und wirtschaftlichen (»marktlichen«) Möglichkeiten der Bauern, ihre Spezialprodukte in der sogenannten Taobao-Ökonomie online (höchst erfolgreich) zu vermarkten, mit dem spürbaren Aufholprozess beim Wohlstand der ländlichen Regionen Chinas.[294]

Die Märkte in China sind heute, nach den Erfahrungen des moralischen und verhaltensmäßigen Niedergangs in der Phase des »Wilden Ostens«, der »freien« westlichen Marktwirtschaft 1978 bis etwa 2008, auf hohe sozialökonomische Leistungsfähigkeit hin reguliert. Einerseits hochgradig wettbewerblich gehalten, andererseits mit gesicherten Freiräumen und Krediten für Millionen Gründer sowie kleine und mittlere Unternehmen (KMU), statt der üblichen Aufkäufe durch die Großen in den westlichen »freien« Märkten.[295] Mit einer klaren Rechenschaftspflicht der Reichen, mit geforderten (Infrastruktur-)Beiträgen zur nationalen Entwicklung, mit begrenzten Profitraten und gegebenenfalls Verstaatlichungsdrohung für großes Kapital, das eventuell immer noch glaubt, sich korrumpierend gegenüber lokalen oder provinziellen Politikern verhalten und Extraprofite realisieren zu können. Eingebettet in große moderne staatliche Unternehmen in zentralen Sektoren, die die großen privaten Unternehmen technologisch vorantreiben, und in aktive Belegschaften, die auch auf hinreichende Zukunftsinvestitionen statt privater Gewinnmitnahmen achten. Private Gewinne sind in Investitionen, in F&E und IT-Infrastrukturen, zu stecken.[296] Neue Machtverhältnisse also und damit eine neuartige Dynamik und Effektivität in Chinas Märkten.[297]

Die Märkte sind insofern also auch eingebettet und eingebunden in die Dominanz der Politik, das heißt in die nationalen Entwicklungsziele, denen sie zu dienen haben und für die sie die Unterstützung der Gebietskörperschaften und der staatlichen Banken erhalten.[298] Und das ist alles andere als starrer, statischer Detail-Interventionismus, es ist ein dynamisches Wechselspiel von Gehenlassen, Experimentieren lassen, gemeinsamem Lernen und dann Standardisierung/Regulierung … und erneutem Gehenlassen …[299] Auf Chinesisch: »Die Steine im Wasser ertastend die Furt überqueren.«[300]

Das ursprüngliche Instrument der Wohlfahrtssteigerung (bei den Klassikern der Ökonomik) ist vom Selbstzweck, der neoliberalen Heiligen Kuh, wieder zum flexiblen Anpassungsinstrument geworden. Und die Menschen merken sehr wohl die kollektive Grundsicherheit und kooperative Vernetzung, die sie frei macht für individuelle hohe Innovations- und Veränderungsbereitschaft.

Wenn China heute in eine »frühe Phase des Sozialismus (mit chinesischen Charakteristika)« eingetreten ist,[301] dann auch deshalb, weil es ihm gelungen ist, daoistische, buddhistische und vor allem konfuzianische gemeinschaftlich-moralische Kulturtraditionen und entsprechendes Geschichtsbewusstsein zu verbinden mit heutigem marxistischem kommuni(tari)stischem Selbstverständnis, einem strukturierungsfähigen Mindestmaß an Kollektiveigentum und Rahmenplanung, einer sozialen Organisation und Mobilisierung,[302] mit Innovation und internationaler Vernetzung und so weiter, die zusammen eine neuartige, erfahrene und klug gelernte systemische Mixtur (der »Produktionsverhältnisse«) ergeben, die die Produktivkräfte Chinas sich schneller entfalten lassen, als es der europäische Staatssozialismus, einschließlich aller sozialdemokratischen Wohlfahrtsstaatsvarianten, jemals vermocht hat.

Dabei hatte China, wie gesagt, mit nicht weniger feindlichen Rahmenbedingungen und gescheiterten Entwicklungsexperimenten zu kämpfen als die gescheiterten europäischen Sozialismen, insbesondere die Sowjetunion. Und China hat besser und mehr aus seiner Geschichte und seinen gescheiterten Experimenten gelernt als die verschiedenen sozialistischen und sozialdemokratischen Regierungsexperimente in Europa, die »Marktsozialismen« à la Jugoslawien und die Sozialdemokratismen à la Schweden, deren Scheitern die internationale Sozialdemokratie nur endgültig an die Seite der jeweils Mächtigen, zuletzt ins »todsichere« neoliberale Lager, wechseln ließ, wo sie heute weitgehend bedeutungs- und prinzipienlos um gelegentliche Regierungsbeteiligungen buhlt.

Glaubwürdigkeit und Vertrauen, Moral und Verhaltensweisen, Korruptionsbeseitigung und Sozialkredit

Und die sozialen und ökologischen Kosten des Ritts des »freien marktwirtschaftlichen« Tigers seit 1978, die bekannten Moral- und Verhaltens(zer)störungen durch Märkte, Korruption, Finanzkriminalität, organisiertes Verbrechen, zerfallendes soziales Vertrauen und reduziertes Sozialkapital, machten sich nach 1978 auch in China breit, wie praktisch auch überall im neoliberalen Kapitalismus und seinen Anhängselstaaten in den Entwicklungsländern.

Die sind in China aber in den letzten 10 bis 15 Jahren zu einem großen gesellschaftlichen Thema gemacht worden und längst nicht mehr existenzgefährdend für die großen nationalen Entwicklungsziele, die mit einer bescheiden wohlhabenden sozialistischen Gesellschaft verbunden sind.[303] Während Korruption überall ist, wo Märkte sind und wo damit eine ungleiche Geld- und Vermögensverteilung generiert wird und Korruptionsbekämpfung zur Sisyphusarbeit, also zur permanenten Aufgabe, wird, ist diese in China im Wesentlichen bewältigt.[304]

Wohlgemerkt, die vielen, diversen lokalen und provinziellen Experimente mit Systemen von Sozialkredit-Punkten,[305] in den westlichen Konzernmedien stets pauschal als »diktatorisch« tabuisiert, beziehen sich immer zunächst auf Staatsbedienstete, Politiker, Unternehmer und Manager, erst dann auf die normale natürliche Person und ihr Alltagsverhalten.[306] Und die Kreise korrupter Unternehmer und einiger Staatsbediensteter, die in den Zeiten des »Wilden Ostens« ihr schnelles Geld gemacht hatten, sind mit ihren Millionen längst nach Hongkong geflüchtet, und inzwischen auch von dort weiter in die offenen Arme der (Ex-)Helden der »freien Welt«, der größten Leuchten der Menschheitsgeschichte, Boris Johnson, Donald Trump et al., also in die Londoner City und an die New Yorker Wall Street weitergezogen. Dort gibt es nur die eine Moral und das eine Gesetz: Maximalprofit als höchstes Kulturgut der Menschheit.

Bis Mitte 2020 wurden insgesamt über 7.800 Flüchtige von mehr als 90 Ländern an China ausgeliefert, darunter etwa 350 Wirtschaftsverbrecher. Etwa 2,8 Milliarden USD konnten so an veruntreutem Vermögen nach China zurückgeholt werden.[307]

Aber auch die »kleinen« Verhaltensweisen des Alltags sind ein großes Thema für die Chinesen geworden, von »kleiner« Korruption über die Vertrauenswürdigkeit in finanziellen Fragen (vor allem im früher informellen und oft kriminellen, jetzt geordneten informellen P2P[»Peer-to-Peer«]-Finanzsektor), vom Autofahrverhalten über das bei Westlern früher gern zitierte Spucken auf die Straße bis zum Essverhalten und zur übermäßigen Handynutzung. Überall sind dabei ein glaubwürdiges China, auch ein schönes China, und die Herrschaft des Rechts große gesellschaftliche Orientierungen.[308]

Kein Wunder, dass China seit Jahren, und mit zunehmendem Abstand, Platz eins belegt in den internationalen Vergleichen des allgemeinen sozialen Vertrauens in das eigene Land und die eigene Regierung, wie auch Anfang 2022 wieder die neueste Erhebung des langjährigen (seit 22 Jahren) regelmäßigen US-amerikanischen internationalen Edelman-Vertrauensvergleichs für 28 Länder bestätigt.[309]

Inzwischen kommen Vordenker auch im Westen allmählich auf den Trichter, dass man mit Vertrauens- und Wertschätzungssystemen »in Form eines Social-Credit-Systems«[310] in Richtung auf Stopp der sozialen Desintegration und des Verhaltensverfalls sowie auf Vertrauens- und Wertschätzungsgenerierung auch im niedergehenden neoliberalen Finanzkapitalismus eine erste Umsteuerung und längerfristig wieder Wohlfahrtsverbesserungen erreichen könnte.

Entsprechende soziale Mobilisierung, vertrauenswürdiges Verhalten, ökologische Orientierung, sie alle werden auch in die Marktdynamiken so eingebaut, dass Prozesse und Ergebnisse der Märkte den Zukunftszielen der Menschheit dienlich werden.[311] Umweltschutz zum Beispiel ist damit bereits zum Markenzeichen der chinesischen Wirtschaftsentwicklung und Exportstruktur geworden, mit dem man die technologischen, ökologischen und sozialen Vorsprünge gegenüber dem neoliberalen Finanzkapitalismus, der hier nicht wirklich seine Tiefenstrukturen der mikroökonomischen Verhaltensweisen umsteuern kann, weiter ausbaut.[312] Ökologie, dem Markt in die Produktionsstrukturen wie in die sozialen Institutionen und Verhaltensweisen »hinein-reguliert«, wird so zum systemischen Wettbewerbsvorteil.

Der »Ritt des Tigers« wird auch dadurch ökonomisch und sozial immer stabiler, und die Fähigkeiten eines dezentralen (Markt-)Systems können immer besser hervorgeholt werden. Das alles ginge nicht unter einem »Turbokapitalismus«, einem »Staatskapitalismus«, einer »autokratischen Diktatur« und all den anderen irreführenden Alltagsetiketten, die China aufgedrückt werden. Um Chinas System zu begreifen, geht an der Analyse der sozioökonomischen Tiefenstrukturen, mit ihren Konsequenzen im Verhältnis von Staat und Markt, kein Weg vorbei.

Nur so können wir begreifen, dass China seine Produktivkräfte so system(at)isch entwickeln kann, dass es sich vorwärtsbewegen kann, wo der Westen von einer Krise in die nächste taumelt, so dass es immer wieder relativ gestärkt aus ökonomischen Krisen hervorgeht, was stets unverzüglich die unreflektierten Reaktionen, einen Pawlowschen Neid- und Beißreflex, der westlichen Medien und Politiker auslöst. Wie gesagt, die westlichen Techniker und Manager »an der chinesischen Front« wissen es heute aus eigener Anschauung besser.

Chinas diverse instrumentelle Marktwirtschaft

Die Corona-Krise hat diese Divergenzentwicklungen und damit den globalen Strukturwandel noch einmal aller Welt vor Augen geführt – und beschleunigt.[313]

Vor diesem Hintergrund kann China sehr wohl darauf verweisen, dass es eine WTO-konforme Marktwirtschaft zwar nicht ist, aber besitzt, dass es effektive Märkte und in diesen massenhaft auch kleines, selbständiges Unternehmertum (Entrepreneurship) ermöglicht, fördert, nutzt und gegen den Hunger des großen Kapitals schützt.

Studien über Chinas moderne ökonomische Kultur bestätigen die anhaltend größere Flexibilität der von ihrer typischen plutokratischen Degeneration abgehaltenen Märkte, für viele überraschend.[314] Wir haben an anderer Stelle schon erwähnt, wie gerade China heute eine ganze Bandbreite und Pluralität verschiedener individueller, öffentlich-kollektiver und privat-gemeinwirtschaftlicher Unternehmens-, Eigentums- und Besitzformen ermöglicht,[315] nutzt und mit Marktmechanismen vereinbar macht,[316] und zwischen freiem informellem Experimentieren und späterer förmlicher staatlicher Standardisierung und Regulierung eine agile Industriepolitik betreibt, die die Märkte als funktionale Instrumente der Wohlstandssteigerung für breitere Schichten zu den nationalen Entwicklungszielen beitragen lässt.[317] Anders formuliert:

> »China schöpft […] aus seinen gigantischen Ressourcen an Humankapital und staatlich koordinierter Industriepolitik plus reichlich Geld für Investitionen.«[318]

Märkte sind hier keine Werte mehr an sich, sondern müssen sich als Instrumente der Wohlstandsgenerierung beweisen. Tun sie das nicht, werden sie anders reguliert oder eben ersetzt durch andere Allokationsmechanismen, wie zum Beispiel frei-gemeinwirtschaftliche (etwa genossenschaftliche) oder öffentliche (staatliche) Formen.

Ein hervorragendes, jedoch weitgehend unbekanntes Indiz dafür, dass in China der Dominanz der Politik und ihrer Regulierungen auch große Konzerne unterliegen,[319] liefern unregelmäßig McKinsey-Analysen des chinesischen Unternehmenssektors: Chinesische Unternehmen seien groß, produktiv und »resilient«, hätten jedoch eine anhaltend geringere Profitrate als westliche Unternehmen. Wie wir an anderer Stelle schon erwähnt haben,[320] müssen chinesische Unternehmen Teile ihrer Profite nicht nur in höhere Investitions- und Innovationsaktivitäten, sondern zum Teil auch in Infrastrukturen und andere nationale Entwicklungsziele (Beschäftigung, Qualifikation, soziale Sicherung) investieren. McKinsey beziffert die im Vergleich zur globalen Durchschnittsrendite geringeren Profitraten der Konzerne in China mit (in absoluten Zahlen) gut 500 Milliarden US-Dollar.[321]

China zeigt mit der Instrumentalisierung von Märkten auch praktisch, dass diese sich eben faktisch immer in einem Wettbewerb der Allokationssysteme befinden – wie übrigens rudimentär sogar noch im neoliberalen Kapitalismus, in dem es zum Beispiel immer noch auch genossenschaftliche Banken, öffentlich-rechtliche Banken (Sparkassen) und eine Staatsökonomie im engeren Sinne gibt (anders als die amerikanische »Fed« ist zum Beispiel die Bundesbank in 100-prozentigem Staatseigentum), selbst wenn diese rechtlich immer mehr den oligopolistischen »freien Märkten« angepasst wurden und insbesondere von der neoliberalen EU dem »Wettbewerbs«-Modell des »freien Marktes« angepasst werden sollen.

So kehren in China Märkte zu ihrer ursprünglichen instrumentellen Funktion der Wohlfahrtssteigerung für alle zurück, wie sie die ökonomischen Klassiker konzipiert hatten. Und wie in Deutschland zum Beispiel der öffentlich-rechtliche und der genossenschaftliche

Bankensektor zum Teil noch eine ausgleichende, vorantreibende und disziplinierende Rolle für den privaten Bankensektor hat, so treiben und disziplinieren in China die staatlichen Unternehmen den Privatsektor und kompensieren, wo nötig, dessen Mängel und Versagen bei den nationalen Kollektivgütern und natürlichen »Commons«.

China brauchte damit heute eigentlich wohl weder eine »marktwirtschaftliche Reformdebatte« in der WTO zu fürchten noch eine Hinterfragung seines Charakters als eines Systems, das Märkte effektiv zur Anwendung kommen lässt. Was in China heute an innovativen Entrepreneuren bereits existiert und weiter entsteht, einem der Lebenselixiere agiler Märkte, sucht seinesgleichen in den entwickelten kapitalistischen Ländern, in denen erfolgreiche Entrepreneurs stets schnell Objekte des Aufkaufs durch etablierte Konzerne werden.

Auslaufmodell »Neoliberalismus«, Experimentierfeld China...

In vieler Hinsicht vermittelt uns also das chinesische Beispiel heute eine Perspektive, die in herkömmlicher europazentrierter Sicht geradezu undenkbar erscheint, nämlich dass unter grundsätzlich sozialistischen Politik- und Regulationsverhältnissen kritische Kombinationen von langfristig orientierten staatlichen Regulierungen und Planungen, sozialen (institutionellen und normativen) Einbettungen, verschiedensten Eigentumsformen und der Sicherung der Kredit- und Handlungsbedingungen auch für kleine Gründer und Unternehmer entstehen können, die Märkte ausgesprochen agil, effektiv und nutzbringend werden lassen.

Die neoliberalen Regierungen dagegen haben seit Mitte der 1970er Jahre Märkte de-reguliert und deren Hauptakteuren eine exklusive globale Handlungsebene frei von »Staat« und »Gesellschaft« bereitet, durch die dann wiederum die üblichen Konzentrations-, Zentralisations-, Finanzialisierungs- und Spekulationsprozesse von Kapital und Macht, also die komplette und schnellstmögliche Degenerierung von Märkten im Interesse des »1 Prozent« ermöglicht wurden und die predatorischen und Umverteilungsansprüche der Plutokratie realisiert werden konnten. Dieses System »freien«

Räubertums (deshalb von vielen auch »Raubtier-Kapitalismus« genannt) aber hat sich überaus schnell und erkennbar erschöpft, da immer größere Teile des gesellschaftlichen Produktions- und Einkommensergebnisses in leistungslose Renten für die Besitzer von Machtpositionen fließen, insgesamt eher eine neofeudale statt einer klassisch-industriekapitalistischen oder gar einer (idealerweise) leistungsorientierten marktwirtschaftlichen Struktur. Diese Länder unterlagen daher sowohl immer häufiger (Finanz-)Krisen, Instabilitäten und Turbulenzen aufgrund von Spekulations-Hypes als auch einer insgesamt abnehmenden Wachstums- und Innovationsdynamik, und dies hat erkennbar auch in Abstiegsprozesse geführt (siehe etwa die Länderranking-Prognosen für 2030).[322] Was unter solchen Umständen am Ende geblieben ist, ist eine scheinbar unaufhaltsame neoliberale Umverteilungsmaschine, die die Milliardäre und Finanzkonglomerate immer schneller immer reicher macht, ganz gleich, ob Konjunktur oder Krise, Krieg oder Pandemie herrschen. Die Pandemie-Jahre 2020/21 haben die Bevölkerungen im neoliberalen Finanzkapitalismus weltweit ärmer gemacht, aber den Milliardären Vermögensanstiege um ein Drittel ermöglicht. Ein System, in dem eine umfassende Gesundheitskrise zu einer noch ungleicheren Einkommens- und Vermögensverteilung führt, ist selber krank.

Und auch die alte neoliberale, »marktwirtschaftliche« und imperiale Globalisierung musste so zum Crashmodell werden. Man spricht auch von »Deglobalisierung 2.0«,[323] weil es das Phänomen des Auseinanderbrechens der internationalen Austauschbeziehungen ja bereits nach der ersten Weltwirtschaftskrise, der Großen Depression 1929ff., gegeben hat. Trump, Brexit, Biden und auch die wieder aufkommenden Nationalismen, Rassismen und bewaffneten faschistischen Gewaltbewegungen (ähnlich wie in den 1930er Jahren) sind Symptome und Verstärker dieses Auseinanderbrechens, nicht jedoch dessen Ursachen. Diese liegen in der zunehmend obszönen Ungleichheit der unregulierten »freien marktgetriebenen« Entwicklungen, national in zunehmender Einkommens- und Vermögensungleichheit, sozialer Unsicherheit und Armut, international in zunehmend ungleicher Entwicklung, die die langjährige Dominanzposition des Hegemons selbst in Frage stellt und in der er sich selbst schützen muss, indem er sich egoistisch aus dem alten Globalisierungssystem herausziehen muss.[324]

Aufstieg und Abstieg: Beißreflexe, Neo-Hegemonie und Militärisch-Industriell-Medial-Akademischer Komplex … oder ein vernünftiger Systemwettbewerb?

Im Westen haben sich nun bei vielen (latente) Abstiegsängste entwickelt, meist mit spontanen emotionalen Abwehrreaktionen und Aggressionen, die diese Abstiegsängste überdecken sollen. Ein bekannter (sozial-)psychologischer Mechanismus, der von den westlichen Mainstream-Medien generiert und befeuert wird. Bezeichnenderweise sind diese Abwehrreaktionen gegen China (und Russland) am stärksten ausgeprägt bei denen, die normalerweise für sich die Fähigkeit zu distanzierter Betrachtung, kritischer Reflexion und Selbstreflexion in Anspruch nehmen, den Intellektuellen, namentlich solchen, die sich für »links« oder »alternativ« halten, und mainstreamigen Bildungsbürgern, soweit diese noch keine eigenen persönlichen beruflichen oder touristischen Erfahrungen mit China gemacht haben. Die überraschende Tatsache oft unmäßiger Aggressionen gebildeter Leute gegen China nimmt häufig Formen organisierter politischer Parteinahme, etwa in grünen, sozialdemokratischen und »linken« Kreisen, für das große transatlantische geostrategische Abwehrprojekt an. Einige kritische Wissenschaftler und investigative Journalisten haben daher in Anlehnung an das jahrzehntelange Diktum vom Militärisch-Industriellen Komplex (MIK), der über Jahrzehnte die Sozialpsychologie der Bevölkerungen im Westen in die Kalten Kriege hineingesteuert hat, nun den Begriff eines Militärisch-Industriell-Medialen Komplexes oder erweitert des Militärisch-Industriell-Medialen-Unterhaltungs-Komplexes oder eben Militärisch-Industriell-Medial-Akademischen-Komplexes (MIMAK) gegen China geprägt.[325] In die bekannten Interessensphären der internationalen Rüstungskonzerne, der Militärs und der obersten Politik- und

Staatskreise hat sich in den 1990er, 2000er und 2010er Jahren eine uniformierte Medienindustrie eingewoben, und sie alle zusammen haben die intellektuellen und akademischen Schichten derjenigen, die sich kritisch wähnen, dabei aber über Jahrzehnte nur politische Niederlagen erlitten haben und nun auf grüne oder linke Integration ins »System« setzen, für die ideologische Abwehr- und Integrationsarbeit unter den Labels von »unseren Werten«, »unserer Freiheit« und »unserer Demokratie« kooptiert.

Hier sind nun Medien und Geistesarbeiter, die nicht bereit (oder nicht in der Lage) sind, (mindestens) die letzten vier Jahrzehnte der (Fehl-)Entwicklung des Westens (selbst-)kritisch zu analysieren, noch die funktionalen Grundlagen des chinesischen Systems zu erkennen, nun schnell mit »Werten«, Emotionen und (unausgesprochenen) archaischen Überlegenheits-Mythen statt analytischer Anstrengungen bei der Hand. China muss ja etwas ganz besonders Bösartiges tun, wenn ihm kontinuierlich Erfolge gelingen, und es muss den Westen besonders hinterhältig zerstören wollen, denn anders wäre ja wohl nicht vorstellbar, dass der Westen mit seinen überlegenen Werten und seiner überlegenen Form von Demokratie im 21. Jahrhundert nun eine Schwäche nach der anderen offenbart.

In der Denkweise des neuen transatlantischen politischen Mainstreams wird wieder begeistert ein Neo-Hegemonialismus verfochten. Da hat Trump offenbar keineswegs alles falsch gemacht mit seinen »Disruptionen« gegen China, und Bidens Washington findet begeisterte und unterwürfige Gefolgschaft der EU bei seinen erneuerten Ambitionen, wieder »einzige Weltmacht« und Weltbeherrscher zu werden. An Amerikas Atomraketen will eine zerstrittene und perspektivlose EU offenbar genesen. Während die neoliberalen Klassengesellschaften desintegrieren und sich in Krisen wie einer Pandemie zusehends fragmentieren sowie sozial und politisch »aufheizen«, müssen sie die innere aggressive Energie wieder einmal auf einen äußeren Feind umlenken.

Dass man nicht Mythen bemühen muss, um die Veränderung der globalen Strukturen zu erklären, haben wir hier versucht zu zeigen. Beide Entwicklungen, neoliberaler Niedergang und Aufstieg Chinas zur Neuen Normalität, sind erklärbar. Aber wer nicht lernen will oder kann, weder aus Fehlentwicklungen des eigenen noch aus den systemischen Stärkefaktoren des chinesischen Systems, wird steckenbleiben in Angst und aggressiven, in Wirklichkeit aber defensiven Beißreflexen.

Aber die latente Angst der westlichen Mainstream-Medien vor dem Kontrollverlust über das Denken der eigenen Bevölkerung (die ideologische Hegemonie im Weltmaßstab ist ja bereits weitgehend verlorengegangen) geht inzwischen so weit, dass *FAZ* und die Medien aus dem Stall einer der reichsten Oligarchinnen Deutschlands, die die hiesige Politik entscheidend mit vor-schreibt, auch im Detail intervenieren müssen.

Ein Beispiel: Schon im Vorfeld der Sendung eines öffentlich-rechtlichen Landesrundfunks wurde dieser durch eine Medienkampagne davon abgebracht, eine bereits im Programm angekündigte Dokumentation über die Bewältigung der Corona-Krise in Wuhan auszustrahlen.[326] Die Dokumentation hatte bereits einen dreifachen Fakten- und Qualitätscheck über sich ergehen lassen müssen, ein Standard, den man gern mal bei der »Macht um Acht«, Tagesschau und Co, angewendet sehen würde.[327] Die Doku war trotzdem schlichtweg »zu positiv«.

So werden sich die unterschiedlichen Systeme, das der abstrakten, verabsolutierten und falsch begriffenen »Freiheit«, des Individualismus ohne individuelle Persönlichkeit, des Egoismus ohne soziale Verantwortung und der Individualität ohne Kollektivität einerseits und das der sozialen Regulierung und sozialen Verantwortung andererseits, weiter unterschiedlich entwickeln, und der evolutionäre Prozess der Geschichte wird entscheiden, welche Gesellschaft im historischen Abseits landet, ihre Kräfte mit sich selbst aufreibt, und welcher Gesellschaft eine reale und langfristige Wohlstandssteigerung für alle gelingt ... und welches Beispiel am Ende international überzeugender wirkt.

Dabei wäre ein gesundes Selbstbewusstsein (ein Sich-Seiner-

Selbst-Bewusst-Werden) statt aggressiver Überheblichkeit im Westen angesagt, eine Klärung der eigenen längerfristigen wirtschaftlichen, sozialen, ökologischen, industriestrukturellen und technologischen Ziele, eine Klärung von »Win-Win«-Potenzialen und auf dieser Basis die Entwicklung von gleichberechtigten Kooperationen auf Augenhöhe und zum gegenseitigen Nutzen. Bekommt der Westen auch einen solchen »U-Turn« (Mahbubani) zu einer einfach und selbstverständlich friedlichen, kooperativen und fair-wettbewerblichen Welt noch hin, die den eigenen früheren Idealen entsprechen würde?

Dass heute Parteien, Industrieverbände, Politiker und Regierungen beschließen, dass China ein »systemischer Wettbewerber« oder »systemischer Rivale« ist, wird als eine Verschlechterung des Klimas zwischen der Deutsch-EU und China betrachtet, von wirklichen China-Kennern und den in China tätigen Unternehmen eher beklagt, von den westlichen Konflikt-Medien und den Politikern, die sie vor sich hertreiben, stolz als Zeichen von Stärke präsentiert. In Wirklichkeit ist diese Feststellung banal und sogar eine wünschenswerte Klärung: Was sonst soll denn das Verhältnis zwischen dem neoliberalen Finanzkapitalismus und einem China auf einem sozialistischen Weg anderes sein als eine Konkurrenz unterschiedlicher Systeme, eine Systemrivalität? Dank also für die Klarstellung, aber das war gar nicht die Frage.

Die wirkliche Frage ist vielmehr, welche Umgehensweisen unterschiedliche Systeme in einer Welt, in der eine Handvoll Nationen in der Lage ist, die Erde gleich mehrfach in die Luft zu sprengen, entwickeln können. Haben das gute alte bürgerliche Völkerrecht, mit den Prinzipien gegenseitiger Achtung, territorialer Integrität und Nichteinmischung in die inneren Angelegenheiten noch eine Chance? Lässt sich das globale System noch re-zivilisieren?[328] Können wir uns noch verhalten wie ideale Wettbewerber in idealen Märkten, nämlich friedlich, strategisch und zukunftsorientiert, wie wir es anderen ständig predigen, oder gehen wir mit schwerbewaffneten Banden hinüber zum Hauptquartier des Wettbewerbers, schießen dort alle nieder und sprengen das Headquarter in die Luft …?

5. Vom armen Entwicklungsland zu »bescheidenem Wohlstand« – Und mit »mittlerem« Pro-Kopf-Einkommen zur Nummer eins »gehebelt«

Chinas wirtschaftlicher, sozialer, technologischer und ökologischer Aufstieg muss heutzutage nicht mehr im Detail beschrieben werden; er ist inzwischen in Dutzenden aktuellen Büchern, Blogs und internationalen wissenschaftlichen Artikeln ausführlich beschrieben[329] und in oft ganzseitigen Artikeln fast wöchentlich Thema einer der großen Tages- und Wochenzeitungen beziehungsweise in Magazinen.

Allerdings ist im westlichen Abwehrkampf gegen den eigenen Niedergang immer weniger Erfahren- und Lernen-Wollen angesagt, stattdessen wird das China-Bashing, das regelmäßige Aufwärmen meist längst widerlegter Kampagnen und Fakes (exemplarisch Trumps »China-Virus«) immer machtvoller in die »öffentliche Meinung« gedrückt. Leitmedien des »freien Westens« scheuen sich sogar nicht, Geschichten, die sie selbst schon in Artikeln widerlegt haben, später immer wieder zu kolportieren.

Wirtschaftlicher Aufstieg

Einige wenige exemplarische wirtschaftliche Fakten genügen an dieser Stelle, um die bisherigen Fakten zur Dynamik des längerfristigen und aktuellen chinesischen Aufstiegs zur neuen alten historischen Normalität[330] abzurunden. Einige der strukturellen Hintergründe dieses Prozesses haben wir oben beleuchtet.

Chinas Sozialprodukt ist von 59 Milliarden USD 1960 auf knapp 15.000 Milliarden (15 Billionen) USD im Jahr 2020 gestiegen.[331] Eine Entwicklung, die in der Geschichte ihresgleichen sucht und fast unvorstellbare strukturelle Umwälzungen auf allen Gebieten impliziert. Kein anderes Land hat jemals Erfahrungen mit einem solchen Wachstumsprozess in so kurzer Zeit (und unter so turbulenten inneren und äußeren Bedingungen) gemacht. So war Chinas Sozialprodukt schon im Jahre 2017 real etwa 50-mal größer als 1978.

Während zum Beispiel Großbritannien in der Zeit seines Aufstiegs von 1820 bis 1870 seinen Anteil am globalen Bruttoinlandsprodukt um durchschnittlich 1 Prozentpunkt pro Jahrzehnt erhöhte, die USA zwischen 1900 und 1950 entsprechend um 2 Prozentpunkte und Japan zwischen 1950 und 1980 um 1,5 Prozentpunkte pro Jahrzehnt, erhöhte China seinen Anteil von 2000 bis 2010 um 5 Prozentpunkte, und dies ist auch für das darauf folgende Jahrzehnt festzustellen.[332] (So brauchte Großbritannien 60 Jahre, um sein Sozialprodukt pro Kopf zu verdoppeln, die USA brauchten 40 Jahre, China 12.[333]) Chinas Anteil am Weltsozialprodukt nähert sich mit großen Schritten einer 20-Prozent-Marke an[334] und wird in den nächsten ein bis zwei Jahrzehnten die alte historische Normalität, nämlich circa 30 Prozent des Weltsozialprodukts zu repräsentieren, wieder erreichen. Wie Henry Kissinger betonte, hatte China »in 18 der vergangenen 20 Jahrhunderte einen größeren Anteil des Gesamtbruttoinlandprodukts der Welt als alle anderen Gesellschaften. Noch im Jahr 1820 produzierte es […] mehr als das BIP Westeuropas, Osteruropas und der Vereinigten Staaten zusammen.«[335]

Während Chinas Anteil am Weltsozialprodukt um 1820 noch bei 30 Prozent lag, wird es nach Schätzungen im Jahre 2040 bei 40 Prozent liegen.[336] Die Weltstruktur kehrt also zurück zu einer jahrtausendealten Normalität.

Im Länderranking wird China auch nach anderen Messkriterien als das der Kaufkraftparitäten (KKP), nämlich auch in einfacher Währungsumrechnung schon in den nächsten Jahren die Nummer eins sein. Wir haben über die Ranking-Liste 2030 der Standard Chartered Bank berichtet.

Nach KKP (englisch: PPP) vergleichbar gemacht, ist Chinas Sozialprodukt bereits seit 2016 das größte der Welt. 1980 hatte China in KKP 10 Prozent der US-amerikanischen Wirtschaftskraft, 2014 bereits genauso viel, 2023 wird Chinas Sozialprodukt (in KKP) etwa 50 Prozent größer als das US-amerikanische sein, 2050 etwa doppelt so groß.[337] Beim Sozialprodukt im Kaufkraftvergleich schneidet China stets besser ab als beim Sozialprodukt in der bloßen (nominalen) Wechselkursumrechnung. Ein Dollar hat in China im Durchschnitt aller Güter und

Dienste also eine höhere Kaufkraft und damit reale Wohlstandswirkung als für die Menschen in den USA. Und während Chinas Sozialprodukt (in KKP) nach den Prognosen der Standard Chartered Bank von 2017 bis 2030 von 23 Billionen USD (Rang 1) auf 64 Billionen USD (Rang 1) steigen wird, wird das der USA nur von 19 Billionen USD (2017, Rang 2) auf 31 Billionen USD (2030, Rang 3) steigen.[338]

Der IWF, der nur in Wechselkursen vergleicht, sieht Chinas Sozialprodukt 2018 zwar noch hinter dem der USA, prognostiziert allerdings bis 2050 das chinesische Sozialprodukt auch bereits um etwa 50 Prozent über dem amerikanischen.[339] »Vor Corona« wurde China in einfacher Währungsumrechnung betrachtet etwa für das Jahr 2030 als die Nummer eins gesehen. Nach den internationalen Gewichtsverschiebungen »nach Corona« wird dies nun bereits vor 2030 der Fall sein. *Bloomberg* rechnet nun mit dem Jahr 2028.[340]

Schon im Jahre 2016 war Chinas Anteil am Wachstum des globalen Sozialprodukts fast 40 Prozent.[341] China hat seinen globalen Wachstumsbeitrag seitdem, und namentlich in den Jahren der konjunkturellen und Pandemie-Krisen 2019 und 2020, kontinuierlich erhöht. Bereits nach der Großen Finanzkrise 2008 war China mit seinem enormen Konjunkturprogramm 2008/09 in Höhe von 550 Milliarden USD, dem größten in der Geschichte, für Jahre die Konjunkturlokomotive der Welt und machte insbesondere den Exportweltmeister Deutschland für fast ein Jahrzehnt zum größten Profiteur des globalen Wiederaufschwungs, der vor diesem Hintergrund vor allem in Asien stattfand.[342] Diese Funktion erfüllt China seit dem Jahre 2020 erneut und in noch größerem Umfang.

Chinas Pro-Kopf-Einkommen (Bruttoinlandsprodukt pro Einwohner und Jahr) ist von 54 USD im Gründungsjahr 1949 über 70 USD 1962 und 150 USD in 1970 auf 8.700 USD in 2017 gestiegen. China liegt 2020 mit ca. 11.000 USD nun erstmals leicht über dem Weltdurchschnitt.[343] Damit ist China von einem der ärmsten Entwicklungsländer der Welt in die Gruppe der »Länder mit oberem mittlerem Einkommen« (gemäß Weltbank-Definition: ab 8.200 USD) aufgestiegen (im Vergleich etwa Indien: 1.850 USD).[344]

Beim Sozialprodukt pro Kopf in KKP lag China laut IWF 2019 immerhin schon auf Rang 65 (2017: Rang 75) der Rangliste der zurzeit 192 Länder der Welt. Das ärmste Land der EU, Bulgarien, liegt bereits darunter, auf Rang 68, und zwar mit absteigender Tendenz (2017: Rang 64). Dieses EU-Mitgliedsland hat bereits ein um 600 USD geringeres Pro-Kopf-Einkommen als die 1,4 Milliarden Chinesinnen und Chinesen.[345] Im Vergleich zu den reichsten Ländern dagegen betrug Chinas Durchschnittseinkommen 2019 immer noch weniger als ein Viertel des deutschen und gut 15 Prozent des US-amerikanischen.[346]

Chinas BIP-Wachstumsrate hat sich seit 1990 erkennbar verstetigt und zeigt noch einmal seit 2008 einen kontinuierlichen (und geplanten) Trend zu geringeren Wachstumsraten, von knapp 10 Prozent (2008) auf gut 6 Prozent (2019).[347] Es ist China offenbar gelungen, die Entwicklung besser zu planen und zu stabilisieren und das Wachstum gezielt herunterzufahren in den politisch angestrebten Zielkorridor von 5 bis 6 Prozent.

Chinas wirtschaftliches Wachstum wurde sogar in einem deutschen Wirtschaftsmedium folgendermaßen charakterisiert:

> »China verliere ›seinen Wow-Faktor‹, schreibt Asien-Experte Daniel Moss von ›Bloomberg‹. Aber das trifft nur auf Menschen zu, die sich das Staunen abgewöhnt haben […] Wir sind Zeitzeugen eines Aufstieges, der auch dann märchenhaft bleibt, wenn das chinesische Wachstum sich jetzt auf 6,5 Prozent verlangsamt. Richtig ist: Damit wächst Chinas Wirtschaft so langsam wie seit 1990 nicht mehr. Richtig ist aber auch: Deutschland hat Wachstumsraten dieser Höhe zuletzt unter Ludwig Erhard erlebt. Unser Wow-Effekt hieß damals Wirtschaftswunder […] Der nur moderate Bevölkerungszuwachs der vergangenen Jahrzehnte, begünstigt durch die staatliche Ein-Kind-Politik, katapultierte Millionen Menschen aus der Armutszone in Richtung Mittelschicht. Aus Bauern wurden Bürger. Pro Kopf stieg das chinesische Bruttoinlandsprodukt kaufkraftbereinigt 2000 bis 2020 um sagenhafte 362 Prozent, derweil die Inder nur um rund 188, die Deutschen um 27 und die Amerikaner um 24 Prozent zulegten.«[348]

Die Rückkehr der globalen Wirtschaftsstrukturen zur alten historischen Normalität ist nun allerdings nicht nur kein Automatismus und »Selbstläufer«, wie wir oben schon gesehen haben, es darf auch insbesondere nicht übersehen werden, dass diese Rückkehr zu den »normalen«, historischen Größenverhältnissen von Bevölkerung und Wirtschaftskraft zwischen den führenden Ländern nur im Zusammenhang mit Chinas besonderen systemischen Strukturen und Fähigkeiten möglich war und erklärt werden kann.

Durchaus in diese Richtung argumentiert das schon zitierte deutsche Wirtschaftsmedium:

> »Drei Dinge machen die chinesischen Wirtschafts- und Finanzpolitiker besser als die Amerikaner:
>
> - Die USA brüskieren die Welt, China vernetzt sie […]
> - Die chinesische Führung hat erkannt, dass der Kapitalismus am besten dann funktioniert, wenn er von einem starken Sozialstaat begleitet wird. Das Konzept der ›Harmonischen Gesellschaft‹ ist dem amerikanischen Konzept einer ›The-winner-takes-it-all Society‹ überlegen.
> - Amerika fährt seine Staatsverschuldung nach oben, der chinesische Staat ist nur mit gut 50 Prozent der Wirtschaftskraft verschuldet (in absoluten Zahlen 2019: USA: 22,8 Billionen USD, China: 7,9).«[349]

Und:

> »Die Warnungen des Westens vor einer chinesischen Vergreisung, vor einem Platzen der dortigen Immobilienblase und den Folgen einer zu hohen Verschuldung sind in Wahrheit westliche Hoffnungen, die sich als Furcht tarnen. Die neue Weltmacht geht trotz all dieser Herausforderungen seit Jahrzehnten ihren Weg und wird bis 2030 die mit Abstand bedeutendste Volkswirtschaft der Welt sein.«[350]

Die ersten kleineren Anzeichen für Bevölkerungsalterung und mangelnden »Nachwuchs«, wie sie Anfang 2021 aus der 7. Volkszählung 2020 bekannt wurden, haben sofort eine umfangreiche und hochinteressante Altenpolitik zur Konsequenz gehabt und ein umfassendes Programm für Kinder, Jugend, Familien und Schulbildung.

Die Krise des Immobilienkonzerns Evergrande, Ausdruck einer

zu lange währenden und zu großen Liberalität gegenüber dem Immobiliensektor, konnte jedoch bisher gemanagt und aufgefangen und in seinen sektoralen Konsequenzen für den Finanzsektor und seinen gesamtwirtschaftlichen Konsequenzen begrenzt und isoliert werden. Die neue Regulierung und Setzung von Sicherheitsstandards folgt hier nun ebenfalls in einem vorantreibenden gesellschaftlichen Kontext, der größer sein wird als der Immobiliensektor selbst, nämlich nach der Parole, wie sie Xi ausgesprochen hat: »Häuser sind zum Wohnen da – nicht zum Spekulieren.«[351]

Auch hier wird ein Programmpaket angefahren, von Mietpreisbremsen bis zu einer Begrenzung der Kredithebelung (Kredit-Eigenkapital-Quote) für die Immobilienkonzerne, das eingeordnet wird in das größere Programm des inklusiven Wohlstands und der stärkeren Rückverteilung zu Lasten der Milliardäre. Hier nimmt man offensichtlich weitere Wachstumsabschwächungen des Sozialprodukts für mehr qualitatives Wachstum bewusst in Kauf.

Wir werden diese und viele andere Aspekte des gegenwärtigen neuen sozialen Aufbruchs in China einer weiteren Untersuchung überlassen müssen.

Was uns Außenstehenden und China-Reisenden dabei auffällt, sind Unaufgeregtheit und Zuversicht in China. Mit »Yes, we can« und »Wir schaffen das«, chinesisch: »Volkskampf und Langer Marsch gegen das Virus«, haben sie die Epidemie weitgehend eingedämmt. Das soziale Vertrauen ist in China laut Erhebungen von US-Universitäten auf einem historischen Hoch, und laut internationalem Glücksreport 2020 von Ipsos (Washington) ist China das Land, in dem sich die meisten Menschen als glücklich bezeichnen.

Noch Schwellenland und schon »systemischer Rivale«?

China betrachtet sich mit seinem Durchschnittseinkommen (mit circa 20 Prozent des Durchschnittseinkommens der reichsten Länder) immer noch als Entwicklungsland, »vor dem noch ein weiter Weg liegt, bis es umfassend modernisiert ist« (Ministerpräsident Li Keqiang).[352]

Allerdings hat zum Beispiel die EU in ihrem Strategiepapier »EU-China – Strategische Perspektiven« (Brüssel 2019) erklärt, dass sie China nicht länger als Entwicklungsland betrachten wolle. Sie bezeichnet nun China mehr als systemischen Rivalen, da es ein globaler Akteur und eine führende technologische Macht geworden sei. Offensichtlich ein Widerspruch zwischen Zahlen und qualitativer Beurteilung.

China ist seit einigen Jahren sicher bereits ein sogenanntes Schwellenland und daher auch Mitglied der bekannten BRICS-Staatengruppe, die es so offiziell seit 2011 gibt (ohne Südafrika bereits etwas länger). In der Tat aber generiert China mit seinem relativ geringen Durchschnittseinkommen eine außerordentliche soziale, ökonomische, technologische, investitionsmäßige sowie entwicklungs- und außenpolitische Performance. Es hebelt also ein relativ geringes Pro-Kopf-Einkommen in zahlreichen technologischen, ökonomischen, sozialen und ökologischen Entwicklungsfeldern in globale Spitzenleistungen, als spezifische systemische Hebel-Kapazität, deren Grundlagen wir bereits betrachtet haben. Nicht die formalen Sozialproduktwerte, auch nicht primär die Tatsache, dass China seit 2016 das größte absolute Sozialprodukt in KKP besitzt, machen es zur Nummer eins, sondern vor allem diese qualitative systemische Hebelwirkung.

Insofern hat die EU auch durchaus recht mit ihrer Beurteilung vom Systemrivalen. Das ist erstens eine Selbstverständlichkeit, denn, ja, wir leben in einer historischen Phase der Systemrivalität zwischen niedergehendem neoliberalem Finanzkapitalismus und verschiedenen aufstrebenden, mehr geplanten und kollektiven Systemen mit sozialistischer Perspektive. Zweitens wäre das überhaupt nichts Schlimmes, wenn die Rivalität in den Bahnen der friedlichen Koexistenz und der völkerrechtlichen Prinzipien der Nichteinmischung gehalten werden könnte. Beide Bedingungen für das Überleben der Menschheit aber hat der »menschenrechtelnde« werteuniversalistische und kulturimperialistische Finanzkapitalismus allerdings gründlich verlernt. Ob die EU daher die richtigen Handlungskonsequenzen aus der Charakterisierung Chinas als Systemrivalen folgert, darf bezweifelt werden.

»Inkommensurabilität«: Überholen ohne einzuholen

Kontinuierliches wirtschaftliches Aufholen und historisch einmalige sozialökonomische Hebelungen verweisen also auf das Wirken von Tiefenstrukturen und Mechanismen, die mit dem herkömmlichen »westlichen« Entwicklungsmodell, in dem die gleichen Prozesse 150 Jahre brauchten, nicht vergleichbar sind. Es besteht eine grundlegende Inkommensurabilität zwischen den Systemen: China geht in vielerlei Hinsicht nicht den gleichen Weg wie der Westen, benutzt nicht die gleichen Mechanismen und Prozesse und hat nicht die gleichen Ziele. Sein Aufstieg und Aufholen kann daher auch nur begrenzt vergleichbar gemacht werden: Wir können zwar feststellen, dass Chinas Sozialprodukt in KKP seit 2016 größer ist als das der USA, pro Kopf gilt das aber natürlich noch lange nicht, wenn es denn überhaupt jemals gelten wird, und dann überhaupt noch beabsichtigt ist … und noch relevant ist … Überholen, ohne einzuholen?

In einer Zukunft, in der Chinas Pro-Kopf-Volkseinkommen Deutschland oder gar die USA eingeholt haben würde, wird dieser Erfolgsmaßstab voraussichtlich (zumindest in China) keine Rolle mehr spielen. China biegt vom üblichen Pfad wirtschaftlicher Entwicklung ab und wird vermutlich nicht die eindimensionale und einfältige »Ochsentour« des Aufstiegs in den Länderrankings von IWF oder WB vom 60. Platz heute auf den ersten Platz machen wollen, mit einem mehr als dubiosen »Markterfolgs«-Maßstab, der sogar einander entgegengerichtete und sich gegenseitig neutralisierende oder umweltschädigende Aktivitäten und zugleich deren Kompensationsaufwendungen miteinander addiert.[353]

China entwickelt sich heute schon auf einer erkennbar abweichenden Dimension. Mit sozial mobilisierenden Strukturkonzepten wie einem »bescheidenen Wohlstand«, einer Gesellschaft »mit chinesischen Charakteristika«, einem nach innen wie nach außen glaubwürdigen China, dem Streben nach neuen gesellschaftlichen Qualitäten und Stufen im Bereich der Herrschaft des Rechts (Rule of Law) und umfassender Verhaltensmodernisierung, einem neuen umfassenden Bürgerlichen Gesetzbuch (Code of Civil Law) für das 21. Jahrhundert mit substantiellen statt nur formalen Bürgerrechten, umfassenderem Datenschutz,[354] für alle gesellschaftlichen Bereiche statt nur für den formalen Politikbereich, mit sozialer Partizipation (wie in der Corona-Krise gezeigt),[355] einer fortgeschrittenen ökologischen Zivilisation und anderen Zielen, die im neoliberalen Finanzkapitalismus eher von alternativen Nischenbewegungen vertreten werden, deren Chancen, jemals an die Macht zu kommen, gleich null sind.

Ein Aufholen ist daher immer auch das, was der einstige DDR-Staatsratsvorsitzende Walter Ulbricht als Formel geprägt haben soll, eine klassische dialektische Eigenschaft asynchroner und inkommensurabler Prozesse: »Überholen, ohne einzuholen«.[356] Hatte Nikita Chruschtschow noch 1959 für die Sowjetunion das Ziel verkündet, die USA (anhand des etablierten Sozialprodukt-Maßstabes) »einzuholen und zu überholen«, war Walter Ulbricht zur gleichen Zeit anscheinend klüger mit seiner Orientierung. Betrachten wir kurz, was »überholen, ohne einzuholen« bedeuten könnte, für Chinas weitere Entwicklung und für die künftigen globalen Konfliktlinien.

6. Ausblick

»Der friedliche Aufstieg der VR China«

Unter dieser Überschrift lässt Werner Rügemer seine Analyse von Chinas Aufstieg in seinem Buch über die »Kapitalisten des 21. Jahrhunderts« (2018, 2021) enden. Seine Quintessenz:[357]

> »Die USA haben die zunächst verteufelte Volksrepublik China […] unter Präsident Richard Nixon und seinem Sicherheitsberater Henry Kissinger als Gegenpol zur noch mehr verteufelten Sowjetunion zu instrumentalisieren versucht. Die kommunistischen Reformer haben sich den Kapitalismus geholt. US-Konzerne, dann auch andere westliche Konzerne haben die Niedriglöhne und den riesigen Markt Chinas zur Gewinnmaximierung genutzt.

> Die Vertreter des westlichen Kapitalismus haben die Unterentwicklung Chinas festzuschreiben versucht – durch das CoCom-Embargo, durch den Ausschluss des Landes aus Handelsverträgen und bis 2001 aus der WTO, danach etwa durch den Widerstand gegen das neue Arbeitsrecht. Aber nach gewinn- und machtbedingter Selbsterblindung muss der Westen mit später Verwunderung feststellen: Die Volksrepublik hat ihre eigene Entwicklungslogik entfaltet und baut sie, mit Zustimmung auf allen Kontinenten, global weiter aus.
>
> Damit ist China etwas gelungen, was keinem anderen Entwicklungs- und Schwellenland gelungen ist. Alle Entwicklungsländer wurden mit ausgelagerter Billigproduktion und Rohstoffgewinnung zugunsten des westlichen Kapitalismus überzogen, aber alle diese Länder bleiben, in unterschiedlichem Maße, unterentwickelt (gemessen an ihren Potenzialen) und abhängig.
>
> [...] Die Auseinandersetzungen [...] des US-geführten westlichen Kapitalismus mit der Volksrepublik [...] haben jetzt erst richtig angefangen, auch in den USA, in Europa, auf allen Kontinenten.«

Der italienische Philosoph Domenico Losurdo sprach vom Ende der »kolumbianischen Epoche«, als der Epoche des globalen Aufstiegs und der globalen Dominanz der USA, des Landes, das auf dem von Kolumbus zufällig (und irrtümlich als »Indien«) (wieder-)entdeckten Kontinent eine große Landmasse okkupiert hatte.[358] Der im Ruhestand distanziert, gelassen und sogar etwas kritisch daherkommende Ex-US-Außenminister Henry Kissinger, aber auch führende Historiker des Weltsystems wie André G. Frank, entdramatisieren zu Beginn des 21. Jahrhunderts den globalen Strukturwandel im internationalen Staatensystem in historischer Langfristperspektive als, wie erwähnt, eine Rückkehr zum historischen Normalzustand.[359]

Wie aber reagiert das »kolumbianische« Imperium? Lässt es geschehen, was nach allen vorliegenden Analysen der jeweiligen Potenzialfaktoren unvermeidlich geschieht? Nimmt es die Rückkehr zur historischen Normalität hin, nach 500 Jahren »kolumbianischen« Aufstiegs, 250 Jahren europäischer kolonialer Dominanz und mehr als 75 Jahren US-Hegemonie? Nimmt es einen friedlichen

Leistungswettbewerb mit dem Systemkonkurrenten auf? Passt es sich an die neuen globalen Gegebenheiten an und erfindet es sich unter den neuen Umständen neu? Oder setzt es erneut, wie beim Systemkampf gegen die Sowjetunion, 1945 bis 1989, das militärische und finanzielle Potenzial ein, das es aufgrund seiner globalen Dominanz akkumuliert hat? Im letzteren Fall wird es sich diesmal vermutlich die Zähne ausbeißen und seine und zugleich unser aller Existenz selbst gefährden.

Wie wir aber nun leider wissen, wurde (spätestens) seit den späten 2000er Jahren der Weg des maximalen Konflikts und des hybriden Krieges eingeschlagen.[360] Und das sich selbst bis zum politischen Irrsinn aufpeitschende Washington wird in der nächsten Generation wohl nicht mehr zu minimaler strategischer Rationalität zurückfinden.

Die Brechstangen sind gefunden und werden eingesetzt, vom Halbleiter-Boykott über die US-NATO-Flugzeugträger-Armadas vor Chinas Stränden bis zum disruptiven Missbrauch Taiwans gegen Chinas nationale Einheit und territoriale Integrität, mit der die seit 1971 gegebene internationale völkerrechtliche Beschlusslage der UNO revisionistisch ausgehebelt werden soll.* Auf die eigenen Disruptionen des internationalen Systems ist Washington ja ohnehin seit Trump stolz. Während China vom Westen als »revisionistisch«

* Auf Taiwan, wohin die Tschiang Kai-schek-Armee 1949 geflüchtet war, regierte die Guomindang – GMD (oder auch KMT – Kuomintang) lange Zeit unter Militärrecht (bis 1987) und danach ebenfalls als Einparteiensystem, unter dem Schutz der USA. Unter US-Ägide wurde Anfang der 1990er Jahre ein Zwei-Parteien-System nach US-Vorbild eingerichtet. Jahrelang regierte die GMD weiterhin. Die zweite Partei, die DPP (Demokratische Fortschrittspartei) regierte erstmals von 2000 bis 2008, dann wieder seit 2016. Während heute die GMD am Ziel der Einheit der Nation mit Festlandchina festhält und insofern konstruktive Beziehungen zu Beijing aufgebaut hat, ist die sozialdemokratische Partei DPP scharf antikommunistisch. Sie scheint mit dem Segen Washingtons auf absehbare Zeit als Regierungspartei vorgesehen zu sein, denn nur mit ihr lässt sich die gegenwärtige und geplante Taiwan-Brechstange gegen China ansetzen. Sollte die GMD wieder an die Regierung kommen, wäre damit vermutlich Schluss. Das würde aber gar nicht in die längerfristige Geostrategie Washingtons gegen China passen, die nur mit den taiwanesischen Sozialdemokraten zu realisieren ist.

angeprangert wird, zeigt sich am Missbrauch der Taiwan-Frage, dass das Imperium selbst ein revisionistischer Faktor in der Welt ist.

China hatte den Wiederaufstieg zunächst und lange Zeit praktisch ohne militärische Aufrüstung geleistet. Ein großer ökonomischer Vorteil, von militärischen Lasten zunächst befreit zu sein, weil man noch nicht als Systemrivale wahrgenommen wurde. Die chinesischen Militärausgaben waren bis vor wenigen Jahren minimal. China hat niemals Eroberungskriege geführt, bedroht kein Land mit Krieg, hat praktisch keine Militärbasen* oder eigene Truppen in fremden Ländern (außer im Rahmen von UN-Beschlüssen) stationiert.[361] Seine Rüstungsstruktur war bis vor kurzem ausschließlich defensiv angelegt. Das Südchinesische Meer mit seinen Atollen und Inseln (Paracel und Spratly) wurden historisch (vor circa 4.000 Jahren) von Festlandchina aus entdeckt und besiedelt. Wie es aussieht, kann China sich diesen Luxus der militärischen Zurückhaltung angesichts der militaristischen Reaktionen des Hegemons und seines Vasallennetzwerks (EU, UK, Japan, Indien, Australien, Kanada ...) vor seinen Küsten, das die regionalen Konsensbemühungen der Anrainerstaaten[362] ständig unterminiert, und an den Grenzen seines Luftraumes allerdings wohl nicht länger leisten ...

»Warum China weiter aufsteigen wird«

Mit diesem Ergebnis haben westliche Ökonomen Chinas sozioökonomische Tiefenstrukturen und Mechanismen analysiert.[363] Sie bestätigen die Fähigkeiten Chinas,

- die komplexen Handlungskompetenzen ständig weiterzuentwickeln, mit denen der Staat zum Beispiel differenziertere und intensivere Anreize, als sie spontan in de-regulierten Märkten bestehen, für die Akteure in seinen regulierten Märkten setzen

* Die einzige Ausnahme ist ein kleineres Militärkontingent im Hafen von Dschibuti, der gleichsam an sieben Nationen zur Selbstverwaltung und -verteidigung gegen Piraterie vergeben wurde. Neben China haben größere Militärkontingente (als das chinesische) dort die USA, Deutschland, Frankreich, Japan, Italien und Saudi-Arabien.

kann, sich über die Wertschöpfungsketten hinweg zu koordinieren, sich technologisch und organisatorisch weiterzuentwickeln und gleichzeitig zu den nationalen und regionalen Gemeinschaftsgütern beizutragen,
- die Produktpaletten ständig zu diversifizieren und aufzuwerten (»sophistication«),
- die Wertschöpfungsketten hinter den Produkten ständig passgenauer zu organisieren, alle Stufen der Wertschöpfungsketten zu mobilisieren und zu qualifizieren und Importe von zentralen Vorlieferungen gegebenenfalls zu substituieren,
- weitestgehend lokale kleine und mittlere Unternehmen einzubinden,
- parallele Lernprozesse auf allen Stufen der Produktion zu organisieren,
- über einen strikt der Realwirtschaft dienenden staatlichen Banken-/Kreditsektor große, etablierte Staatsunternehmen zu modernisieren und effektiv zu machen,
- über diesen Bankensektor auch selbständige KMU zu sichern und zu modernisieren,
- über diesen Bankensektor auch Existenzgründungen und Entrepreneurship zu fördern, finanziell abzusichern und in lokale Cluster und in die Wertschöpfungsketten zu integrieren, so dass heute eine riesige innovative und von großen Unternehmen unabhängige Gründerszene besteht.[364]

Die Untersuchungen zeigen eine kontinuierliche industrielle Aufwertung (»upgrading«), die von einer proaktiven Regierung vorangetrieben wird.[365] Und die moderne Entwicklungsökonomik betont, in Abgrenzung zu den vielen misslungenen Aufstiegen in Lateinamerika, die Faktoren

- eines dynamischen und flexiblen Verhältnisses des Staates zu den Märkten,
- einer Kombination von makroökonomischer Steuerung und industriepolitischer Struktursteuerung,
- der zentralen Rolle von Entwicklungsbanken und

- einer währungspolitischen Absicherung des Wechselkurses und der Zahlungsbilanz.[366]

Andere Untersuchungen nennen

- die reduzierte außenwirtschaftliche Abhängigkeit Chinas (die gelungene Überwindung des Konzepts des Exportweltmeisters),
- das hohe Potenzial der Struktursteuerung durch die Staatsunternehmen, die zwar quantitativ an Umfang verloren, aber qualitativ an Bedeutung gewonnen haben,
- das chinesische Staatsbankensystem, das für die Förderung der Effektivität der Wertschöpfungsketten mitverantwortlich ist (und zum Beispiel auch die finanziellen Folgen der Corona-Krise bei Haushalten und KMU abzufedern hatte),
- staatliche Fiskalpolitik mit klarer Priorität auf infrastruktureller Erweiterung des Produktionspotenzials.[367]

»Mainstreamige« Wirtschaftsdienste schauen eher auf äußerliche, quantitative Indikatoren, um Chinas Nummer-eins-Position auch für die Zukunft zu bestätigen. *Bloomberg* zum Beispiel verweist auf die Tatsachen, dass

- China bereits ab 2028 das größte Sozialprodukt auch nominal (in einfacher Wechselkursumrechnung mit dem Dollar) haben wird,
- es schon seit 2020 die größte Summe an ausländischen Direktinvestitionen erhält,
- es in der Fortune-500-Liste der größten Unternehmen 2020 erstmals mehr Unternehmen aufwies als die USA,
- es seit einigen Jahren der größte Handelspartner der EU, vor den USA, ist,
- General Motors oder auch Volkswagen mehr Autos in China als in ihren Heimatländern verkaufen und die Verkäufe amerikanischer Unternehmen in China »post-Coronam« boomen, während sie »zuhause« lahmen,
- China nun in alle wichtigen globalen Finanzindizes (Schuldverschreibungsindizes) aufgenommen wurde und
- es inzwischen eine Auslandskreditvergabe hat, die größer ist als die der Weltbank.[368]

Es ist so gesehen kein Wunder, dass die mikro- und mesoökonomischen »Tiefenstrukturen«[369] (Verhalten der einzelnen Akteure, Interaktionen der Akteure, und die dabei entstehenden und sich verfestigenden sozialen Verhaltensregeln)[370] auf der makroökonomischen und statistisch aggregierten »Oberfläche« zum Beispiel schnelles Sozialproduktwachstum, aber auch und vor allem die außerordentliche Hebelung bereits eines mittleren Pro-Kopf-Einkommens in eine hohe Effektivität in zahlreichen technologischen, ökologischen und sozialen Bereichen generieren können.

Unterhalb der Schwelle des aggregierten Erfolgsmaßstabs »Sozialprodukt« illustrieren aber auch andere statistische Aggregate die im internationalen Vergleich hohe Effektivität von nationaler Rahmenplanung, Kreditversorgung, Gründungen, Innovationen, Produktqualitäten, Wertschöpfungsketten, Koordination und Kooperationen sowie Langfristigkeit und Sicherheit der individuellen Perspektiven.

Beispielsweise hat China aus seinem, im internationalen Vergleich mit Indien, Brasilien und Südkorea durchaus noch bescheidenen Pro-Kopf-Einkommen stets eine weitaus höhere Realkapitalbildung und damit eine höhere Schaffung von Produktionskapazität und Innovationen generiert. Der Vorteil eines ökonomischen Systems, das Industrie- und Finanzsektoren zukunftsweisend regulieren und Strukturen schnell ändern kann.

Wir können typische Zusammenhänge benennen:

- China konnte den genannten systemischen Vorteil bereits bei einem sehr geringen Niveau des Sozialprodukts pro Kopf von weniger als 1.000 USD in einer frühen Entwicklungsphase, ab etwa 1967, generieren.
- China konnte dies seit der Phase der »Reform und Öffnung« (Ende der 1970er Jahre) weiter bis heute (letzte verfügbare Zahl ist leider nur von 2015) deutlich erhöhen und stabilisieren. Es hat alle Vergleichsländer in der Kapitalbildung übertroffen, sogar den Spitzenwert, den Indien im Jahr 2011 erzielt hatte. Schon bei vergleichbarem Pro-Kopf-Einkommen von etwa 4.000 USD er-

zielte China eine um fast 10 Prozentpunkte höhere Investitions-(Kapitalbildungs-)Quote als Indien.

- Während Indien an einem niedrigen Pro-Kopf-Einkommen »hängenbleibt«, zeigt Brasilien einen Aspekt der »Falle des mittleren Einkommens«, nämlich eine geringe Ersparnis- und Kapitalbildung, also eine geringe Bereitschaft und geringe Fähigkeit zu Investitionen. Auch Südkorea scheint, auf deutlich höherem mittlerem Einkommensniveau, an diese Grenze zu stoßen. Während also sogar Südkoreas Investitionsquote etwa seit der Jahrtausendwende stagnierte und »abbrach« und das Land zumindest bis 2015 nicht mehr über sein zur Jahrtausendwende erreichtes durchschnittliches Einkommensniveau (von circa 30.000 USD) hinauskam, zeigte Brasilien das typische Muster eines in der »Middle-Income Trap« gefangenen oligarchischen Entwicklungstyps, der bei Bruttoinvestitionsquoten von etwa 20 Prozent (China: über 40 Prozent) steckenbleibt und damit in der Folge auch nicht mehr über ein Pro-Kopf-Einkommensniveau von 7.000-8.000 USD hinauskommt.

Die Studien analysieren in diesem Kontext auch die Netzwerkzusammenhänge der Produktion und betonen die gezielt entwickelten »Konnektivitäten« zwischen den Produkten, Industrien und Sektoren im immer höherwertigeren »Produktraum« Chinas, die nicht nur Synergien in der Horizontalen, zwischen (zum Teil substitutiven, zum Teil komplementären) Produktionen und Produkten gleicher Verarbeitungsstufe, sondern auch in der Vertikalen, in den Lieferketten, generieren, sei es mithilfe paralleler Technologieaufwertung auf mehreren Stufen, mithilfe wechselseitigen Lernens oder von Wissenstransfers über sogenannte Forward oder Backward Linkages.[371]

Die chinesische Variante des Developmental/Entrepreneurial State betreibt eine langfristige und hochentwickelte, zugleich regulierende und agile, heute auch im »Westen« plötzlich wieder auf der Agenda stehende Industriepolitik,[372] die zu den langfristigen nationalen Entwicklungszielen beiträgt. Sie bietet den individuellen Akteuren, etablierten großen Firmen und KMU ebenso wie innovativen Gründern oder Banken, die erforderliche Sicherheit für eine längerfristige Investitions- und Innovationsperspektive, auf deren Basis sie ihre Entwicklungen hinreichend sicher planen und realisieren können und wodurch zum Beispiel auch wichtige Informationen weitaus stärker in Open Innovation fließen können.[373]

Die »Große Divergenz«

Mit diesem Konzept bezeichnet der italienische Philosoph Domenico Losurdo eine objektiv wachsende Kluft zwischen China und dem Westen. Chinas ökonomische Entwicklung, selbst nach der nationalen Selbständigkeit 1949, war die längste Zeit in nicht geringem Maße vom Westen gesteuert. China war mehr als 30 Jahre lang die verlängerte Werkbank für die billige und umweltschädliche Massenproduktion des Westens, die man zu Hause nicht mehr kostengünstig herstellen konnte oder wegen Umweltschädigung nicht mehr haben wollte. Dies implizierte einfache, alte und umweltverschmutzende Industrien und Technologien, die nach China transferiert wurden. Zudem nahm China auch noch die Abfälle aus dem Konsum der entwickelten kapitalistischen Länder ab. Diese Zeiten aber sind lange vorüber. China lehnte Mitte der 2010er Jahre den Import von Plastikmüll aus Deutschland übrigens ab, weil der eigene Standard der Mülltrennung in der Zwischenzeit höher war als der in Deutschland und der deutsche Müll zu sehr verschmutzt und nicht hinreichend sortiert war …

Westliche Medien, die heute gerne noch mit Bildern und Narrativen aus der Zeit des alten Entwicklungsmodells Chinas arbeiten und mit Pseudoinformationen für den Verstand von Kleinkindern,*

* So wird so häufig wie möglich auf den »größten CO_2-Verursacher der Welt« verwiesen und damit die Absurdität suggeriert, dass zum Beispiel der Kleinstaat Monaco eines der ökologischsten Länder der Welt ist, einfach weil es klein ist, obgleich dort die SUV-Dichte mit die höchste der Welt ist. Selten also werden Zuhörer/Zuschauer/Leser ernstgenommen, und es wird ihnen unterstellt, nicht zu begreifen, dass man den CO_2-Ausstoß pro Kopf der Bevölkerung angeben muss, wobei China dann unter ferner liefen rangiert mit weit weniger als der Hälfte des Pro-Kopf-Ausstoßes der USA und weit weniger als in allen west-

würden natürlich niemals eingestehen, dass China sich seinen Aufstieg von einem der ärmsten Entwicklungsländer zu substantieller nationaler Qualifikation, Handlungskapazität und Souveränität auf diese Weise vom Westen teuer erkaufen musste und dass der Westen China niemals von sich aus über einen abhängigen und minderwertigen Status hinaus entwickelt hätte. Bezeichnend war die Opposition des Westens und seiner Konzerne gegen das moderne, arbeitnehmerfreundliche und vorbildliche Arbeitsrecht von 2007, das den ILO-Normen entspricht und von der ILO gelobt wurde.[374] Dabei erfolgen Strafen für Unternehmer bei Verletzungen von Arbeitsrechten definitiv und unausweichlich und existieren eben nicht nur auf dem Papier. Und sie sind schärfer als etwa in Deutschland.[375]

Aber die langfristige Entwicklungsperspektive der chinesischen Führung auf Qualifikation und Aufwertung, Nachholen und Wiederaufstieg wurde durch organisiertes kollektives Lernen (von und auch zusammen mit dem ausländischen Kapital in China) und dann durch eigenes Verbessern alles Gelernten realisiert. Und so wurde aus der schmutzigen kleinen »Raupe«, die die einfachen Lohnarbeiten des Westens machte, kontinuierlich, für viele im Westen gleichwohl »plötzlich« und »unerwartet« der sich ökonomisch, technologisch, sozial und ökologisch entfaltende »Schmetterling«. In dieser Dialektik von tatsächlicher abhängiger Einfachproduktion und perspektivischer Selbstaufwertung wurde man im Übrigen, trotz steigender Löhne, auch immer attraktiver für immer höherwertigere westliche Produktionen. Das westliche Kapital, das noch Billiglöhne braucht, ist zum Teil ohnehin schon abgezogen. (Einige andere westliche Unternehmen, die auf die High-Tech-Wertschöpfungsketten in China verzichten können, werden noch mit teuren geostrategischen Subventionen des Westens zum Abzug aus China gedrängt. Aber das ist ein anderes Thema.)[376]

---

lichen Industrieländern (und weit weniger als in der EU). Aber es ist natürlich durchaus möglich, dass man sich seine Leser-/Hörer-/Zuschauerschaft bereits derart konditioniert hat, dass eine wirkliche Information bezüglich China gar nicht mehr verlangt wird.

Und so spielt China mit seiner Entwicklung zur Nummer eins »plötzlich« automatisch auch eine wachsende internationale Rolle. Losurdo, der sich mit dem Zusammenhang von Chinas Innen- und Außenentwicklung befasst,[377] argumentiert, dass China heute auch die internationale Arbeitsteilung verändert und die imperial über mehr als zweihundert Jahre entwickelte globale Ungleichheit verringert.

Dabei nimmt, so Losurdo, mit den sich einschränkenden globalen Möglichkeiten des westlichen Systems dessen eigene innere »große Divergenz«, die Einkommens- und Vermögensungleichheit sowie die sich ausbreitende Armut, zu, während China diese innere Divergenz beseitigt und dort »Wohlstand und würdevolle Lebensbedingungen zurückkehren«[378] und nun eben »auch die verschiedenen Erscheinungsweisen der quantitativen Ungleichheit«[379] angegangen würden (»Rückverteilung«).

Mit der Beseitigung der Armut im Umfang von gut 800 Millionen Menschen in circa 40 Jahren hat China in der Tat auch bereits die (Einkommensverteilung der) Welt verändert.[380] Ende 2020 konnte das Ende der absoluten Armut erreicht und offiziell verkündet werden. Der Chinesische Traum einer Gesellschaft mit bescheidenem Wohlstand war erreicht.

Deng Xiaoping war diesbezüglich bereits in den 1970er Jahren der Vermittler der Idee, dass Gleichheit in Armut nicht Sozialismus sein kann, der alten Marxschen Einsicht von einer hohen Produktivkraftvoraussetzung für einen Sozialismus, wie auch Losurdo in Abgrenzung zu westlichen »messianischen Marxisten« sagt, für die »wahrer Sozialismus« anscheinend nur bei »Gleichheit in Armut« möglich ist.[381] Gegen das verbreitete Image Dengs, ein theorieloser Pragmatiker gewesen zu sein,* spricht seine lange politische und ökonomische Erfahrung seit den Anfängen der KPCh und der chinesischen Wirtschaftsplanung. Er hatte als Wirtschaftsfachmann

* Wofür gerne sein berühmter Satz zitiert wird: »Es ist egal, ob eine Katze schwarz oder weiß ist – Hauptsache, sie fängt Mäuse.«

Lenins NÖP mit ihrer Idee der Einführung von »Mittelstand« und Marktmechanismen studiert und auch die (negativen) Erfahrungen der Sowjetunion, die diese Ideen nicht weiterentwickelt und umgesetzt hat.[382]

Die Verringerung der »großen Divergenzen« geschieht nun also im Innern Chinas. Und keineswegs mehr nur von unten her (Beseitigung der absoluten Armut, zweistellige Lohnerhöhungen, massive Steuerentlastungen für untere und mittlere Einkommen), sondern nun auch von oben, von den Reichen, her, die verstärkt kontrolliert und besteuert sowie zu Beiträgen zur nationalen Entwicklung und zu einem »inklusiven Wohlstand« herangezogen und gedrängt werden.[383]

Die Verringerung der großen Divergenzen geschieht aber zum Beispiel auch in regionaler Hinsicht: Das »Land«, die agrarischen Regionen und vor allem die früher peripheren und ärmeren Regionen, Xinjiang, Tibet oder Innere Mongolei, befinden sich inzwischen in einer »furiosen Aufholjagd«, deren Löhne holen auf breiter Front auf, in ihre Infrastrukturen wird massiv investiert, vom schnellen Internet bis zu Trassen für Hochgeschwindigkeitszüge oder zum Ausbau ihrer Korridore an den Neuen Seidenstraßen.[384] Viele Dutzend Millionen von Wanderarbeitnehmern sind von den Ostküsten bereits in ihre Heimatregionen zurückgekehrt.

Alles in allem, so Losurdo, ist mit der Unterordnung der chinesischen Kapitalisten und ihrer Gewinne unter die allgemeinen nationalen Entwicklungsziele »China das Land, das mehr als jedes andere die von Kolonialismus und Imperialismus errichtete internationale Arbeitsteilung in Frage stellt und das Ende der kolumbianischen Epoche befördert«.[385]

Es ist nur schwer zu erkennen, wie der disruptive Washingtoner Vorschlaghammer (unter welchem Präsidenten auch immer) diese innere Strukturentwicklung Chinas auf nicht-kriegerische Weise zerstören (und ohne sich selber mittelfristig mehr zu schaden), dessen weiteren Aufstieg stoppen und seine wachsende internationale Attraktivität verhindern könnte. Trump zum Beispiel ist ja genau damit grandios gescheitert.

Während also China die großen Divergenzen seiner inneren Strukturen reduziert und mit den Neuen Seidenstraßen, der Süd-Süd-Kooperation und der umfangreichen internationalen Kreditvergabe hilft, die großen globalen Divergenzen abzubauen und die globalen Strukturen in Richtung auf Multipolarität zu transformieren,[386] müsste bei einem fortgesetzten Konfliktverschärfungsmodus, mit einer Strategie der Provokationen am Rande des Krieges Washington immer weitere Register ziehen, um die alte globale (Un-) Ordnung der Ungleichheiten, der Hegemonie und der Armut aufrechtzuerhalten ...*

Darzulegen, welche Prozesse mit welchen vorläufigen Ergebnissen und mit welchen Zukunftsaussichten für die 2020er Jahre sich hier seit der Großen Finanzkrise 2008 ff., seit Obama und den 2010er »Wendejahren« unter Xi und Li, unter Trump und unter Biden, entwickelt und herausgebildet haben, werden wir einer künftigen, weiteren eigenen Untersuchung überlassen müssen.

---

* Allerdings hält der Westen auch direkt mit konkurrierenden finanziellen Angeboten an die Drittländer gegen die Belt and Road Initiative (BRI): 2019 verkündeten die USA unter Trump (mit Japan und Australien) das Blue Dot Network, mit dem Anspruch einer »freien« und »ökologisch saubereren« neuen Integration der Welt, 2021 dann unter Biden die B3W – Build Back Better World, den abgewandelten innenpolitischen Wahlkampfslogan Bidens »Build Back Better«, dem 7 Nationen und die EU zustimmten. Von beiden Ideen hat man seitdem nicht mehr viel gehört. Die EU ließ es sich trotz Zustimmung zu B3W nicht nehmen, eigenständig unter den Großmächten mitspielen zu wollen und kündigte 2021 ein eigenes Programm für die Welt an, das Global Gateway, ein garantiert »Menschrechts-Werte-haltiges« 300-Milliarden-Programm, das allerdings wie die beiden US-Ideen vornehmlich über die eigenen Konzerne umgesetzt werden soll. Ein EU-Parlamentarier kommentierte treffend: »Ein großer Wurf sieht anders aus. China wird nicht vor Angst erstarren« (zitiert nach: chinahirn.de, 15.12.2021).

Eine Bilanz

Der Weg zur Aufstiegs-Abstiegs-Konstellation des 21. Jahrhunderts – Und wie weiter?

Aufstieg 1: Von Chinas Frühgeschichte bis zur Neuzeit – Die alte historische Normalität

Wir haben großräumige und globale Aufstiegs-Abstiegs-Konstellationen in der Weltgeschichte beleuchtet. Wir haben dabei eine Spanne von 4.000 Jahren betrachtet, eine Spanne, die durch Chinas Identifizierbarkeit als relativ kontinuierliche und zunehmend stabile (Groß-)Staatsstruktur charakterisiert werden kann, die alle Veränderungen, Migrationswellen sowie kommende und gehende Reiche im eurasischen »Herzland« überlebt hat und zunehmend eine feste Größe im Osten dieses Herzlandes wurde.

Wir haben China auch durch seine spezifischen Naturgegebenheiten und ökologischen Gemeinschaftsgüter, insbesondere seine »Wasserökonomie«, sein wasserwirtschaftliches Infrastrukturnetzwerk und seine agrarische Sozialbasis, ferner durch seine großen Städte, seine zunehmende Kultur-, Philosophie-, Sprach- und Schrifteinheit sowie früh vereinheitlichte Maßeinheiten, seine frühen großräumigen Handelsverbindungen, die Alten Seidenstraßen, und deren vorherrschend multikulturelle und multireligiöse Kulturen beschrieben.

Neben dem Nahen Osten gab es nach der neolithischen Agrarrevolution und Sesshaftwerdung auch hier die ersten städtischen

Agglomerationen mit Zehntausenden von Einwohnern und die ersten Hochkulturen. Die ersten städtischen Agglomerationen in China waren mindestens so groß wie die ersten Städte an Euphrat und Tigris.

Wir haben die außerordentlichen und sehr frühen Leistungen in Wissenschaft und Technologie sowie in Kooperations- und Organisationsformen, vor allem wiederum bei der praktisch bereits kontinentweiten Wasserökonomie betrachtet und verglichen mit dem, was Europa, jahrtausendelang eine kleine Halbinsel an der Peripherie des eurasischen Kontinents, im Durchschnitt erst etwa 1.500 Jahre später entdeckte, zum großen Teil imitierte und dann produktiv verwendete. Wir haben die konfuzianische Alltagsphilosophie, auch als Grundlage des nicht willkürlich-absolutistischen, sondern relativ gemäßigt und rational handelnden Beamtenstaates betrachtet.

Diese Bedingungskonstellationen und insbesondere Chinas kooperationsorientierte Alltagsphilosophie und -praxis machten es nicht nur möglich, einen großen Bevölkerungsanteil der Welt (meist circa 20 Prozent) mit einem relativ kleinen Weltanteil an bebaubarem Land (circa 9 Prozent) zu ernähren, sondern dabei auch noch Ressourcen freizusetzen, um die großen Städte, Wasserbauanlagen und Damm- und Kanalsysteme, Wasser- und Nahrungsmittelreserven und entsprechende Speichersysteme aufzubauen. Mit Kooperation und dem entsprechenden Mindestmaß an Kollektivität gelang also eine Produktivitätssteigerung und Überschussproduktion in dem Maß, dass die chinesische Gesellschaft in der Güterversorgung stets »sich selbst genug« war. Und das bis zum späteren gewaltsamen Eindringen der europäischen Kolonialmächte, die sich von der entsprechenden Aussage des *Qing*-Kaisers Anfang des 19. Jahrhunderts, China brauche keine europäischen Waren, da es selbst alles im Überfluss habe, »beleidigt«, genauer: in ihren Eroberungsabsichten zurückgeworfen fühlten. Daraufhin begann die Drogendealerei nach China durch die Engländer/Briten.

China war sich offenbar auch in der Weise selbst genug, dass seine Alltagsphilosophien und Volksreligionen, die in eine ständig weiterentwickelte konfuzianische Ethik mündeten, die Daoismus und später auch Buddhismus einschloss, allesamt keine total(itär)en Staatsreligionen; sondern Volksreligionen waren und Kooperation, Harmonie, Gemeinschaftlichkeit, Aushalten von Widersprüchen, Prozesse und Nicht-Linearitäten lehrten und bewusstmachten. Könige und Kaiser blieben sterbliche Menschen und waren keine Halbgötter wie in anderen Religionen.

Vermutlich hängt mit den Bedingungen der Organisation der kontinentalen Gemeinschaftsgüter und der damit zusammenhängenden Philosophie der kooperativen Problemlösung auch zusammen, dass China nie ein Sklavenhalter- oder ein feudales Leibeigentumssystem wurde, wie Europa in der Antike und im Mittelalter, insbesondere seit dem Römischen Reich und seiner späteren Fusion mit der katholischen Staatskirche. Daraus wiederum erklärt sich, dass China in seinen Außenbeziehungen nie eine Kolonialmacht und später nie eine imperialistische Macht war, die auf Unterwerfung, Ausplünderung und gegebenenfalls Vernichtung anderer Völker und Staaten aus war wie die späteren europäisch-angelsächsischen Mächte der Weltunterwerfung und -ausplünderung. Chinas überlegene Macht wurde nie zur Zerstörung anderer gebraucht, sondern zum Aufbau stabiler internationaler reziproker Beziehungen, zunächst symbolischer Geschenkbeziehungen, die dann den Rahmen für florierende Handelsbeziehungen schufen.

Die Alten Seidenstraßen, die Eurasien umspannten und als maritime Seidenstraßen bis nach Arabien und Ostafrika reichten, waren dabei zunehmend ein Faktor der Kontinuität und Stabilität.

Es zeigt sich daran auch, dass die europäische Wirtschafts- und Gesellschaftsformation, ihre Werte, Ziele, Absichten und internationalen Handlungsweisen in globaler Sicht, in zeitlicher Hinsicht ohnehin, keineswegs eine Norm für die Welt; sondern im Gegenteil eine große Ausnahme darstellen. Das spezielle System jener Halbinsel im Westen Eurasiens, deren Akteure einmal für 200 Jahre die Weltherrschaft erlangten …

England bzw. Britannien rächte sich noch mit ganz anderen Mitteln am durchaus sich-seiner-selbst-bewussten chinesischen »Untermenschen«, nicht nur als staatlicher Drogendealer, mit millionenfachem Abhängigmachen von tödlichem Rauschgift. Nach Etablierung des Goldstandards durch England wurde China zum Beispiel ein Silberstandard für die chinesische Währung aufgezwungen, wurden Zahlungen in Gold verweigert und das Land stattdessen mit Silber infiltriert, während der Silberwert verfiel und damit der Außenwert der chinesischen Währung.[387] So wurde China auch noch aktiv verarmt. Die bekannte schlitzohrige Brutalität des britischen Krämer-Kolonialismus.

Chinas bis dahin hervorragende staatliche und kollektive Sicherheitsinfrastruktur, mit den Getreidespeichern gegen Hungersnöte bei Überschwemmungen oder Trockenzeiten, wurde außerdem von England für »unfrei« erklärt, dem »Markt« (den britischen Krämern, Kriminellen, Militärs und Spekulanten) übergeben und somit ruiniert, mit der durchaus beabsichtigten Folge von sich häufenden Hungersnöten, die die führende Kolonialmacht dann wiederum für weiteres militärisches Vorrücken ausnutzte.[388] Die historisch gewachsene Nummer eins Asiens, China, war der »fette Brocken«, an dem sich »Groß«-Britannien für alle Zeiten gesundstoßen wollte. Aber natürlich nicht nur das »UK«; sondern auch die anderen Europäer.

Aufstieg 2: Europäer und Angelsachsen etablieren eine Weltherrschaft

Chinas Macht ließ ab Mitte des 15. Jahrhunderts nach, wofür wir die tieferen Gründe beschrieben haben. Es wandte sich inneren Problemen zu, ließ seine einzigartigen Drachenflotten in den Häfen verfallen und überließ so die Weltmeere den aufkommenden Räubersystemen des kleinen, peripheren, staatschristlichen katholisch-pharisäerhaften beziehungsweise frustriert-evangelischen Westeuropa. Das wusste bereits, dass nicht nur in Südamerika, sondern (bekannt spätestens seit Marco Polos Zeiten) viel mehr noch in Süd- und Ostasien Reichtum, Wissen und Hochtechnologie zu erbeuten waren. So also konnten die predatorischen kolonialistischen Systeme vordringen, und sie machten sich bibeltreu die Erde untertan. Mit Feuer und Schwert, wie sie es von der eigenen Christianisierung Europas, der Inquisition und den Kreuzzügen her gewohnt waren. Sie hatten die antike Sklavenhalter-»Demokratie« und das bäuerliche Leibeigentum unter feudalem Absolutismus in ihrem historischen Gencode. Ein dunkles, zurückgebliebenes Mittelalter, als im Nahen und Fernen Osten die Wissenschaften, Technologie, kulturell-philosophischer Austausch, Multireligiosität, reger Handel und lange Friedensphasen blühten.

Diese Spätkommer (»Latecomers«) bildeten sich etwas ein auf ihr Christentum mit seinem vielfach umgeschriebenen Alten Testament und seinem falsch verstandenen und vielfach uminterpretierten Jesus Christus. Und hatten das Morden, Rauben und Vergewaltigen in fremden Ländern ja schon in den Kreuzzügen geübt. Später im flächendeckenden Genozid an den unterwertigen »Ungläubigen« in Mittel- und Südamerika, dann schließlich an Nordamerikas Bevölkerung. Das kolonialistische Europa zog eine Blutspur um die Welt.

Man hatte Wissen, Zahlen und Algebra von Arabien erhalten, den Goldreichtum aus Amerika, Rohstoffe und Luxusgüter aus dem Nahen und Fernen Osten und so den eigenen Nachholprozess organisiert. Die Gier der vergleichsweise kleinen europäischen Länder war beträchtlich, ohne nennenswerte eigene Naturressourcen, aber mit den ersten größeren intern und extern zusammengeraubten Kapitalstocks von Feudalherren, Handelsfamilien sowie frühen Banken und Kreditsystemen, durch Arbeitskräftemangel geplagt und mit hoher Eroberungsenergie ausgestattet … Das Geld suchte Anlagen …

Der »Westen« baute sein circa 300-jähriges Weltreich auf, erfand den Rassismus als Rechtfertigungs-, Herrschafts- und Eroberungsideologie, beanspruchte die Definitionshoheit über »Kultur« und »Werte« und beglückte die Welt unter den Vorwänden »Zivilisation« oder »Menschenrechte« wahlweise mit ökonomischer Ausplünderung oder Kriegen.

Aufstiegsverhinderung: »Kicking away the ladder«

Zu den Kernmissionen gehörten im späten 20. Jahrhundert, ab den 1980er Jahren, nach der neoliberalen Wende hin zur unbeschränkten »Freiheit der Märkte«, zur Privatisierung öffentlichen Eigentums und zur Finanzspekulation dann »der Markt« und »die Marktwirtschaft«, die man nun denen empfahl und bei IWF- und WB-Kreditvergaben auferlegte, die auch hochkommen wollten. Selbst mit Staatseinsatz, Protektionismus, Wirtschaftssubventionierung, Industriepolitik, Entwicklungsdiktaturen, interner und externer Ressourcenplünderung, Imitation oder Technologieklau sowie gegebenenfalls mit Militarismus großgeworden, wurde den »Nachfolgern« der freie Markt abverlangt und mithilfe einer jeweils nationalen Oligarchie und Plutokratie durchgesetzt, insbesondere wenn sie das überschüssige US-Kapital über IWF und WB als Kredite haben wollten.

»Kicking away the ladder« gelang dann tatsächlich bei den meisten abhängigen Ländern, den oligarchischen »Bananenrepubliken« (gegebenenfalls kombiniert mit Militärdiktaturen) des US-Hinterhofs in Lateinamerika, dessen Völker nun schon über die Jahrhunderte des »kolumbianischen Zeitalters« tragische Opfer bringen müssen und die durch ihre Oligarchen und Militärjunten fast allesamt in die Falle der mittleren Einkommen getrieben wurden und nach anfänglichen Entkolonialisierungserfolgen wieder unter den Weltdurchschnitt des Pro-Kopf-Einkommens (der vor allem durch die Erfolge in Südostasien anstieg) zurückfielen. Ähnlich erging es Afrika, das einkommensmäßig ebenfalls über Jahrzehnte zurückfiel.

Der pazifische Raum, die Inseln und Atolle Ozeaniens, wurde nach dem Zweiten Weltkrieg vom Hegemon gleich direkt okkupiert und zu seiner Einflusszone erklärt. Bis heute befinden sich die »Außengebiete« und Militärbasen der USA in Ozeanien von Hawaii über die Midway-Inseln bis Amerikanisch-Samoa und bis Guam und die Nördlichen Marianen im faktischen Kolonialstatuts.

Die Sowjetunion wurde rüstungsökonomisch und finanziell niederkonkurriert und Japan mit dem Plaza-Abkommen (1985) vom jahrzehntelangen Erfolgsmodell in einen ebenso jahrzehntelangen Stagnationsmodus transformiert. Der sogenannte Washington Consensus, mit IWF, WB, WTO und NATO im Hintergrund, sollte schließlich ein »Ende der Geschichte« unter dem einen ewigen Imperium kodifizieren …

Wiederaufstieg: Das endgültige Ende des Jahrhunderts der Demütigung

Heute will der »Westen«, wollen seine herrschenden Politiker, Strategen, Think Tanks, Militärs und Medien Südostasien und insbesondere China nicht verstehen: In einem Prozess der Massenpsychologisierung wird in den westlichen Medien heute täglich das Narrativ variiert, das wirtschaftlich, technologisch, sozial und ökologisch wiedererstarkte China wolle nichts anderes, als aggressiv die »Weltherrschaft« erobern und »uns unterdrücken«. Ein Fall klassischer psychologischer Projektion der eigenen Verbrechen und eigener Zukunftsfantasien und Absichten auf »den anderen«. Dabei will China, wie die singapurischen Wissenschaftler und Diplomaten Khanna (2019) und Mahbubani (2020) erklären, nichts anderes, als das lange Jahrhundert der Demütigung, der Totalverarmung und Fast-Vernichtung durch den europäisch-angelsächsischen Kolonialismus und Imperialismus endgültig beenden und schlicht respektiert werden als das, was es ist. Und es wäre geradezu ein Wunder, und eine Absurdität, würde das bevölkerungsreichste Land der Welt nicht auch wieder wirtschaftlich, technologisch, sozial und ökologisch die größte und führende Nation sein, soweit es auch nur einigermaßen effektiv seine Skalenvorteile nutzt.

Aber gutes altes bürgerliches Völkerrecht, die Lehren der Welt aus zwei verheerenden Weltkriegen, gegenseitiger Respekt der Nationen, territoriale Integrität, friedliche Koexistenz und Nichteinmischung in die inneren Angelegenheiten anderer Staaten, diese hohen bürgerlichen Güter, die der Westen selbst einmal in seinen besseren Zeiten formuliert hatte, kann sich der Imperialismus im Niedergang anscheinend nicht mehr leisten. Bürgerliche Manieren sind im Abstiegskampf anscheinend hinderlich geworden, da wird man doch lieber zum internationalen Rowdy, oder Anarchisten, zum disruptiven Bad Boy, zur völkerrechtsrevisionistischen Macht, zum diplomatischen Rüpel, Provokateur an den Grenzen Chinas (und Russlands), und Desperado am Rande des Krieges. Das alte Hegemonialsystem glaubt, mit zunehmender Aggressivität seinen Niedergang verhindern zu können.[389] Und der Wiederaufstieg Chinas könnte in der Tat nur noch durch einen großen heißen Krieg, den das niedergehende Imperium vom Zaun bricht, verhindert werden.

Die psychologische Projektion der westlichen Medien, Politiker und Militärs besteht wie gesagt darin, das eigene koloniale und imperiale Erbe und das eigene tiefverwurzelte Hegemonialdenken, sozusagen den unbewussten imperialistischen Gencode, unfähig zu Wandel, zur eigenen Veränderung, Disruption, Anpassung und Neuerfindung unter neuen Bedingungen, und alles, was der Westen selbst verbrochen hat, dem neu erklärten Feind China als Absicht zu unterstellen. Und in anderen Kategorien können die offiziellen Sprachrohre des Westens augenscheinlich nicht mehr denken. Eine geistig alternativ(en)lose und seelisch verarmte Welt, in der es nur noch eine Richtung zu geben scheint: die auf den Abgrund des Totalkonflikts zu …

Sie schaffen es damit, zumindest die eigenen Bevölkerungen mental bei der Stange zu halten. Der neue Volksverhetzungs-Prototyp des 21. Jahrhunderts, der Trumpismus, hat es vorexerziert, hat die Dämme der traditionellen diplomatischen Umgangsregeln und des Anstands sowie die Grenzen und die Disziplinierung des Denkens und der Emotionalität, die Erwachsenwerden und professionelles Verhalten zwischen Erwachsenen ausmachen, gebrochen. Er definiert offenbar weiterhin den unterirdischen Standard der westlichen veröffentlichten Meinung im Umgang mit dem neu erklärten Feind, die das System braucht. Das Prinzip Trump wirkt immer noch, im Westen. Und ist deshalb vielleicht auch bald zurück in Washington. Trump war der moralische »Befreiungsschläger« auch für seinen Nachfolger im Amt. Über seinen »Standard« muss man nun nicht mehr hinausgehen im Umgang mit China, Russland, Iran oder auch lateinamerikanischen Abtrünnigen. So werden Völkerrecht und klassische Diplomatie wohl weiter mit Füßen getreten werden. Die neue alte Weltherrschaft in neuer westlicher relativer Einigkeit zu erringen, lockt zu sehr. Friedliche Koexistenz, gegenseitige Anerkennung, Respekt, Entspannungspolitik waren 1970er. Ein »Willy Brandt 2.0« wird im Abstiegskampf des Westens wohl verschollen bleiben … in den unterirdischen mentalen Gefängnissen des »transatlantischen« Neo-Hegemonialismus.

Ein ehemaliger deutscher Außenminister mit eigener einschlägiger Erfahrung in Steinewerfen auf Polizisten und, weit folgenreicher, Bombenwerfen auf fremde Länder hat neuerdings die interessierte Schreckensvision formuliert, »wir« müssten China wohl in Zukunft mit Kotau und Tribut begegnen, natürlich um einen Aufschrei »gutmenschlichen« Widerstands gegen eine solche Zukunft zu provozieren.[390] Dass in Wirklichkeit mit »Kotau und Tribut« der Welt gegenüber dem westlichen Imperium absehbar Schluss sein könnte, können dessen Wortführer nicht verwinden und müssen daraus eine Dystopie fantasieren. Da bleiben ihnen nur Häme, Projektion und Bashing derer, die es wagen, ihre nationale Souveränität und territoriale Integrität zu sichern, und, das schlimmste aller Verbrechen, aufzusteigen. Länder, die so etwas wagten, drohte bisher die Strafe der »humanitären Intervention«,[391] einer Zerstörung zum posthumanen Albtraum.[392] Das funktioniert nun absehbar nicht mehr so leicht. Darüber kann man als Vertreter der alten Ordnung schon in eine gewisse Aggressivität verfallen …

Der leise, aber unaufhaltsame Wiederaufstieg Chinas und Südostasiens

Aufstiegsverhinderung gelang weniger mit südostasiatischen Ländern als mit Lateinamerika und Afrika. Südkorea, Singapur und vor allem China gingen ihren Weg. China musste sich zunächst andienen als der Ort, in den westliche Billig- und Dreckproduktion ausgelagert und Zivilisationsabfälle exportiert werden konnten, um dann durch geschicktes Lernen, Imitieren und Kooperieren, bei politisch-diplomatischer Zurückhaltung, unauffällig seine »High Road of

Development« bauen zu können. Paul Kennedy beschrieb noch in den 1980er Jahren »Chinas Balance-Akt«,[393] ließ aber damals schon keinen Zweifel daran, dass China auf dem Weg zur führenden Ökonomie war. Die Erde war also keine Scheibe, und sie drehte sich. Wir haben diesen Wiederaufstieg des Systemwettbewerbers China, der oft genug auf des Messers Schneide stand, beleuchtet.

China überwand eine Reihe von inneren Krisen. Sein Aufstieg war in der Rückschau aber kaum zu verhindern. Die neue alte historische Normalität setzte sich durch. Das 1,4-Milliarden-Volk mit seiner langen und besonderen Geschichte ließ sich nicht lange im Zustand einer Halbkolonie fixieren. Aktuelle Analysen zeigen, dass alle kritischen Faktoren nach oben weisen.[394] Alles andere wäre für ein Land mit 1,4 Milliarden Menschen auch »un-normal«. 2035 dürfte China auf fast allen Gebieten führend und in der Lage sein, alle Güter, die es braucht, selber herzustellen, dabei aber mit allen Gutwilligen, Regelorientierten und Verlässlichen Handel treiben (»Dualer Kreislauf«). 2050 wird es eines der wohlhabenden Länder sein … und vor 2060 wird es CO_2-neutral sein.

Die Aufstiegs-Abstiegs-Konstellation des 21. Jahrhunderts

Wird das Imperium, das nach dem instinktiven Isolationisten und Washingtoner »Outlaw« Trump nun unter den DEMs und ihren »Truppen« im Tiefen Staat, bei Militär, Geheimdiensten, Medien, Konzernen, Think Tanks und Wissenschaft wieder die Weltherrschaft anstrebt, die Neue Normalität akzeptieren und sich strategisch auf die Lösung der großen Menschheitsprobleme neu ausrichten? Beides passt wohl nicht unter einen Hut.

Biden gibt auf internationalen Klima- oder Demokratie-Konferenzen (etwa COP 26, Glasgow, November 2021; virtueller »Demokratie-Gipfel«, Dezember 2021) den optimistischen Weltführer mit großer Zukunft, war »zuhause« jedoch schon nach 9 Monaten im Amt konfrontiert mit dem Misstrauen von mehr als 50 Prozent der Bevölkerung und einem sinkenden Stern, mit einer nahezu 50-prozentigen Fundamentalopposition im Senat und in zahlreichen Bundesstaaten, mit einer halben Nation von Klimawandelleugnern, einer Bevölkerung, die schon vor der Pandemie (2019) zu 58 Prozent unzufrieden war mit ihrer »Demokratie«,[395] mit hunderttausenden Opioid-Toten, mit Corona-Massensterben, mit sinkender Lebenserwartung, mit Nahrungsmittelmangel größerer Bevölkerungsgruppen, wachsender Armut, einer Atmosphäre des Vor-Bürgerkrieges, mit höchster SUV-Dichte und immer neuen SUV-Booms, ältesten Kohlekraftwerken, mit Widerstand der Konzerne, der Kohle- und Fracking-Industrie gegen eine wirklich strukturändernde Klimapolitik und mit einem völligen Instrumente- und Konzepte-Mangel für eine Klimarettung und eine Wiederbelebung von Demokratie, ein Land, das nahezu unregierbar und praktisch unreformierbar ist. Diese USA haben bisher, von COP 1 bis 26, nicht die geringsten Anzeichen für ein Abweichen von ihrem extrem klimafeindlichen Pfad erkennen lassen. Biden bekommt tatsächlich nicht die geringste Strukturmaßnahme für Klimaschutz umgesetzt. Artist in der Zirkuskuppel: ratlos.

So stehen wir nun also am aktuellen Rand, in der dritten Dekade des 21. Jahrhunderts, in einem zugespitzten hybriden Wirtschafts-, Politik-, Medien- und Ideologiekrieg ... mit leider guten Chancen auf einen Heißen Krieg. Und der Washingtoner Politzirkus heizt sich selber immer weiter auf, ein Brodelpott, dessen Deckel uns bald um die Ohren fliegen könnte ...

In der Geschichte ist es selten gelungen, Aufstiege zu verhindern. Die Faktoren, die ein Land, eine Region oder einen Kontinent auf einen Aufstiegspfad führen, haben die Eigenschaft, dass sie sich meist im Wechselspiel untereinander und mit ihren positiven Ergebnissen über längere Zeiträume kumulativ verstärken. Das Gleiche gilt analog für Abstiegsprozesse.

Eine aktuelle Symptomatik des Absteigers: Wirtschaftsprogramm wacklig, Klimarettung – War da was?: Bidens für US-Verhältnisse ambitionierte Hilfs- und Investitionspakete stoßen bereits als bloße monetäre Nachfrage auf eine Industriestruktur, auf Wertschöpfungsketten und eine Logistikinfrastruktur, die alle nicht mehr liefern können. Industriestrukturen lückenhaft und veraltet, Wertschöpfungsketten im Inland höchst unvollständig, die Distributionslogistik ein Flaschenhals. Und Trump hatte die Handelsbeziehungen zu China sportlich torpediert, die hier nun helfen müssten. Und Biden will sie auch nicht wieder reparieren. Eine Inflationsratensteigerung von 1,3 Prozent (2020) auf über 6 Prozent (2021) ist die vielsagende Folge. Die Plutokratie, Konzerne und Oligarchen, wird sich unter den gegebenen Machtverhältnissen zudem jede noch so kleine Strukturänderung zur CO_2-Reduktion und zur nationalen Erneuerung der Infrastrukturen teuer subventionieren lassen und so viel wie möglich der Staatsausgaben und der eventuell wachsenden privaten Nachfrage über Preissteigerungen als Kapitaleinkommen abgreifen.[396] Die Steuerzahler*innen werden also teuer bezahlen müssen. Die Überlebenswahrscheinlichkeit und längerfristige Effektivität auch nur eines solchen normalen, längst überfälligen und immer noch viel zu klein dimensionierten Wirtschaftsbelebungspakets sind also eher gering.[397] Keine guten Aussichten für den großen Zampano mit den dicken Backen bei COP 26 in Glasgow, den lange ersehnten internationalen Anführer der westlichen Welt – so sehr man es ihm vielleicht auch diesem Land gönnen möchte.

Parlamentarismus am Kipppunkt – Gewalt und Angst: Selbst liberale amerikanische Kommentatoren sprechen inzwischen von einem »Albtraum des Lebens in den USA«, einer »kollabierenden Gesellschaft«, einem »kaputten Land« und einer putschistischen »Demontage der Demokratie« durch die REPs, die das inzwischen überall vorhandene perspektiv-, orientierungs- und haltlose Lumpenproletariat und Kleinbürgertum nutzen, um Andersdenkende mit Gewalt und Terror zu überziehen.[398] Morddrohungen des REP-Unterstützersumpfes gegen Andersdenkende, einschließlich Politikerinnen in den Reihen der DEMs seien an der Tagesordnung. »Angst«, »Hoffnungslosigkeit«, »Verzweiflung« und »Rückzug« gingen um unter noch denkenden, tolerant gesinnten Menschen, bis hinein in die Kreise der DEM-Wähler*innen und Politiker*innen. Die Demokratische Partei sei in Panik. Oder: »Die Dystopie hat kein Verfallsdatum mehr.«[399]

Die USA scheitern heute erkennbar an ihren explodierenden Dysfunktionalitäten. »Who Rules America?« Die »Corporate Rich«, die symbolischen »1 Prozent«, die 43 Prozent allen Finanzvermögens beherrschen und 20 Prozent des jährlichen Sozialprodukts einstreichen, die die Politikplanungs-Netzwerke gekauft haben beherrschen, die Stiftungen und deren Think Tanks, die die Gesetze schreiben lassen und jedwede politische Kampagne durchführen, ein politisches Korruptionssystem ohnegleichen etabliert haben, ihre Leute in den politischen Beratungskomitees sitzen haben und die Besetzungen zentraler politischer und gerichtlicher Positionen mit ihren Leuten bestimmten. Sie verfügen über eine präfaschistische gewalttätige Kampfbewegung als Basis der Putschistenpartei der REPs, mit mächtigen nationalen Klima- und Pandemieleugner-Netzwerken, die nach Bidens Wahlsieg die USA endgültig transformiert haben über die Abschaffung bestimmter Wählerrechte für Nichtweiße und Arme, von Arbeiterrechten und Frauen-(Abtreibungs-)Rechten.[400]

Wir sehen aktuell am Beispiel der USA, wie sich Irrsinn und Dysfunktionalitäten zu existentiellen Schwächen und dem Niedergang einer ganzen Nation auftürmen.

Militarismus & Co: Scheinbare äußere Stärke, innere Schwäche – Koloss auf tönernen Füssen: Der Koloss mit seinem circa 70-prozentigen Anteil an allen weltweiten Militärausgaben und circa 90 Prozent aller Militäranlagen mag als mächtig und unschlagbar erscheinen, mit seinem Militär, seinen Geheimdienstaktivitäten in aller Welt, seinen »Demokratie«-Stiftungen, seinen »Denk-Panzern« (Think Tanks), ungezählten militärisch »eingebetteten« NGOs in seinen Diensten und seinen Netzwerken von alten Verbündeten.

Gleichzeitig aber sehen wir, dass seine Soldaten, obwohl mit die teuersten der Welt, ängstlich und unmotiviert sind und ihre Leben und ihre Gesundheit längst nicht mehr »der Nation« opfern wollen, die zu Hause zutiefst, bis in ihre eigenen Familien hinein, in einem latenten Bürgerkrieg gespalten ist. Viele trauen »dem Staat« und »der Politik«, der »Fassadendemokratie«[401] und dem alten Establishment der Plutokratie nicht mehr. Ihr generelles soziales Vertrauen ist nach allen empirischen Erhebungen auf einem Tiefpunkt. Wofür sollen sie noch wirklich kämpfen, zum Beispiel, wenn ihnen entschiedener Widerstand von einer erfahrenen und hoch motivierten Nation mit breitem Konsens und geteilten Entwicklungszielen, einer Nation wie China und einem Militär wie der Volksbefreiungsarmee, entgegengesetzt wird? Der Vietnam-Krieg lässt grüßen. Und der Afghanistan-Krieg (unter anderen Vorzeichen) auch. Am Ende floh auch »die stärkste Armee der Welt« im Chaos, gegenüber einem Feind, der sogar einst der eigene Zögling war (von der CIA organisiert, finanziert und in Terrormethoden ausgebildet), später aber das »verlorene Baby«, heute ein Feind, der weiß, was er will und der eine Vision von seiner Nation hat (wie verkorkst im Falle der Taliban auch immer). Vor ihren Angriffen haben sich die US-Soldaten bekanntermaßen mit aufpeitschenden Brutalo- und Hass-Texten »volldröhnen« müssen, so im Irak, in Syrien und anderswo. Und in Sachen Aufputschen bleibt es nicht bei Musik. Kein Wunder also, dass das US-Militär weltweit Konstellationen meidet, in denen seine Soldaten, ein großer Teil davon ohnehin Angestellte privater Militär-Service-Unternehmen, besser: Kampfmaschinen-Verleiher, also nur begrenzt motivierte und fähige Söldner,[*/402] direkt gegen motivierte Soldaten eines Aufsteiger-Landes oder eines Landes in der nationalen Befreiung vom Hegemon antreten müssten. Die

* Dass die US-Army damit kurzfristig Probleme und Verantwortung »verstecken« kann, auf diese Weise jedoch zur teuersten Arme der Welt geworden ist, die zudem strategische Fähigkeiten einbüßt, zeigt zum Beispiel die Studie »Vicarious Warfare« von Thomas Waldman (2021). Das US-Militär hätte die hochmotivierten, für ihre Nation und ihre Unabhängigkeit kämpfenden Soldaten der chinesischen Volksbefreiungsarmee also durchaus zu fürchten. Wenn Washington nun dazu übergegangen ist, im Südchinesischen Meer und an den Luftraumgrenzen Chinas scharf am Rande eines Heißen Krieges zu provozieren, stützt es sich selbstverständlich nicht auf seine Soldaten, sondern auf seine High-Tech-Waffen.

Drohne als anonymes Massenvernichtungsmittel ohne persönliches Risiko ist daher die dringend nötige Rettung der US Army und der Armeen der übrigen NATO. Die imperiale Parole war in der Geschichte stets: Fremdes Leben darf verschwendet, eigenes muss geschützt werden.

Existentielle innere Probleme, aber Führungsanspruch nach außen: Zuhause hat sich in einer anhaltenden Corona-Epidemie, bei einer zuvor konjunkturell und strukturell ohnehin bereits angelaufenen ökonomischen Krisenphase, die Arbeitslosigkeit[*/403] massiv erhöht, hatten sich in ganzen Stadtbezirken und Regionen Hunger und Unterernährung ausgebreitet. Ein Fünftel der US-Bevölkerung ist von sogenannter Ernährungsunsicherheit betroffen,[404] Verarmung und Verwahrlosung der Lebensumwelt grassieren,[405] das Gesundheitswesen bewegt sich für einfache Bürger mit schwacher Krankenversicherung oft auf dem Niveau eines Entwicklungslandes, das allgemeine Bildungswesen entspricht längst nicht mehr den Anforderungen eines Führungslandes, die staatlichen Gewaltinstrumente (Polizei, Geheimdienste, Spezialarmeen des »Heimatministeriums« und des »Grenzschutzes«) führen ein Eigenleben und füllen das Vakuum des nicht vorhandenen Dienstleistungs- und Sozialstaates eigenmächtig aus, Rassismus grassiert, die Bevölkerung bewaffnet sich gegeneinander, soziales Grundvertrauen ist auf dem Nullpunkt, Hass, Gewalt und pervertierte soziale Revolte waren schon nach einem Jahr Beruhigungsversuchen durch Biden wieder auf dem Vormarsch, die Zahl der jährlichen Schusswaffenopfer geht in die Zehntausende …

* Im November 2020 zählte die offizielle Arbeitslosenstatistik gut 11 Millionen Arbeitslose, nachdem die tatsächlichen Zahlen Mitte 2020 auf 34 Millionen hochgegangen waren. Da die offizielle Arbeitslosenstatistik in den USA etwa 50 Prozent der Arbeitslosen mit verschiedenen Definitionstricks ausblendet, dürften die Zahlen des US-Arbeitsministeriums realistischer sein. Danach waren im November 2020 noch fast 22 Millionen Menschen arbeitslos. Eine realistische Arbeitslosenzahlberechnung nimmt regelmäßig zum Beispiel der US-Ökonom John Komlos vor.

Systeme im Untergangskampf haben in der Geschichte meist an allgemeiner Aggressivität zugelegt, nach innen sowieso, und als Ableitung und Ablenkung durch die Herrschenden dann vor allem gezielt nach außen. Die inneren Widersprüche und unaushaltbaren Verhältnisse und die Emotionen, die Ängste, das Misstrauen, der Hass, die Gewaltneigung, nach außen zu wenden, hat aber oft den Niedergang nur noch beschleunigt.

Wie weiter? Aussichten auf unser Jahrzehnt …

Das Römische Reich ging recht schnell unter, gerade als seine militärische Macht auf dem Höhepunkt und die Zahl der Soldaten am größten war.[406] Komplexe Systeme, wie es Gesellschaften und Staaten sind, können an unerwarteten Punkten, Problemen, Teilbereichen, und dann eben »plötzlich« und »überraschend« implodieren. Im Alten Rom hatte die Plutokratie den Staat und die Hauptstadt längst geplündert und sich mit ihren Hofstaaten in ihre Villen an die süditalienischen Küsten zurückgezogen, wo die Party nicht zu enden schien. Bei den römischen Soldaten in den heutigen Regionen Nordengland, Deutschland, Frankreich, Spanien, Nordafrika, Kleinasien oder Naher Osten, manchmal tausende Kilometer von Rom entfernt, kamen die Befehle – und der Sold – aber schon nicht mehr an.

Ein Imperium, das sein Sozialkapital, seine sozialen Verhaltensregeln und sein allgemeines Vertrauen verbraucht hat, findet keine Unterstützung mehr bei den Unterschichten, den Normalbürgern, dem Mittelstand, den Staatsbediensteten.

Die Völker hatten die Schwäche des Römischen Imperiums längst gemerkt und überrannten am Ende sogar sein Kernland, und schließlich seine Hauptstadt, das legendäre Rom. Und das Imperium, pro Forma bei einem Maximum an Soldaten und Waffen, hatte dem am Ende nichts mehr entgegenzusetzen – so wie USA und NATO am Ende sogar den schwächer bewaffneten Taliban in Afghanistan nichts mehr entgegenzusetzen hatten. Für die belesenen (»gelehrten«) und »zivilisierten« Kultur-, Bildungs- und Philosophen-Römer waren die meisten Germanen übrigens kein bisschen besser als heute in den Augen des westlichen Bildungsbürgers, Intellektuellen, Akademikers, Gut- und Werte-Menschen die Taliban.

Der eigene Untergang ist ja angeblich immer zugleich der Untergang »der Zivilisation«, wenn nicht gar »der Menschheit«. Aber Zivilisationen haben sich anscheinend damals trotzdem irgendwie weiterentwickelt, die Menschheit auch irgendwie, und beide werden es wohl (hoffentlich) auch heute und in Zukunft tun – wenn das Imperium im Abstiegskampf nicht alles mitreißt.

Die römischen Soldaten hatten Glück, wenn sie von den lokalen Bevölkerungen nicht massakriert, sondern assimiliert wurden. Und das wurden viele. Ein Hoffnungszeichen. Auch nicht alle eurasischen Neandertaler und nicht alle asiatischen Denisovaner wurden vom Homo sapiens erschlagen. Von beiden haben wir Eurasier, die Nordafrikaner, die Melanesier noch heute gewisse Genanteile; bei den Afrikanern südlich der Sahara haben andere Arten von Homo erectus entsprechende Genspuren hinterlassen. Man hat sich also offenbar manchmal auch lieb gehabt, statt sich zu hassen und zu erschlagen. Ein gutes Zeichen.

Und bis heute finden sich im weißhäutigen, blauäugigen und rothaarigen »nordischen« Norden Englands oder im »nordischen« »germanischen« Deutschland erkennbar verbreitet (phänotypisch) die Gene der dunkelhäutigen, dunkeläugigen, schwarzhaarigen Römer und ihrer Söldner aus allen Teilen des Mittelmeerraums. Selbst die wilden German(inn)en, bei römischen Historikern gern als »rasende Barbaren« dargestellt, haben also am Ende nicht alle gestrandeten römischen Söldner massakriert, sondern mit manchen sogar Kinder bekommen. Keine Basis für »Rassen« (die es nicht gibt), Rassismus und Rassisten, die ja aber praktisch ohnehin nichts verstanden haben.

Es bleibt also Hoffnung über Aufstiege und Abstiege hinweg. Auch ist nicht nur der Aufstieg Chinas eine neue alte historische Normalität, also wenig Grund für Angst, Panik, Hysterie und Aggressivität unter den westlichen »Eliten«, seien sie grün, schwarz, rot, orange, gelb, lila oder gemustert, auch ist der bisherige geschichtliche Prozess ein Prozess von ständigen Aufstiegen und Abstiegen gewesen, eine prozedurale Normalität, die zu verstehen heute zu einer gewissen Entspannung beitragen könnte.

Die Tragik des 20. und 21. Jahrhunderts liegt nun aber gerade darin, dass wir es nicht mehr mit historischen, regional begrenzten Imperien zu tun haben, sondern die Fähigkeit besitzen, in einem Abstiegskampf die Erde tausendfach in die Luft zu sprengen. Wir haben im Zweiten Weltkrieg schon die Verheerungen der Abstiegskämpfe »Groß-«Deutschlands (zuletzt sollte es ja ein 1000-jähriges Reich sein) und Japans (mit »Gottkaiser« Tenno gleich ganz für die Ewigkeit gedacht) gesehen und die kaum ermessbaren Schäden der Atombombenabwürfe der USA in Japan. Für einen heutigen Atomkrieg gilt: Wer gewinnt, stirbt als Zweiter. Die Verlierer haben es schneller hinter sich und müssen im atomaren Winter nicht mehr bis zum Tod dahinsiechen wie die »Gewinner«. Trotzdem wollen heute alle wieder die Atombombe in der Hand halten (die »nukleare Teilhabe« der NATO-Mitgliedstaaten), statt so etwas so weit wie möglich von sich weg zu schieben, um sicherer zu sein. Eine perverse Vorstellung von »Macht haben«.

Wo stehen wir nun nach zwei Jahrzehnten des 21. Jahrhunderts, nach unseren Untersuchungen der Geschichte? Chinas Aufstieg und die Schwächen des Hegemons haben sich gleich zu Beginn des Jahrhunderts gezeigt, nämlich mit der Weltfinanzkrise 2008 ff. Um 2010 lag die Aufstiegs-Abstiegs-Konstellation des 21. Jahrhunderts klar erkennbar vor unseren Augen. Wir haben nun im Prinzip in den Folgejahren, dem Jahrzehnt der 2010er, der unübersehbaren Zeitenwende mit unserer Untersuchung des Aufstiegs-Abstiegs-Konflikts geendet. Eine detailliertere Untersuchung dessen, was in China in den letzten wenigen Jahren passiert ist, und in den USA seit Trumps Präsidentschaft ab 2017 und unter Biden, und vor allem, was im Verhältnis von USA/EU und China (beziehungsweise China/Russland) bis zum Jahr 2022 passiert ist und in diesem Jahrzehnt zu erwarten ist, werden wir einer weiteren Studie überlassen müssen.

Die Methode »Kicking away the ladder« hatte ja bei China wie gezeigt nicht funktioniert, und wird offenbar mit Chinas Hilfe in

Afrika und Lateinamerika immer weniger funktionieren. Weit von einer kollektiven rationalen Menschheits-Verantwortung entfernt geben die Absteiger daher nun in jedem nur denkbaren potenziellen Konfliktfeld »Gas«, während für uns alle die »Betonwand«, an der wir »crashen« werden, näher kommt: Die Absteiger steigern die Provokationen mit perfektem Instinkt für den knappsten Rand des großen heißen Krieges. Auch wenn sie diesen nicht frontal beginnen wollen, ihre »Rationalität« dahinter ist es, so weit und so oft zu provozieren, bis sich eine günstige Möglichkeit für irgendeine Art von strategischem Erstschlag ergibt, mit dem sie vage hoffen, den Aufstieg des Systemrivalen stoppen zu können.

Die gigantische Irrationalität dabei ist, dass, selbst wenn sie den frontalen großen militärischen Showdown nicht wollen, das allseitige Provozieren am knappsten Rand keine Absicht mehr braucht für den großen heißen Krieg, sondern nur noch einen zufälligen Funken oder auch nur noch ein kleines Missverständnis. Aber vielleicht ist es ja auch das, was sie wollen: den großen heißen Krieg, ohne dass sie daran offensichtlich »schuld« sind.

Bis dahin nennt man das ganze wohl einen »hybriden Krieg«. Dieser Begriff spendet keinen Trost und ist keine Entwarnung oder Abschwächung für irgendetwas. Er ist es, der nur noch den erwähnten zufälligen Funken oder das Kommunikations-Missverständnis von zwei Computern braucht. Friedlicher Wettbewerb der Länder und Systeme wäre jedenfalls etwas anderes.

In einer weiteren Untersuchung wären dann die Entwicklungen von Trumps »America First« bis zu Bidens neuem Weltführerschaftsanspruch, deren Absichten, Maßnahmen und Wirkungen zu untersuchen, im Kern die acht Jahre zweier Präsidentschaften.

Den neuen alten Weltführungsanspruch hatte Trump als (für das Washingtoner Establishment) Emporkömmling, Outlaw, Außenseiter, instinktiver »Isolationist«, aus der Sicht des US-Militärs und des Tiefen Staates ja sträflich vernachlässigt. Die meisten Herrschenden im restlichen Westen haben sich über den neuen alten Führungsanspruch Washingtons gefreut, denn es durfte gehofft werden, dass zumindest innerhalb des eigenen Lagers wieder nach altbekannten Regeln vorgegangen werde. Zugleich durfte es ohne Weiteres feindseliger und ungeregelter werden in der Welt: gegen Partner der Neuen Seidenstraßen, mit der globalen NATO-Expansion gegen Russland und China (inklusive QUAD und AUKUS im Westpazifik, mit Australien und Japan als Treibern), mit Militärbasen mit offensiven Atomraketen und der Heranzüchtung aggressiver, bis hin zu rassistischen und faschistischen, Regimes vor allem in Mittel- und Osteuropa, die erklärtermaßen bei einem US-angeführten großen heißen Krieg gegen Russland/China gerne dabei wären und diesen oft genug herbeizuprovozieren versuchen. Aber vielleicht hat Trump nur die besseren Instinkte als die DEMs, ahnt, dass die USA als die Militärmacht in der Welt ein Koloss auf tönernen Füssen im Innern ist.

Die EU wurde neu umworben und hoffte wieder auf gesittetere Regeln, zumindest in den nordatlantischen Beziehungen, auf alte Bündnistreue und auf eine generelle Stärkung des Westens. Sie hätte auch kaum die Kraft oder Autonomie für eine strategische Selbständigkeit gegenüber den USA, sie schloss sich schlicht deren strategischen Überlegungen an. Zumal sie mit den meisten der scharf antirussischen Regierungen der mittel- und osteuropäischen Länder (Baltikum, Polen und andere) in sich selbst eine starke Washington-Fraktion hat, die jegliche Autonomie gegenüber den USA bekämpft und diese stärker an den Westgrenzen Russlands positionieren und dort im weitesten Sinne militärisch »engagieren« will.

Deutschland wird so seine Freiheit des Geschäftemachens mit China wohl einbüßen, und mit der ersten Nach-Merkel-Regierung wohl auch freiwillig abgeben. Die Politfraktionen der neuen Berliner Dreierregierung sind transatlantisch fixiert, statt weltpolitisch orientiert, wie es eine Politikerin des Kalibers »Merkel« war. Die deutschen Unternehmen und die europäische Wirtschaft insgesamt sind nun aufgrund abenteuerlichster Sanktions- und energiepolitischer Amokläufe unter Abstiegsdruck gesetzt. Ein neuer Eiserner Vorhang ist errichtet, die Weltwirtschaft steht am Abgrund einer Entkopplung und Desintegration. Die USA hoffen, die Gewinner zu sein, und die EU steht als eifrigster Washingtoner Befehlsempfänger klar auf der ökonomischen Verliererseite. Sie vollzieht die Washingtoner Interessenpolitik auch gegenüber China, während die Wall-Street-Firmen gerne die entsprechenden Investitionsprivilegien in China wahrnehmen und Washington sie auch lässt. Die ideologische Begleitmusik zur deutschen Version des Trumpschen De-Coupling, die in den Medien dazu schon seit geraumer Zeit intoniert wird, heißt dementsprechend Verzicht (auf Geschäft, Umsatz und Gewinn) für die Unternehmen und »den Gürtel enger schnallen« für die gemeine Konsumbürgerin, die ihre High-Tech-Produkte dann irgendwann zum dreifachen Preis aus deutscher Produktion beziehen muss, wie es in einschlägigen Medien schon durchgerechnet wurde. Freie Marktwirtschaft nach Vorstellung der heutigen »Liberalen«. Und »Opfer bringen«, das kennen die Deutschen gut aus ihrer Geschichte des 20. Jahrhunderts …

Gegen die neue transatlantische große Koalition der Berliner Parteien, der Sammlungsbewegung »Post-Merkel«, die sogar in der CDU mehrheitsfähig ist und merkelianischen globalen Pragmatismus und Realitätssinn entsorgt, werden sich möglicherweise sogar kaum noch die deutschen Konzerne wehren können, obwohl sie selbst große Teile ihrer Gewinne in China einfahren. Sie werden vielleicht in China desinvestieren müssen, so, wie Washington, Tokio oder Canberra es schon vorgemacht haben, sie werden eventuell Werke schließen müssen, wie es B'90/Die Grünen von VW verlangt haben. Das werden sich die Regierungen etliche Dutzend Milliarden an Umsiedlungssubventionen kosten lassen müssen. Der Königsweg, den die transatlantischen Regierungen ersatzweise noch anbieten können, führt dann von China statt nach Hause nach Vietnam, Taiwan, Indien[*/407] oder ein anderes »befreundetes« südostasiatisches Land.

* Da wir Indien als das absehbar bevölkerungsreichste Land der Welt, mit ungebremster Bevölkerungsexplosion, Epidemie-Chaos und ökonomischem, sozialem und ökologischem Zerfall, allerdings auch mit Weltmachtambitionen, bereits in seiner Funktion als Auffangland für Entkopplungsverlagerungen aus China angesprochen haben, sei hier noch kurz auf seine Rolle bei den angestrebten Unterbrechungen der Neuen Seidenstraßen, wo immer es möglich ist, in Kooperation mit der EU, hingewiesen.

Die Dominanz der Politik (des Abstiegskampfes) über die Ökonomie (der Kooperation, des Geldverdienens und des guten Lebens) hat also auch die EU und Deutschland längst erfasst. Gelegentlich wird das Ganze als »Industriepolitik« getarnt. Klingt ja schon ketzerisch genug für neoliberale Ohren, kommt also als etwas durchaus »Innovatives« und »Progressives« daher, ein Durchbruch sozusagen. Aber Vorsicht, Falle!

Das Ganze hat das Potenzial, die EU wieder in die zweite Reihe des imperialen Systems zurückschliddern zu lassen, wenn alle Blütenträume von »strategischer Selbständigkeit«, die in der Ära Trump geträumt wurden, ausgeträumt sind.

Der strategisch weitsichtigere Macron könnte sich noch gegen eine völlige Ein- und Unterordnung der EU in die geostrategischen Pläne Washingtons sträuben, wie sie Brüssel forciert. Aber die USA haben die autoritären Regimes Osteuropas, vom SS- und SA-verliebten Baltikum über das wieder klerikal-groß-nationalistische Polen, über die faschistoide putschistische Ukraine[408] bis zu einigen Balkanstaaten klar auf ihre Seite gebracht, eine starke US-Fraktion in der EU, im Auftrag einer fremden Macht sozusagen. Die sind alle versehen mit ihrer neuen »großen historischen (Lieblings-)Rolle«, einem finalen Jahrtausendkrieg gegen Russland (und China). Auch hier lassen sich Washington, die NATO und die EU nur allzu gern an den Rand des großen heißen Krieges führen.

Und so geht es schließlich am Ende wieder um die Menschheitsfrage »Krieg«: Wie wahrscheinlich ist er? Wer setzt sich durch in Washington, die schlimmsten durchgeknallten Kalten Krieger, Gewaltfanatiker und Putschisten oder die letzten Reste von Pragmatikern, die noch mal ab und zu wenigstens auf rationalere Teile ihres Großkapitals (und übrigens auch ihrer Generalität) hören?

Eine einfache globale »Waffenschau« macht allerdings sogar dem interessierten Laien schon deutlich: Die USA sollten im eigenen Interesse keinen direkten großen heißen Krieg gegen Russland/China provozieren, wie sie es mit ihren »vorgeschobenen Angriffsposten« Ukraine oder Taiwan versuchen. Allerdings lassen sie bisher geschickt ihre Vasallen die Kriegsrisiken tragen und ihre faschistischen Fremdenlegionen (in der Ukraine) die Kampfkosten ausbaden.

Die direkte große heiße Konfrontation können sie aber nicht mehr gewinnen. Top-Militärs, Militärberater, Waffeningenieure wissen das.[409] Trump schien es zu wissen oder gespürt zu haben – und ernst zu nehmen. Und Washington wird es nicht tun, wenn sich eine Rest-Rationalität und ein Rest-Überlebenswillen dort erhalten haben sollte, wenn es seinen vorsichtigeren Militärs folgt statt seiner durchgeknallten Politikerkaste und seinen Kriegsmedien.

Aufstiege und Abstiege: Das globale (ökonomische, finanzielle und politische) Machtpotenzial des Westens sinkt, und auf die Dauer hilft es auch nicht mehr, wenn der Westen nur noch in dem einzigen Feld mit Abstand und unangefochten spitze bleibt, in dem er immer spitze war: bei den Militärausgaben.[410] Es nützt ihm nichts mehr …

Im aggressiv-aufgeheizten Amerika und bei gut 74 Millionen Trump-Wählern, die Corona-Epidemie, Impfstoffe, Klimakatastrophe, Bildung und Wissenschaft, Gesundheitsversicherung und den Staat rundheraus leugnen beziehungsweise ablehnen, und dafür auch schon mal Andersdenkende erschießen, Trump-Anhängern, die den Armuts- und Elendstod, und im Zweifel auch ihren eignen Corona-Erstickungstod, noch in einer Art Totenkult als Heldentod zelebrieren, kann man allerdings für nichts mehr garantieren. Keine guten Aussichten.

Wird sich das Großkapital der Banken und Konzerne, der Tech-Unternehmen und KMU in den USA wie in Deutschland, die zusammen mit hohen dreistelligen Milliardenbeträgen in China engagiert sind und dort viele Milliarden an Gewinnen machen, mit entsprechenden Milliardensubventionen und/oder politischem, nationalistischem Druck von China entkoppeln lassen oder bei ihren Regierungen und im Politzirkus ihrer Hauptstädte mal auf den Tisch hauen und vom politischen Personal mal Pragmatismus und Minimalrationalität einfordern? Ich hätte mir nie träumen lassen, dass eine meiner letzten Hoffnungen eines Tages mal auf dem Pragmatismus unserer Konzerne liegen würde …

Anmerkungen / Endnoten

1 Zum Beispiel »Leise und kaum sichtbar: Das unterschätzte Wirken der Einheitsfront«, *China.Table* 9.6.2021.

2 Zum Beispiel C. Schult, »Konfuzius-Institute Propaganda an der Uni«, *Spiegel* 8.1.2021, *spiegel.de*.

3 Nur zwei aktuelle Quellen von Reisen durch Xinjiang seien in diesem Kontext ausnahmsweise zitiert: Walther Bücklers, »China, Xinjiang und der Genozid«, *NachDenkSeiten* 6.11.2021; Jürgen Kurz, »Meine Xinjiang Reise im Mai 2021«, unter anderem in: heise.de und www.juergenk.de; beides sind Reiseaufzeichnungen aus Xinjiang mit nachträglichen kritischen Dokumentenanalysen zu den herrschenden Narrativen.

4 Zum Beispiel »Yuan Longping, ›Father of Hybrid Rice‹, dies at 91«, *Global Times* 22.5.2021.

5 Zum Beispiel Z. Long, R. Herrera, »The Enigma of China's Growth«, *Monthly Review* 70(7), 2018, monthlyreview.org.

6 »Yuan Longping…«, a. a. O.

7 Zum Beispiel C. White, *A History of the Global Economy. The Inevitable Accident*, Cheltenham, UK, Northampton, MA, USA: Edward Elgar, 2018, 409 ff.

8 P. Kennedy, *The Rise and Fall of the Great Powers: Economic Change and Military Conflict from 1500-2000*, New York: Random House, 1988, zitiert nach der Paperback-Ausgabe, London: William Collins, 2017 (dt.: *Aufstieg und Fall der großen Mächte: Ökonomischer Wandel und militärischer Konflikt 1500-2000*, Frankfurt am Main: Fischer, 1987).

9 Zum Beispiel F. Lamperti, C. E. Mattei, »Going up and down: rethinking the empirics of growth in the developing and newly industrialized world«, *Journal of Evolutionary Economics* 28(4), 2018, 749-784, www.econstor.eu.

10 Zum Beispiel D. Ganser, *Imperium USA: Die skrupellose Weltmacht*, Zürich: Orell Füssli, 2020; A. Negri, M. Hardt, *Empire – die neue Weltordnung*, Frankfurt/M.: Campus, 2002.

11 D. Acemoglu, J. A. Robinson, *Why Nations Fail. The Origins of Power, Prosperity and Poverty*, New York: Random House, 2012, zitiert nach der Paperback-Ausgabe, London: Profile Books, 2013.

12 Ebendort, 73-76.

13 Ebendort, zum Beispiel 150-151.

14 J. Diamond, *Collapse: How Societies Choose to Fail or Survive*, London, New York: Viking Penguin, 2005, zitiert nach der Ausgabe London: Penguin 2011; siehe auch W. Elsner, »Complexity Economics as Heterodoxy: Theory and Policy«, *Journal of Economic Issues* LI(4), 2017, 939-978.

15 Diamond, a. a. O., 373-377, passim.

16 Zum Beispiel U. Bardi, *Der Seneca-Effekt. Warum Systeme kollabieren und wie wir damit umgehen können*, München: oekom, 2017; W. Elsner 2021a, »Collapse. Institutional Decline and Breakdown, Its Endogeneity and Its Asymmetry Vis-á-Vis Emergence«, *Journal of Economic Issues* LV(1), 2021, 79-102.

17 Zum Beispiel Elsner 2017, »Complexity Economics…«, a. a. O.; W. Elsner, T. Heinrich, H. Schwardt 2015, *The Microeconomics of Complex Economies. Evolutionary, Institutional and Complexity Perspectives*, San Diego, Oxford, Amsterdam et al.: Elsevier / Academic Press.

18 E. D. Beinhocker, *The Origin of Wealth. Evolution, Complexity, and the Radical Remaking of Economics*, Boston, USA: Harvard Business School Press, 2006, zitiert nach der Taschenbuch-Ausgabe: London: Random House, 2007.

19 Ebendort (2007), 433 f.

20 Ebendort, 440 f.

21 R. Dalio, *The Changing World Order. Why Nations Succeed and Fall*, New York: Simon & Schuster, 2021.

22 Kennedy 2017 [1988], *The Rise and Fall of Great Powers…*, a. a. O., 665 ff.

23 Ein Klassiker dazu: A. Gerschenkron, *Economic Backwardness in Historical Perspective*, Cambridge, MA, USA: Harvard University Press, 1962.

24 Zur Nicht-Linearität, Vielfalt und Nichtimitierbarkeit komplexer Systeme, insbesondere der kapitalistischen Industrialisierungsprozesse, ebenfalls Gerschenkron 1962, *Economic Backwardness…*, a. a. O.; Siehe auch White 2018, *A History of the Global Economy…*, a. a. O.

25 Zum Beispiel Negri, Hardt 2002, *Empire…*, a. a. O.

26 Karl Rove, Berater von George W. Bush, zitiert nach www.theblogcat.de.

27 Zum Beispiel A. Nassif, M. R. Castilho, »Trade patterns in a globalized world: Brazil as a case of regressive specialization«, *Cambridge Journal of Economics* 44(3), 2020, 671-701; E. Mantoan et al., »Why has the Brazilian economy stagnated in the 2010s?«, *Review of Evolutionary Political Economy* 2(3), 2021, 529-550.

28 Zum Beispiel White 2018, *A History of the Global Economy…*, a. a. O., 169 ff.; siehe auch Diamond 2011 [2005], *Collapse…*, a. a. O.; Bardi 2017, *Der Seneca-Effekt…*, a. a. O.; Elsner 2021a, »Collapse…«, a. a. O.

29 Zur Geschichte als nicht-linearer Entwicklung von Aufstiegen, Abstiegen und Wiederaufstiegen auch: J. Kuczynski, *Asche für Phönix – Oder: Vom Zickzack der Geschichte. Aufstiege, Untergang und Wiederkehr neuer Gesellschaftsordnungen*, Köln: PapyRossa, 2019.

30 So G. Allison, *Destined for War: Can America and China escape Thucydides's Trap?*, Boston, MA: Houghton Mifflin, 2017.

31 So zum Beispiel auch der singapurische Politikwissenschaftler, Diplomat und ehemalige Präsident des UN-Sicherheitsrates, K. Mahbubani, *Has China Won? The Chinese Challenge to American Primacy*, New York: Public Affairs/ Hachette Book Group, 2020 (deutsch: *Hat China schon gewonnen?: Chinas Aufstieg zur neuen Supermacht*, Kulmbach: Plassen, 2021); siehe auch P. Escobar, »The Unbearable Lightness of China«, *Global Research* 27.4.2020, www.globalresearch.ca.

32 Zum Beispiel C. Schuhler, *Wie weit noch bis zum Krieg? Die USA, China,*

die EU und der Weltfrieden, Köln: PapyRossa, 2020; J. Kronauer, *Der Rivale. Chinas Aufstieg zur Weltmacht und die Gegenwehr des Westens*, Hamburg: konkret, 2019.

33 Dazu ausführlich Elsner 2020, *Das chinesische Jahrhundert* ..., a. a. O.

34 Als aktuelle Übersicht Zum Beispiel M. Stang, »Wo stand die ›Wiege der Menschheit‹?«, *deutschlandfunk.de* 28.5.2021.

35 Zum Beispiel R. Knauer, »Lucys rätselhafte Nachbarn«, *Sprektum.de*, 1.12.2021.

36 Siehe zum Beispiel auch: J. Dönges, »Menschwerdung: Die 10 wichtigsten Entdeckungen der menschlichen Evolution. Die wirklich entscheidenden Funde geben keine Antworten, sondern werfen neue Fragen auf«, *Spektrum* 4.9.2015, spektrum.de

37 K. Schlott, »Neue, längst bekannte Menschenform?«, Spektrum 28.6.2021, *spektrum.de*.

38 Zum Beispiel ebendort.

39 Zum Beispiel Wikipedia: Denisova-Mensch, besucht 23.11.2021.

40 Zum Beispiel Wikipedia: Mensch, besucht 23.11.2021.

41 Zum Beispiel Wikipedia: Geschichte Chinas, besucht 3.11.2021.

42 C. Barras, Tools from China are oldest hint of human lineage outside Africa, www.nature.com, 11.7.2018.

43 So sehen es jedenfalls zahlreiche Paläoanthropologen; Zum Beispiel *China Daily* 13.7.2018, 5.

44 Zum Beispiel Wikipedia: Erlitou-Kultur, besucht 23.11.2021.

45 Zum Beispiel K. Schlott, »Die Herkunft der mysteriösen Seidenstraßenmumien«, *spektrum.de* 27.10.2021.

46 Ebendort.

47 Zum Beispiel »Neue Entdeckungen in Sanxingdui-Ruinen werfen ein Licht auf die chinesische Zivilisation«, *Frankfurter Allgemeine 13.4.2021*, faz.net.

48 Zum Beispiel www.youtube.com/watch?v=yHpC85p0ZM0, besucht 1.4.2021.

49 »Neue Entdeckungen in Sanxingdui-Ruinen ..., a. a. O.

50 Zum Beispiel Wikipedia: Liste historischer Stadtgründungen, besucht 1.4.2021.

51 D. Robson, »Chinas Venedig der Steinzeit«, 16.12.2020, *spektrum.de*.

52 Ebendort.

53 Ebendort.

54 Zur »Herzland«-Theorie schon klassisch: H. J. Mackinder, *Der Schlüssel zur Weltherrschaft. Die Heartland-Theorie*, [1904], hgg. mit einem Lagebericht von W. Wimmer, Frankfurt/M: Westend, 2019.

55 Nachdrücklich seien hier die Arbeiten des österreichischen (unter anderem) Sozialhistorikers Hannes A. Fellner empfohlen, zum Beispiel H. A. Fellner, »Zur Geschichte der Alten Seidenstraßen«, in: B. Müller, P. Buchas (Hg.), *Die Neue Seidenstraße. Vision – Strategie – Wirklichkeit*, Wiener Neustadt: Urban Forum, 2017, 17-36. Wir beziehen uns in diesem Abschnitt wesentlich auf Fellner. Siehe aber auch zum Beispiel V. Hansen, *The Silk Road: A New History*, Oxford, New York: Oxford University Press, 2012; P. Frankopan, *The Silk Roads: A New History of the World*, London, New York: Bloomsbury, 2015; ders., *Die neuen Seidenstraßen. Gegenwart und Zukunft unserer Welt*, Berlin: Rowohlt, 2019; T. Höllmann, *China und die Seidenstraße: Kultur und Geschichte von der frühen Kaiserzeit bis zur Gegenwart*, München: C. H. Beck, 2022.

56 Fellner 2017, a. a. O., S. 17.

57 Zum Beispiel K. Schlott, »Assyrische Rüstung gelangte bis nach Fernost«, *spektrum.de* 8.1.2021.

58 Zum Beispiel É. de la Vaissière, *Sogdian Traders: A History*, Leiden: Brill, 2005.

59 Zum Beispiel Y. Zhang, W. Elsner, »A social-leverage mechanism on the Silk Road: the private emergence of institutions in central Asia, from the 7th to the 9th century«, *Journal of Institutional Economics* 13(2), 2017, 379-400.

60 Zum Beispiel B. Seewald, »Gegen die Perser steigerten sich die Römer in einen Blutrausch«, *welt.de* 12.12.2021.

61 Eine repräsentative Ausstellung dieses UNESCO-Weltkulturerbes mit Nachbildungen der Höhlen, Malereien und Buddhastatuen wurden Ende 2021 in Beijing in der »Verbotenen Stadt« gezeigt, zum Beispiel »Dunhuang: Kulturschätze entlang der Seidenstraße«, 21.11.2021, german.people.com.cn; Wikipedia: Mogao-Grotten; Exhibition features Palace Museum, Dunhuang, 18.9.2021, global.chinadaily.com.cn.

62 Fellner, a. a. O., 29.

63 Dass Marco Polo tatsächlich *keine* bloße Symbolfigur für *alle* europäischen China-Reisenden im Mittelalter war, sondern tatsächlich existierte und *der* markante China-Reisende war, zeigt überzeugend H. U. Vogel, *Marco Polo* was *in China. New Evidence from Currencies, Salts and Revenues*, Leiden, NL: Brill, 2012. (Dank für den Hinweis an E. Najmehchi.)

64 Zum Hintergrund zum Beispiel J. Fan, D. Friedman et al., »A simulation study of how religious fundamentalism takes root«, *Journal of Economic Behavior & Organization* 192, 2021, 465-481; J. S. Bentzen, »In crisis, we pray: Religiosity and the COVID-19 pandemic«, a. a. O., 541-583.

65 Dem Buch Elsner 2020, *Das chinesische Jahrhundert ...*, a. a. O., ist als Online-Anhang ein Gastbeitrag von Prof. Dr. R. Bauer über den *kulturhistorischen, gesellschafts- und staatsphilosophischen Hintergrund des modernen China* beigefügt, mit dessen Hilfe die Kultur-Denkgeschichte Chinas besser zu verstehen ist. Siehe unter: www.westendverlag.de/wp-content/uploads/Rudolph-Bauer_Eine-kurze-Geschichte-der-chinesischen-Kultur.pdf.

66 Zum Beispiel A. Maddison, *Contours of the World Economy 1-2030 AD*, Oxford, UK: Oxford University Press, 2007.

67 Noch einmal: Mackinder 2019 [1904], *Der Schlüssel zur Weltherrschaft ..., a. a. O.*; einen Überblick zum aktuellen Wiederaufstieg des eurasischen Kernlandes, im Wesentlichen durch chinesisch-russische Kooperation und aufgrund der aktuellen chinesischen *Belt and Road Initiative* – BRI, gibt unter Bezug auf Mackinder zum Beispiel G. Roberts, »Russland, China und die europäische Halbinsel«, www.theblogcat. de/archiv/archiv-2019/november-2019, engl. Original: thesaker.is/russia-china-and-the-european-peninsula, beide 1.11.2019.

68 Anschaulich dokumentiert und illustriert zum Beispiel in: www.youtube.com/watch?v= QNbqtOzv6XI, besucht 6.12.2021 (Dank an E. Najmehchi für den Quellenhinweis).

69 H. Kissinger, *China. Zwischen Tradition und Herausforderung*, München: Bertelsmann, 2011, 25 f.; zum Beispiel auch G. Küsters 2018, »Das Verhältnis von EU und China im Kontext globaler Machtverschiebungen und der

aktuellen Kontroverse um Chinas Großprojekt der ›Neuen Seidenstraße‹«, 14, www.attac.de, besucht 23.4.2019.

70 Zum Beispiel Statista: China's share of global gross domestic product (GDP) adjusted for purchasing-power-parity (PPP) from 2010 to 2020 with forecasts until 2026, www.statista.com, besucht 26.11.2021.

71 M. Schumann, *Die ewige Supermacht – Eine chinesische Weltgeschichte*, Berlin: Propyläen/Ullstein, 2021.

72 Interview in *Steingarts Morning Briefing* 6.10.2021.

73 Zum Beispiel auch J. M. Roberts, O. A. Westad, *The History of the World*, Oxford, New York: Oxford University Press, 2013, 125 ff., 311 ff., 437 ff., 833 ff., 914 ff.; White 2018, *A History of the Global Economy* ..., a. a. O., 189 ff., 406 ff.

74 Ausführlich zur Minderheitenpolitik in China zum Beispiel National Minorities Policy and Its Practice in China, www.mfa.gov.cn oder Wikpedia: Ethnic minorities in China.

75 Dank für Hinweise an E. Najmehchi.

76 So L. Ledderose, *China Schreibt Anders*, Stuttgart: Alfred Kröner Verlag, 2021.

77 Zum Beispiel Wikipedia: Discourses on Salt and Iron; den Hinweis verdanke ich E. Najmehchi.

78 Zusammengestellt nach: H. ZHAO, *China's Long-Term Economic Development. How have Economy and Governance Evolved since 500 BC?*, Cheltenham, UK, Northampton, MA, USA: Edward Elgar, 2018, 252-255; ausführlicher dort; siehe zum Beispiel auch: A. G. Frank, *ReOrient. Global Economy in the Asian Age*, Oakland, CA: University of California Press, 1998, 185 ff.; L. Romanoff, »History of Chinese Inventions«, *Global Research* 24.10.2019, www.transcend.org/tms/2019/12/history-of-chinese-inventions-the-present-and-the-future-recent-chinese-state-of-the-art-innovations.

79 Zum Papiergeld im mittelalterlichen China zum Beispiel auch R. von Glahn, *The Economic History of China. From Antiquity to the Nineteenth Century*, Cambridge, UK: Cambridge University Press, 2016.

80 P. Watson, *Ideas: A History of Thought and Invention form Fire to Freud*, New York: HarperCollins, 2005, Kap. 14 (dt.: *Ideen: Eine Kulturgeschichte von der Entdeckung des Feuers bis zur Moderne*, München: Bertelsmann, 2006).

81 Zum Beispiel P. Frijters, »Why the US has no chance against China on its own«, 24.10.2018, clubtroppo.com.au.

82 J. Needham, *Science and Civilization in China*, Band 2: *History of Scientific Thought*, Cambridge, UK: Cambridge University Press, 1956.

83 Zum Beispiel G. Küsters, »Feindbild China – Die aktuellen Zuspitzungen, Wiederaufstieg, Hintergründe und Chinas außenpolitische Prinzipien«, PDF, 18-34, 3.2021, www.kapheute.de.

84 Watson 2006, *Ideas* ..., a. a. O., 403.

85 Zum Beispiel Frank 1998, *ReOrient* ..., a. a. O., 197 ff.

86 Zum Beispiel E. Crome, *Chinas Aufstieg und die geopolitischen Folgen*, 2017, PDF, 3, welttrends.de.

87 Zum Beispiel Küsters 2018, *Das Verhältnis von EU und China* ..., a. a. O., 11.

88 Siehe zum Beispiel auch den Gastbeitrag von R. Bauer zur Kulturgeschichte Chinas bei Elsner 2020, *Das chinesische Jahrhundert* ..., PDF, a. a. O., westendverlag.de.

89 Zum Beispiel Küsters 2018, *Das Verhältnis …*, a. a. O., 3 ff.; Frank 1998, *ReOrient …*, a. a. O.
90 Zur Bedeutung der Wasserbewirtschaftung für die Konstituierung des chinesischen Staates siehe auch den schon erwähnten Gastbeitrag von R. Bauer zur Kulturgeschichte in Elsner 2020, *Das chinesische Jahrhundert …*, a. a. O.
91 So zum Beispiel auch Kissinger 2011, *China. Zwischen …*, a. a. O., Kapitel »Chinas Einzigartigkeit«, bes. 30 ff.
92 So nennt zum Beispiel Küsters 2018, *Das Verhältnis …*, a. a. O., 3, für das Jahr 1000 die Zahl von 20 Mio. Arbeitskräften auf dem Land, wovon 14 Mio. Land besaßen, während 6 Mio. nur Pächter waren, zum Teil wegen vorangegangener Überschuldung.
93 Zum Beispiel Elsner 2020, *Das chinesische Jahrhundert …*, a. a. O.,154 ff.
94 So zum Beispiel ZHAO 2018, *China's Long-Term …*, a. a. O., 233 ff.; Küsters 2018, *Das Verhältnis …*, a. a. O., 4 ff.
95 Vorgeschichte, Ursprung, Ausbreitung und Verläufe der Corona-Pandemie sind Hauptgegenstand und ausführlich dokumentiert in W. Elsner 2021b, *Die Zeitenwende. China, USA und Europa »nach Corona«*, Köln: PapyRossa, 2021.
96 Zum Beispiel auch Küsters 2018, *Das Verhältnis von …*, a. a. O., 10.
97 Frank 1998, *ReOrient …*, a. a. O.,126 ff.
98 Ebendort, 168.
99 Needham 1956, *Science and Civilization in China …*, a. a. O.
100 Frank 1998, *ReOrient …*, a. a. O., 276 ff.
101 Porzellan heißt ja auf Englisch nicht zufällig »china«.
102 Zum Beispiel Wikipedia: Zheng He, besucht 26.11.2020.
103 Zum Beispiel Wikipedia: Hai jin, besucht 26.11.2020.
104 Ausführlich zum Beispiel Kennedy 2017 [1988], *The Rise and Fall …*, a. a. O., 5 ff.
105 Ausführlich z. B. Susanne Billig, Die Karte des Piri Reis: Das vergessene Wissen der Araber und die Entdeckung Amerikas, München: C. H. Beck, 2017.
106 Als historischer Überblick über die Expeditionen Hés, den Rückzug der Ming-Dynastie in die Isolation, den Machtverlust Chinas, die europäische koloniale Unterwerfung und als eine Einschätzung der Konsequenzen bis heute zum Beispiel P. Escobar, »Why China's President Xi won't Repeat Ming Dynasty Mistakes«, *Global Research* 13.5.2020, www.globalresearch.ca, deutsche Übersetzung: einarschlereth.blogspot.com.
107 Ausführlich zum im Westen immer noch tabuisierten, spezifisch eurozentristischen Modernitäts-, Zivilisations- und Überlegenheits-Wahn zum Beispiel Rajani Kanth, *Against Eurocentrism: A Transcendent Critique of Modernist Science, Society and Morals*, New York: Palgrave Macmillan, 2005; Samir Amin, *Eurocentrism: Modernity, Religion, and Democracy. A Critique of Eurocentrism and Culturalism*, Oxford, UK: Pambazuka Press, 2010; Marta Araújo, Silvia Maeso (Eds.), *Eurocentrism, Racism and Knowledge*, London, New York: Palgrave Macmillan, 2015.
108 Vor allem Zhao 2018, *China's Long-Term …*, a. a. O., 23 ff.; zum Beispiel auch Frank 1998, *ReOrient …*, a. a. O., 264 ff.
109 Zhao 2018, *China's Long-Term …*, a. a. O.,178 ff.
110 Robert Malthus, *Eine Abhandlung über das Bevölkerungsgesetz oder eine*

Untersuchung seiner Bedeutung für die menschliche Wohlfahrt in Vergangenheit und Zukunft, nebst einer Prüfung unserer Aussichten auf eine künftige Beseitigung oder Linderung der Übel, die es verursacht, 2 Bände, Jena: Fischer-Verlag, 1924/25, englisches Original: 1798.

111 Zum Beispiel auch C. Tisdell, S. Svizzero, »The Ability in Antiquity of Some Agrarian Societies to Avoid the Malthusian Trap and Develop«, *Forum for Social Economics* 49(2), 2020, 202-227.

112 Zhao 2018, *China's Long-Term ...*, a. a. O., 233 ff.

113 Zum Beispiel R. Rupp, »Chinas Jahrhundert der Erniedrigung«, *RT DE* 16.8.2021, de.rt.com.

114 Zitiert nach: Wikipedia: Hunnenrede, besucht 8.1.2021.

115 Ausführlich noch einmal zum Beispiel der Gastbeitrag von R. Bauer zu Elsner 2020, *Das chinesische Jahrhundert ...*, a. a. O., www.westendverlag.de

116 Siehe W. Franke, »Die Stufen der Revolution in China«, *Vierteljahreshefte für Zeitgeschichte* 2(2), 1954, 149-176.

117 Zum Beispiel X. Yu, »Das Prinzip Volksherrschaft«, *junge Welt*, 24.11.2021, 12.

118 Zum Beispiel D. Losurdo, *Die Linke, China und der Imperialismus*, Essen: Neue Impulse, 2000.

119 Zitiert nach Johann Peter Eckermann, *Gespräche mit Goethe in den letzten Jahren seines Lebens*, www.projekt-gutenberg.org/eckerman/gesprche/gsp1075.html, besucht 25.11.2021.

120 Zitiert nach D. Losurdo, »Das gekreuzigte China«, *Unsere Zeit* 9.8.2019, unsere-zeit.de.

121 Ebendort.

122 E. Rutherfurd, *China: An Epic Novel*, London: Hodder & Stoughton, 2021; zitiert nach G. Mersmann, »An Epic Novel – Über Chinas schreckliches Jahrhundert«, *Neue Debatte* 30.9.2021, neue-debatte.com.

123 Ausführlich zum Thema: M. Davis 2004, *Die Geburt der Dritten Welt. Hungerkatastrophen und Massenvernichtung im imperialistischen Zeitalter*, Berlin, Hamburg: Assoziation A.

124 Als Übersicht über die Besatzung Chinas durch den japanischen Faschismus zum Beispiel E. Korn, »Vereint gegen Nippon«, *junge Welt* 18.9.2021, Rubrik Geschichte, 15.

125 Losurdo, »Das gekreuzigte China«, a. a. O.

126 So zum Beispiel Küsters 2018, *Das Verhältnis von ...*, a. a. O., 10-12. Küsters bezieht sich dabei wiederum auf Frank 1998, *ReOrient ...*, a. a. O.

127 Zum Beispiel J. Y. Lin, Y. Wang, »China's Contribution to Development Cooperation: Ideas, Opportunities and Finances«, in: S. Yusuf (Hg.), *China and the Global Economy*, Cheltenham, UK, Northampton, MA, USA: Edward Elgar, 2017, 826-851.

128 Siehe zum Beispiel Crome 2017, *Chinas Aufstieg ...*, a. a. O., 12.

129 Es ist dem Philosophen Domenico Losurdo herauszuarbeiten vorbehalten gewesen, wie in China der innere soziale Emanzipations- und Aufstiegskampf mit dem internationalen Emanzipations- und Aufstiegskampf Chinas und dem zahlreicher Entwicklungsländer verbunden ist (D. Losurdo, »China und das Ende der ›kolumbianischen Epoche‹«, *Marxistische Blätter* 3-2017, 52-62).

130 Zum Beispiel M. Kunzmann, *Theorie, System und Praxis des Sozialismus in China*, Berlin: M. Kolarczik, 2018, 95ff.

131 Zum Beispiel Rupp, »Chinas Jahrhundert der Erniedrigung«, a. a. O.

132 Zum Beispiel Elsner 2020, *Das chinesische Jahrhundert*..., a. a. O., 193ff.; J. Diamond, J. Liu, »China's environment in a globalizing world«, *Nature* 435, 2005, 1179-1186; ferner zum Beispiel »China's *Mu Us* Desert turns green«, news.cgtn.com, 27.3.2021, Video: www.youtube.com/watch?v=esiajGE66lM, besucht: 14.4.2022; »Ein aufgeforstetes grünes China«, *People's Daily online* 9.5.2020, german.people.com.cn.

133 Zitiert nach Crome 2017, *Chinas Aufstieg*..., a. a. O., 5.

134 Ausführlich zum Beispiel W. Müller, *Die Rätsel Chinas – Wiederaufstieg einer Weltmacht*, Hamburg: VSA, 2021, 151ff.

135 P. Khanna, *Unsere asiatische Zukunft*, Berlin: Rowohlt, 2019; K. Mahbubani, *Has China Won?*..., a. a. O.

136 Ähnlich S. Baron, G. Yin-Baron, *Die Chinesen. Psychogramm einer Weltmacht*, Berlin: Econ, 2018.

137 Ausführlicher zum Beispiel Müller 2021, *Die Rätsel Chinas*..., a. a. O., 25ff., 95ff.

138 Zum Beispiel X. Ding, »Entwicklung ohne Einmischung«, *junge Welt* 7.2.2018.

139 Zum Beispiel M. Dinucci, »Joe Biden's Foreign Policy«, *GlobalResearch* 12.11.2020, www.globalresearch.ca; S. Brown, »What Biden's Foreign Policy Might Look Like«, *GlobalResearch* 9.11.2020, www.globalresearch.ca.

140 Siehe S. Baron, G. Yin-Baron, *Die Chinesen. Psychogramm einer Weltmacht*, Berlin: Econ, 2018.

141 Angebote für die interessierte und lesende Bürgerin zum Beispiel Elsner 2020, *Das chinesische Jahrhundert*..., a. a. O.; R. Fitzthum 2018a, *China verstehen. Vom Aufstieg zur Wirtschaftsmacht und der Eindämmungspolitik der USA*, Wien: Promedia; F. Sieren, *Zukunft? China!*, München, Bertelsmann, 2018;

142 Ausführlich Elsner 2020, a. a. O., zum Beispiel 115ff.

143 Zum Beispiel Crome 2017, *Chinas Aufstieg*..., a. a. O., 4.

144 Zur Literatur der nationalen Entwicklung Chinas zum Beispiel L. F. de Paula, E. Jabbour, »The Chinese Catching-Up: A Developmentalist Approach«, *Journal of Economic Issues* 54(3), 2020, 855-875.

145 Weitere Beispiele aus der »catch-up«-Literatur: J. Chen u. a., »Beyond catch-up: could China become the global innovation powerhouse?«, *Industrial and Corporate Change* 30(4), 2021, 1037-1064; L. Mei, N. Zhang, »Catch up of complex products and systems: lessons from China's high-speed rail sectoral system«, *Industrial and Corporate Change* 30(4), 1108-1130; J. Y. Lin, »Lessons from China and East Asia's catch up: the new structural economics perspective«, in: V. Popov, P. Dutkiewicz (Eds.), *Mapping a New World Order*, 53-70, Cheltenham, UK, Northampton, MA, USA: Edward Elgar.

146 Ausführlich zum Beispiel Long, Herrera 2018, »The Enigma of China's Growth«, a. a. O.

147 Ebendort; siehe auch Elsner 2020, a. a. O., zum Beispiel 15ff., 54ff., 242ff.; A. Kadri, »Neoliberalism vs. China as model for the developing world«, *real-world economics review* 91, 2020, 108ff.; N. Karagiannis, W. Elsner, »Growth and Development of China«, *Forum for Social Economics* 50(3), 2021, 257-275.

148 Ausführlich: I. M. Weber, *How China Escaped Shock Therapy*, London, New York: Routledge, 2021; ähnlich: F. Macheda, R. Nadalini, »Samir Amin in Beijing: delving into China's delinking policy«, *Review of African Political Economy* 48(167), 2021, 119-141; N. Klein, *Die Schock-Strategie: Der Aufstieg des Katastrophen-Kapitalismus*, Frankfurt/M.: S. Fischer, 2007.

149 Analysen zur chinesischen und südostasiatischen Start-Up-Dynamik zum Beispiel O. Tonby et al., *The future of Asia*, McKinsey Global Institute, *Discussion paper*, 2020, *mckinsey.com*; D. Heide, »Peking statt Silicon Valley: Wie China sein eigenes Einhorn-Wunder erschafft«, *Handelsblatt* 1.1.2020, *handelsblatt.com*.

150 Zum Beispiel Losurdo 2017, »China und das Ende …«, a. a. O., 52 f.; Elsner 2020, *Das chinesische Jahrhundert …*, a. a. O., 54 ff., 242 ff.

151 Zum Beispiel Crome 2017, *Chinas Aufstieg …*, a. a. O.

152 Ausführlich zum Beispiel Frank 1998, *ReOrient …*, a. a. O.

153 Ebendort, 277.

154 K. Marx, *Das Kapital*, Bd. 1, 1867, in: K. Marx, F. Engels, *Werke*, Band 23, Berlin: Dietz Verlag, 1962, Kapitel 24.

155 Zum Beispiel Davis 2004, *Die Geburt der Dritten Welt. Hungerkatastrophen und Massenvernichtung im imperialistischen Zeitalter*, a. a. O.

156 Zum Beispiel Losurdo 2017, »China und das Ende der ›kolumbianischen Epoche‹«, a. a. O.

157 Ausführlich zur gezielten Herbeiführung der Opiumkriege durch England zum Beispiel Küsters, *Feindbild China …*, 2021, a. a. O., 29 ff.

158 Zum Beispiel P. Chen, »China and the West: The Metabolic Nature of the Changing World Order«, in: J. Svejnar, J. Y. Lin (Hg.), *China and the West*, Cheltenham, UK, Northampton, MA, USA: Edward Elgar, 2021, 93-111, 93; ebenso: K. Pomeranz, S. Topik, *The World That Trade Created: Society, Culture, and the World Economy, 1400 to the Present*, New York: M. E. Sharpe, 2. Aufl. 2006.

159 Küsters 2018, *Das Verhältnis von …*, a. a. O., 31-33.

160 Ebendort, 33 f.

161 Dank an E. Najmehchi für Hinweise zur begrifflichen Klärung.

162 Zum Beispiel J. Osterhammel, Zur Geschichte des Freihandels, in: Aus Politik und Zeitgeschichte, 19.1.2018, www.bpb.de.

163 Zum Beispiel H. Gerstenberger, *Die subjektlose Gewalt. Theorie der Entstehung bürgerlicher Staatsgewalt*, Münster: Westfälisches Dampfboot, 3. Aufl. 2017.

164 Zum Beispiel J. Osterhammel, Zur Geschichte des Freihandels, a. a. O.

165 Losurdo 2017, »China und das Ende der …«, a. a. O.

166 Zum Beispiel J. Osterhammel, Zur Geschichte des Freihandels, a. a. O.

167 Zum Konzept des »Entwicklungsstaates« (Developmental State), das schon erwähnt wurde und uns noch weiter begleiten wird, zum Beispiel H.-J. Chang, »The Economic Theory of the Developmental State«, in M. Woo-Cumings (Ed.), *The Developmental State*, 182-199, Ithaca, NY: Cornell University Press, 1999.

168 Siehe zum Beispiel Wikipedia: Geschichte Japans/Japanisches Kaiserreich, besucht 11.3.2019.

169 Ebendort.

170 Zum Beispiel Wikipedia: Ministerium für Internationalen Handel und Industrie, besucht 12.3.2019.

171 Ergänzend zur genannten Literatur zum Developmental State und zum Catch-up von Staaten zum Beispiel M. Mazzucato, *The Entrepreneurial State. Debunking Public vs. Private Sector Myths*, London, New York: Anthem Press, 2013; J. Knight, »China as a developmental state«, *World Economy* 37(10), 2014, 1335-1347.

172 Zum Beispiel Wikipedia: Fluggänsemodell, besucht 12.3.2019.

173 Generell zum Neoliberalismus zum Beispiel R. Kiely, *The Neoliberal Paradox*, Cheltenham, UK, Northampton, MA, USA: Edward Elgar, 2018.

174 Zum Beispiel Wikipedia: Yen / Die Auswirkung des Plaza-Abkommens, besucht 12.3.2019.

175 Zum Beispiel S. Ireland, Standard Chartered: By 2030, These 10 Economies Will Be The World's Largest, 8.1.2019, ceoworld.biz.

176 Zum Beispiel Statista: Japan: Wachstum des realen Bruttoinlandsprodukts (BIP) von 1980 bis 2020 und Prognosen bis 2026, de.statista.com.

177 Zum Beispiel »›Surrealer Schulden-Tsunami‹: IIF schockiert über die Prognose der globalen Verschuldung«, 11/2020, contra-magazin.com; die Original-Studie dazu: E. Tiftik, K. Mahmood, S. Gibbs, *Global Dept Monitor. Attack of the Debt Tsunami*, Institute of International Finance, Washington D.C., USA: 2020.

178 Zum Beispiel S. HUA, R. HU, *East Asian Development Model: Twenty-first century perspectives*, London, New York: Routledge, 2015.

179 Zum Beispiel Wikipedia: Fluggänsemodell, besucht 12.3.2019.

180 Zum Beispiel Khanna 2019, *Unsere asiatische Zukunft*, a. a. O.; Mahbubani 2020, *Has China Won?…*, a. a. O.

181 Zum Beispiel Knight 2014, »China as a developmental state«, a. a. O.; Karagiannis, Elsner 2021, »Growth and Development of China…«, a. a. O.

182 Siehe auch H.-J. Chang, »How to ›do‹ a developmental state: political, organisational and human resource requirements for the developmental state«, in: O. Edigheji (Ed.), *Constructing a democratic developmental state in South Africa: Potentials and challenges*, Cape Town: HSRC, 82-96.

183 Zum Beispiel Wikipedia: Russische Kolonisation, besucht 12.3.2019.

184 Zum Beispiel Wikipedia: Russischer Bürgerkrieg/Intervention der Entente-Mächte, besucht 12.3.2019.

185 Zur Geschichte des Kalten Krieges über drei Generationen mit dem Ergebnis einer »total indoctrination of our entire US culture« zum Beispiel S. B. Willson, »Cold War Hysteria«, *Global Research* 16.3.2021, www.globalresearch.ca/cold-war-hysteria/5739894.

186 Wer über Putin (mit-)reden möchte, muss einige seiner Reden gehört oder seiner Schriften gelesen haben; dazu M. Bröckers, P. Schreyer, *Wir sind (immer) die Guten. Ansichten eines Putinverstehers oder wie der Kalte Krieg neu entfacht wird*, Frankfurt/M.: Westend, 2019; über Putins gesellschaftspolitische Konzeption zum Beispiel auch M. Whitney, »Putin Blasts World Economic Forum ›Honchos‹ at Davos ›Gabfest‹«, *Global Research* 4.3.2021.

187 Zum Beispiel www.youtube.com/watch?v=TgrECWPbOak, besucht 12.3.2019.

188 Zum Beispiel www.youtube.com/watch?v=8XF8TF-Kc2w, besucht 12.3.2019.

189 Zum Beispiel C. Stea, »Strangling Sanctions against North Korea. ›Psychopathic Double Standards‹ at the UN Security Council«, *Global Research* 19.11.2020, www.globalresearch.ca.

190 Zur detaillierten Dokumentation zum Beispiel G. Polya, »The US Has Invaded 70 Nations Since 1776«, 5.7.2013, www.countercurrents.org.

191 Zum Beispiel www.planet-wissen.de/geschichte/menschenrechte/sklaverei/pwiesklavenfueramerika100.html, besucht: 14.4.2022.

192 Zum Beispiel L. Romanoff, »God Save the Queen: The US Destruction of the British Empire«, *Global Research* 2.11.2019, www.globalresearch.ca.

193 Zum Beispiel Frijters 2018, »Why the US has no chance against China on its own«, a.a.O.

194 Zum Beispiel E. Redden, »Survey: New international enrollments drop by 43 percent this fall«, *Inside Higher Education* 16.11.2020, *insidehighered.com.*

195 Zum Beispiel Y. Torbati: Fewer foreign students coming to United States for second year in row: survey, Reuters: 13.11.2018, www.reuters.com.

196 Ausführlich M. Hudson, *Super Imperialism: The Origin and Fundamentals of U.S. World Dominance*, London, Sterling: Pluto Press, 2. Auflage 1972.

197 Ausführlich P.A. Baran, P.M. Sweezy, *Monopolkapital: ein Essay über die amerikanische Wirtschafts- und Gesellschaftsordnung*, Frankfurt/M.: Suhrkamp, 1967 (amerikanisches Original: *Monopoly Capital*, New York, London: Monthly Review Press,1966).

198 Ausführlich zum Beispiel T.I. Palley, *Neoliberalism and the Road to Inequality and Stagnation. A Chronicle Foretold*, Cheltenham, UK, Northampton, MA, USA: Elgar 2021.

199 Ausführlich zum Beispiel P. Chen 2010, *Economic Complexity and Equilibrium Illusion: Essays on market instability and macro vitality*, London, New York: Routledge 2010; J. Rasmus, *Systemic Fragility in the Global Economy*, Atlanta, GA, USA: Clarity Press, 2015; W. Elsner 2015, »Speculative financial capitalism wacking out over an »impossible« profit rate. The infeasibility of a »usual« real average profit rate, considering fictitious capital, and its implications«, In: *Marx, Veblen, and the Foundations of Heterodox Economics*, 199-227, hg. T.-H. Jo, F.S. Lee, London, New York: Routledge.

200 Siehe zum Beispiel J.E. Stiglitz, *Globalization and Its Discontents*, New York: Norton, 2002; ders., *Globalization and Its Discontents Revisited: Anti-Globalization in the Era of Trump*, New York: Norton, 2017.

201 P. Armstrong, »Schwarze Schwäne fliegen ein – Überraschung: Imperialer Zusammenbruch durch Covid-19«, *Linke Zeitung* 13.5.2020, linkezeitung.de.

202 Zum Beispiel G. Koo, »Schlechter Verlierer«, *Rubikon* 13.9.2019, www.rubikon.news.

203 Ebendort.

204 Ausführlich auch Müller 2021, *Die Rätsel Chinas…*, a.a.O., 113ff.

205 Zum Beispiel »Huawei fordert Lizenzgebühren für 5G-Patente«, *China.Table* 17.3.2021.

206 Ein langfristiger Kurvenvergleich der internationalen Patentanmeldungen zwischen den USA und China 2010-2020 etwa in *Handelsblatt Morning Briefing* 26.2.2021.

207 Zum Beispiel D. L.-H. Ke, E. de Diego, »Chinese Innovation and Entrepreneurship Going Abroad: From Counterfeits and Copycats to Innovation Exporters«, in: H. Wang, L. Miao (Hg.), *Handbook on China and Globalization*, Cheltenham, UK, Northampton, MA, USA: E. Elgar, 2019.

208 Ausführlich G. Poynter, *The Political Economy of State Intervention. Conserving Capital Over the West's Long Depression*, London, New York: Routledge, 2021.

209 Zum Beispiel W. D. Ferguson, *The Political Economy of Collective Action, Inequality and Development*, Stanford, CA, USA: Stanford University Press, 2020.

210 Zum Beispiel D. Hirschel, *Das Gift der Ungleichheit. Wie wir die Gesellschaft vor einem sozial und ökologisch zerstörerischen Kapitalismus schützen können*, Berlin: Karl Dietz, 2020.

211 Ausführlich zum Beispiel Elsner 2020, *Das chinesische Jahrhundert …*, a. a. O., 115 ff.

212 Zum Beispiel U. Sommer, »Deutschland fällt zurück, ist aber bei einigen Top-Patenten überraschend führend. Geht es um erstklassige Patente, die Innovation und Gewinn versprechen, holt China rasant auf. Nur in wenigen Branchen spielt Deutschland vorn mit«, *Handelsblatt* 3.6.2020, handelsblatt.com.

213 Ebendort; ausführlich *Bertelsmann-Stiftung*, »Weltklassepatente in Zukunftstechnologien. Die Innovationskraft Ostasiens, Nordamerikas und Europas, PDF, 2020, www.bertelsmann-stiftung.de.

214 Dazu etwa die Frage, ob die *Lohnquote* am Volkseinkommen überhaupt noch weiter reduziert werden kann: S. Bichler, J. Nitzan, »Can Capitalists Continue to Squeeze the Income Share of Employees?«, mimeo., *Bichler and Nitzan Archives* 11.2020, *bnarchives.net*.

215 Zum Beispiel L. Wacquant, »Crafting the Neoliberal Sate: Workfare, Prisonfare, and Social Insecurity«, *Sociological Forum* 25(2), 2010, 197 ff.

216 Zum Beispiel E. Wolff, *Weltmacht IWF: Chronik eines Raubzugs*, Marburg: Tectum, 2014.

217 Zum Beispiel M. Hudson, *Finance as Warfare*, Bristol: World Economics Association, 2015.

218 Zum Beispiel M. N. Barnett, »The End of the Liberal International Order That Never Existed«, *the global*, 16.4.2019, theglobal.blog.

219 Zum Beispiel B. van Bavel, *The Invisible Hand? How Market Economies Have Emerged and Declined since AD 500*, Oxford, UK: Oxford University Press, 2016.

220 F. Fukuyama, *Das Ende der Geschichte*, München: Kindler, 1992.

221 Ausführlich J. Rasmus, *Central Bankers at the End of Their Rope? Monetary Policy and the Coming Depression*, Atlanta, GA: Clarity Press, 2017.

222 Ausführlich Elsner 2021b, *Die Zeitenwende. China, USA und Europa »nach Corona«*, a. a. O.; zur neoliberalen Erosion staatlicher Handlungskapazität, wie sie in der Corona-Krise verstärkt zum Ausdruck gekommen ist, zum Beispiel auch: I. A. Moosa, *The Economics of COVID-19. Implications of the Pandemic for Economic Thought and Public Policy*, Cheltenham, UK, Northampton, MA, USA: Elgar, 2021.

223 Zum Beispiel van Bavel, *How Market Economies Have Emerged and Declined …*, a. a. O.; einen Literaturüberblick gibt zum Beispiel P. Kaczmarczyk,

»Wachstum durch Freihandel – Ein Mythos«, *Makroskop*, 24.2.2017, makroskop.eu.

224 H.-J. Chang, *Kicking Away the Ladder: Develpoment Strategy in Historical Perspective*, London: Anthem Press, 2002.

225 Zum Beispiel »IMF Austerity Since the Global Financial Crisis: New Data, Same Trend, and Similar Determinants«, *Global Development Policy Center*, Boston University, 20.8.2020, *bu.edu/gdp/2020*; R. Ray, »Chart of the Week: Austerity in IMF Agreements, 2001-2018«, *Global Development Policy Center*, Boston University, 2.2.2021, *bu.edu/gdp/2021*; zur IWF/WB-Frühjahrstagung 2021: »Die IWF-Austerität lebt und verstärkt Armut und Ungleichheit«, 5.2.2021, *weltwirtschafts-und-entwicklung.org*.

226 Zum Beispiel auch H.-J. Chang, *Bad Samaritans. The Myth of Free Trade and the Secret History of Capitalism*. London: Random House, 2007.

227 Zum Beispiel Lamperti, Mattei 2018, »Going up and down: rethinking the empirics of growth in the developing and newly industrialized world«, *a. a. O.*

228 Ebendort.

229 Zum Beispiel T. von Egan-Krieger, »The ›ideal market‹ as a normative figure of thought. Analysing the reasoning of the World Bank pro land grabbing«, *real-world economics review* 95, 2021.

230 Zum Beispiel G. Agamben, *Homo sacer. Souveräne Macht und bloßes Leben*, Frankfurt/M.: Suhrkamp, 2002; C. Crouch, »Postdemokratischer Kapitalismus. Zum Zusammenhang von Korruption und Ungleichheit«, *Blätter für deutsche und internationale Politik* 4-2021, *blätter.de*.

231 Zum Beispiel P. Wahl, Europas Wind und Chinas Sturm«, *Telepolis* 7.4.2021, *heise.de/tp*.

232 L. C. Bresser-Pereira, »Why did trade liberalization work for East Asia but fail in Latin America?«, *Challenge*, 6.12.2019, www.tandfonline.com.

233 Zum Beispiel European Bank for Reconstruction and Development (EBRD), *Transition Report 2017-18*, London 2017, www.ebrd.com.

234 Zum Beispiel R. Weissenbacher, *The Core-Periphery Divide in the European Union. A Dependency Perspective*, London: Palgrave Macmillan, 2019; C. Gräbner, P. Heimberger, J. Kapeller, B. Schütz, »Is the Eurozone disintegrating? Macroeconomic divergence, structural polarization, trade and fragility«, *Cambridge Journal of Economics* 44(3), 647-669.

235 Zum Beispiel B. Milanovic, »For Whom the Wall Fell? A Balance Sheet of the Transition to Capitalism«, *The Globalist*, 7.11.2014, www.theglobalist.com.

236 Zum Beispiel R. Wade, »Rethinking the world economy as a two bloc hierarchy«, *real-world economics review* 92, 2020, PDF, 4-21, www.paecon.net.

237 Zum Beispiel J. Kronauer, »US-Einfluss schwindet. ASEAN-Gipfel in Vietnam«, *junge Welt* 27.6.2020.

238 Zum Beispiel Frankopan, *Die neuen Seidenstraßen. Gegenwart und Zukunft unserer Welt*, a. a. O., 2019.

239 Zum Beispiel United Nations Office for South-South Cooperation UNOSSC, »Launch of South-South in Action: China-Africa Development Fund«, 11.9.2020, *unsouthsouth.org/2020/*.

240 Ausführlich Elsner 2020, *Das chinesische Jahrhundert…*, a. a. O., 258 ff.; zum Beispiel auch: M. Franke, »Afrika liefert, Peking bezahlt. Mit chinesischer

Hilfe läuft der Aufbau der Infrastruktur«, *Frankfurter Allgemeine Zeitung* 22.2.2021, *faz.net*.

241 Zur Lateinamerika-Hilfe Chinas, insbesondere unter Corona, und vor allem für die von Washington sanktionierten Länder Venezuela und Kuba, zum Beispiel *Global Development Policy Center*, Boston University, *China-Latin America Finance Database*, 23.2.2021.

242 Ausführlich zum Beispiel de Paula, Jabbour 2020, »The Chinese Catching-Up: A Developmentalist Approach«, a. a. O.

243 Das erste und einzige dem Anspruch nach globale Herrschaftssystem der Menschheitsgeschichte wird wegen seiner verheerenden globalen Destruktionswirkungen in der Literatur in Analogie zum »Anthropozän«, der menschengemachten ökologischen Katastrophe, auch Anglozän genannt; zum Beispiel T. Alhojärvi, P. Hyvärinen, »Translating diverse economies in the Anglocene«, in: *Handbook of Diverse Economies*, Cheltenham, UK, Northampton, MA, USA: Elgar, 2020, 467 ff.

244 Zum Beispiel S. Wurzel, China und der Zweite Weltkrieg. Keine Aussöhnung mit Japan, Deutschlandfunk Kultur, 5.8.2020, deutschlandfunkkultur.de.

245 Yu, »Das Prinzip Volksherrschaft«, *junge Welt*, 24.11.2021, a. a. O.

246 Ausführlich etwa bei W. Rügemer, »Der neue Systemkonflikt«, in: *Der Aufstieg Chinas und die Krise des neoliberalen Westens*, *isw-report* 119, München: isw, 2019, auch zum Beispiel in: *nachdenkseiten* 28.8.2019.

247 Zum Beispiel Korn, »Vereint gegen Nippon«, *junge Welt*, 18.9.2021, a. a. O.

248 Zum Beispiel »Deutschlands pazifische Vergangenheit (I). Das brutalste deutsche Massaker im Kolonialkrieg in China fand heute vor 120 Jahren statt – in der Kleinstadt Liangxiang«, *German Foreign Policy* 11.9.2020.

249 Ausführlicher zum Beispiel U. Behrens, *Feindbild China. Was wir alles nicht über die Volksrepublik wissen*, Berlin: edition ost, 2021, 30 ff.

250 Siehe wieder zum Beispiel Khanna 2019, *Unsere asiatische …*; a.a.O; Mahbubani 2020, *Has China Won? …*, a. a. O.

251 Dank an E. Najmehchi für einige Detailklärungen.

252 Kissinger 2011, *China …*, a. a. O., also eine der bemerkenswerten Ausnahmen.

253 Zitiert nach C. Geinitz, »Hu Jintao gibt seinen Nachfolgern Hausaufgaben auf«, *FAZ*, 8.11.2012, faz.net.

254 Zum Beispiel J. Felipe, U. Kumar, N. Usui, A. Abdon, »Why has China succeeded? And why it will continue to do so«, *Cambridge Journal of Economics* 37(4), 2013, 791-818; Frijters 2018, »Why the US has no chance against China on its own«, a. a. O.; Weber 2021, *How China Escaped Shock Therapy*, a. a. O.; F. Macheda, R. Nadalini, »China's Escape from the Peripheral Condition: A Success Story?«, *Review of Radical Political Economics* 2021, DOI: 10.1177/04866134211035493.

255 H. Buchter, »Wirtschaftskrise in den USA. Ein Land stürzt ab«, *Die Zeit* 21/2020, *Zeit online* 13.5.2020.

256 Zum Beispiel »Kliniken völlig überlastet. ›Menschliche Katastrophe‹ in Los Angeles«, *FAZ*, 6.1.2021, faz.net.

257 Zu den schon vor »Corona« politisch »beschädigten«, und ohnehin überfragmentierten und nicht nachhaltigen internationalen Wertschöpfungsketten zum Beispiel F. Palpacuer (Ed.), *Rethinking Value Chains. Tackling the Chal-*

lenges of Global Capitalism, Bristol, UK: Policy Press/Bristol University Press, 2021.

258 Zum Beispiel Mahbubani 2020, *Has China Won?...*, a. a. O.; Khanna 2019, *Unsere asiatische...*, a.a.O; Schuhler 2020, *Wie weit noch...*, a. a. O., 75 ff.

259 Zum Beispiel Karagiannis, Elsner 2021, »Growth and Development of China...«, a. a. O.; N. Horesh, K.F- Lim, *An East Asian Challenge to Western Neoliberalism. Critical Perspectives on the »China Model«*, London, New York: Routledge, 2018.

260 Zum Beispiel Elsner 2020, *Das chinesische Jahrhundert...*, a. a. O., 115 ff., 152 ff.; Felipe u. a. 2013, »Why has China succeeded? And why it will continue to do so«, a. a. O.; F. Zhang, *The Institutional Evolution of China, Government vs Market*, Cheltenham, UK, Northampton MA, USA: Edward Elgar, 2018; de Paula, Jabbour 2020, »The Chinese Catching-Up: A Developmentalist Approach«, a. a. O.

261 Zum Beispiel Elsner 2020, *Das chinesische Jahrhundert...*, a. a. O.,109 ff.

262 Zu Theorie und Praxis des Tiefen Staates zum Beispiel U. Mies, J. Wernicke (Hg.), *Fassadendemokratie und Tiefer Staat: Auf dem Weg in ein autoritäres Zeitalter*, Wien: Promedia, 2017; U. Mies, *Der Tiefe Staat schlägt zu. Wie die westliche Welt Krisen erzeugt und Kriege vorbereitet*, Wien: Promedia, 2019.

263 Zum Beispiel auch R. Fitzthum 2018b, »Der nächste Feind«, *Rubikon* 31.10.2018, www.rubikon.news.

264 Zum Beispiel Losurdo 2017, »China und das Ende der...«, a. a. O., S.58 f. Zu den jahrzehntelang bestehenden und bereits gegen die Sowjetunion und die RGW-Staaten angewandten CoCom-Embargos zum Beispiel Wikipedia: Coordinating Committee on Multilateral Export Controls, besucht 19.3.2019.

265 Zum Beispiel R. Aboulafia, »A Reality Check on China's C919 Jetliner«, *Forbes / Logistics & Transportation / Industrials* 8.5.2017.

266 Zum Beispiel T. Riecke, »China wird zum Menetekel – Warum sich die Industrienationen verzockt haben«, *Handelsblatt* 7.8.2018; F. Lu, »Die Demütigung eines uralten Reichs«, *Zeit online*, 18.2.2019.

267 Lu, »Die Demütigung...«, a. a. O.

268 Dazu ausführlich Elsner 2021b, *Die Zeitenwende...*, a. a. O., 81 ff., 232 ff., 246 ff.

269 Zum Beispiel S. Wu, »The Mercantilist Root of the United States, Europe and Japan's Refusal to Accept China's Market Economy Status«, *World Review of Political Economy* 9(3), 2018, 315-329.

270 Zum Beispiel T. Hoppe, Warnschuss gegen China: EU ermittelt gegen 50 Unternehmen wegen illegaler Exportpraktiken, *Handelsblatt*, 22.3.2019, handelsblatt.com.

271 Ausführlich wiederum Elsner 2021b, *Die Zeitenwende...*, a. a. O., 81 ff., 232 ff.

272 Siehe zum Beispiel die Analyse der 47.000 größten internationalen Unternehmen: S. Vitali, J. B. Glattfelder, S. Battiston, »The Network of Global Corporate Control«, *PLoS One*, 6(10), 2011, dx.doi.org.

273 So die Aktualisierung der oben genannten Studie von Vitali, Glattfelder, Battiston: J. B. Glattfelder, S. Battiston, »The Architecture of Power: Patterns of Disruption and Stability in the Global Ownership Network«, 2019, papers.ssrn.com.

274 Ausführlich zum Beispiel Elsner 2021b, *Die Zeitenwende...*, a. a. O., 84 ff.

275 M. Peters, M. Wolf »Auch die Dividenden müssen in den Lockdown«, *Makronom* 24.3.2021, makronom.de.
276 Ausführlich zu alternativen, realweltlichen Darstellungen und Analysen von Märkten: Elsner, Heinrich, Schwardt 2015, *The Microeconomics of Complex Economies…*, a. a. O.
277 Ausführlich ebendort.
278 Zum Beispiel R. Driver, »How the Rich Distort Politics. ›Government by the 1 % for the 1 %‹«, *Global Research* 26.4.2021.
279 Zum Beispiel K. Polanyi, *The Great Transformation*, New York: Farrar and Rinehart, 1944 (11. Auflage 1971, Beacon Press sowie Rinehart & Company), dt.: *The Great Transformation. Politische und ökonomische Ursprünge von Gesellschaften und Wirtschaftssystemen*, Wien: Europaverlag, 1977.
280 Dazu zum Beispiel L. Canfora, *Europa, der Westen und die Sklaverei des Kapitals*, Köln: PapyRossa, 2018.
281 Zum Beispiel U. Brand, M. Wissen, *Imperiale Lebensweise. Zur Ausbeutung von Mensch und Natur im globalen Kapitalismus*, München: oekom-Verlag, 2017.
282 »Götterdämmerung im Welthandel: Deutschlands Industrie wird im Machtkampf zwischen Washington und Peking zerrieben«, *Deutsche Wirtschafts-Nachrichten* 22.12.2019, deutsche-wirtschafts-nachrichten.de.
283 Zum Beispiel »Ausgerechnet während Corona: Noch nie ist die PS-Zahl bei Neuwagen so stark gestiegen«, *Deutsche Wirtschafts-Nachrichten* 1.7.2020.
284 Zitiert nach M. Poppe, »Warum in 20 Jahren kein Chinese mehr ein Auto kauft«, *Focus* 19.12.2018, focus.de.
285 Ebendort.
286 Zum Beispiel »Mitarbeiter schreiben Brandbrief, Software ist Schrott: Volkswagen fährt mit Elektro-Hype frontal gegen die Wand«, *Deutsche Wirtschafts-Nachrichten* 28.5.2020, deutsche-wirtschafts-nachrichten.de.
287 Ebendort.
288 Zitiert nach *Handelsblatt Morning Briefing* 23.12.2021.
289 Zitiert nach *Steingart Morning Briefing* 27.1.2021; R. Grube, China ist bei der Mobilität Vorbild!, 3.11.2021, thepioneer.de.
290 Zum Beispiel B. Quan, D. Xu, »China's urban transport policy: from car-oriented to people-oriented cities«, in: C.-L. Chen et al. (Hg.), *Handbook on Transport and Urban Transformation in China*, Cheltenham, UK, Northampton, MA, USA: Edward Elgar, 2020, 390-403.
291 *Deutsche Wirtschafts-Nachrichten* 19.6.2020.
292 Ausführlich zu alledem Elsner 2021b, *Die Zeitenwende…*, a. a. O., 84 ff.
293 Zum Beispiel Elsner 2020, *Das chinesische Jahrhundert…*, a. a. O., 152 ff.
294 Ebendort, 186 ff.
295 Ebendort, 115 ff.
296 Zum Beispiel S. Kühner, *Der digitale Wettlauf. USA, EU, China und die übrige Welt*, Köln: PapyRossa 2022.
297 Ausführlich zum Beispiel Zhang 2018, *The Institutional Evolution of China, Government vs. Market*, a. a. O.
298 Zum Beispiel auch Kunzmann 2018, *Theorie, System und…*, a. a. O., 32 ff., 65 f.
299 Ausführlich zum Beispiel C. Herrmann-Pillath, *China's Economic Culture*,

London, New York: Routledge, 2017, 401-422; Elsner 2020, *Das chinesische Jahrhundert* ..., a. a. O., 115 ff.

300 Das Bild wird wahlweise Deng Xiaoping oder dem Wirtschaftsreform-Theoretiker und stellvertretenden Ministerpräsidenten Tiasn Jiyun zugeschrieben, zum Beispiel *Der Spiegel* 27.1.1985, spiegel.de.

301 Herrmann-Pillath, *China's Economic Culture* ...«, a. a. O., 304 ff.

302 Ebendort, 172 ff.

303 Zum Beispiel Müller 2021, *Die Rätsel Chinas* ..., a. a. O., 82 ff.

304 Ausführlich zum Beispiel G. Hallermeyer, »Sisyphus in China«, *Ossietzky* 19-2020.

305 Zum Beispiel auch Elsner 2020, *Das chinesische Jahrhundert* ..., 227 ff.; Müller, *Die Rätsel Chinas* ..., a. a. O.; aus der Perspektive von jemandem, der 30 Jahre lang in China gelebt hat: Behrens 2021, *Feindbild China* ..., a. a. O., 64 ff.

306 Ausführlich der Gastbeitrag von Madeleine Genzsch zu Elsner 2020, *Das chinesische Jahrhundert* ..., a. a. O., www.westendverlag.de.

307 Hallermeyer 2020, »Sisyphus in China«, a. a. O.

308 Elsner 2020, *Das chinesische Jahrhundert* ..., a. a. O., 221 ff.

309 Zum Beispiel *Edelman Trust Barometer 2022*, PDF, 25.1.2022, www.edelman.com.

310 Zitiert nach *Steingart Morning Briefing* 24.11.2020.

311 Elsner 2020, *Das chinesische Jahrhundert* ..., a. a. O., 193 ff.

312 Zum Beispiel Diamond, Liu, »China's environment in a globalizing world«, a. a. O.

313 Ausführlich Elsner 2021b, *Die Zeitenwende* ..., a. a. O.

314 Zum Beispiel Herrmann-Pillath 2017, *China's Economic Culture*, a. a. O.

315 Siehe als generelle Quelle zu Formen und Produktivität diverser Ökonomien: J. K. Gibson-Graham, K. Dombroski (Eds.), *The Handbook of Diverse Economies*, Cheltenham, UK, Northampton, MA, USA: Elgar, 2020.

316 Elsner 2020, *Das chinesische Jahrhundert* ..., a. a. O., 152 ff.

317 Ebendort, 115 ff.; siehe auch S. Dai, G. Liu 2017, »Emergence of New Products and Agile Innovation in a Catching-up Economy«, mimeo.; Müller 2021, *Die Rätsel Chinas* ..., a. a. O., 23 ff.

318 F. Mayer-Kuckuk, »Zartbittere Zeiten für Chinas Technikbranche«, *Golem* 11.11.2019, www. golem.de.

319 Zu Chinas Industriepolitik als anti-monopolistischer Politik zum Beispiel auch L. Zhang u. a., »Controlling Corporate Power in China: Case Studies of Seed Companies and Water Distribution«, *American Journal of Economics and Sociology* 77(2), 2018, 511-540.

320 Elsner 2020, *Das chinesische Jahrhundert* ..., a. a. O., 121 ff., 145 ff.

321 C. Bradley und andere, McKinsey Global Institute, *The future of Asia: Decoding the value and performance of corporate Asia*, Discussion Paper, 3.6.2020, www.mckinsey.com.

322 In diesem Sinne zum neoliberalen Regime zum Beispiel noch einmal Kiely 2018, *The Neoliberal Paradox*, a. a. O.

323 P. A. G. Bergeijk, *Deglobalization 2.0. Trade and Openness During the Great Depression and the Great Recession*, Cheltenham, UK, Northampton, MA, USA: Edward Elgar, 2020.

324 Ebendort. Ausführlich auch W. Elsner, »Globalisation, de-globalisation, re-globalisation. On old globalisation, de-globalisation pre- and under Corona, and the restructuring of VACs ›post-Corona‹«, *International Journal of Pluralism and Economics Education* 12(1), 2021, 14-27.

325 Zum Beispiel H. Johnson, »The Military-Industrial-Media Complex: The Decline of the ›Alert and Knowledgeable Citizenry‹«, 7.5.2021, digitalwindow.vassar.edu, auch: www.youtube.com/watch?v=wO29vp4HcFY, besucht 30.11.2021; ferner: J. D. Derian, *Virtuous War. Mapping the Military-Industrial-Media-Entertainment-Network*, London, New York: Routledge, 2009.

326 Herkunft, Verlauf und Wirkungsaspekte der Corona-Pandemie ist Gegenstand von Elsner 2021, *Die Zeitenwende* ..., a. a. O.

327 Ausführlich zum Beispiel R. Rauls, »Chinesische Zustände«, kenfm.de, besucht 23.6.2020.

328 Zu einem Konzept neuer internationaler Kooperation ausführlich zum Beispiel die vielbeachtete Mariana Mazzucato, »A new global economic consensus«, 14.10.2021, socialeurope.eu.

329 Aktuell und ausführlich zum Beispiel Elsner 2020, *Das chinesische Jahrhundert* ..., a. a. O.

330 Ausführlich auch Elsner 2021b, *Die Zeitenwende* ..., a. a. O., zum Beispiel 70 ff., 116 ff.

331 Zum Beispiel tradingeconomics.com/china/gdp, besucht 19.12.2020.

332 Zum Beispiel G. Jenner, »Globus unter dem Zepter Chinas?«, der den amerikanischen Historiker Alfred McCoy zitiert, 25.1.2019, www.gerojenner.com.

333 Nach Crome 2017, *Chinas Aufstieg* ..., a. a. O., 8.

334 Zum Beispiel *China: Percent of world GDP*, theglobaleconomy.com/China/gdp_share, besucht 19.12.2020.

335 Kissinger 2011, *China* ..., a. a. O., 25 f.

336 Crome 2017, *Chinas Aufstieg* ..., a. a. O.

337 Zum Beispiel J. Desjardins, *The World's Largest 10 Economies in 2030*, 11.1.2019, visualcapitalist.com; S. Ireland, Standard Chartered Bank: *By 2030, These 10 Economies Will Be The World's Largest*, 8.1.2019, ceoworld.biz; siehe auch die Grafik der BIP-Dynamik und des Ranking 1800-2040: www.youtube.com/watch?v=4-2nqd6-ZXg; PricewaterhouseCoopers, *The World in 2050. The long view: how will the global economic order change by 2050?*, Februar 2017, www.pwc.com.

338 S. Ireland, Standard Chartered Bank, *By 2030* ..., a.a.O,

339 Zum Beispiel *Steingarts Morning Briefing*, 18.12.2018, gaborsteingart.com.

340 T. Hancock, »China's Economy Slowly Edges Toward World Dominance«, *Bloomberg*, 2.3.2021, *bloomberg.com*.

341 Zum Beispiel F. Schmid, »China im globalen Kapitalismus«, isw-Report 109 (München), 2017, 41.

342 Ebendort.

343 Weltbank: GNI per Capita (Atlas method), data.worldbank.org/indicator/NY.GNP.PCAP.CD, besucht am 16.3.2019. Die Statistiken des *Pro-Kopf-Einkommens* variieren natürlich mit der Berechnungsmethode: Nach Angaben der vom CIA betriebenen Datenseite *Index Mundi* hatte China

nach KKP bereits in 2018 den Weltdurchschnitt des BIP/Einw. erreicht: www.indexmundi.com/g/g.aspx?v=67&c=xx&l=en, besucht 16.3.2019.

344 Weltbank: GNI per Capita…, a.a.O.

345 Zum Beispiel F. Schmid, »EU-China: Künftig mehr Rivalen als Partner«, *isw*, 14.4.2019, isw-muenchen.de; siehe auch Wikipedia: List of Countries by GDP (nominal) per Capita, besucht 9.6.2020.

346 Zum Beispiel Wikipedia: Liste der Länder nach Bruttoinlandsprodukt pro Kopf, besucht 2.5.2019.

347 Weltbank: GDP Growth (annual %) – China, data.worldbank.org/indicator/NY.GDP.MKTP.KD.ZG?locations=CN, besucht 19.12.2020.

348 *Steingart Morning Briefing* 6.3.2019, gaborsteingart.com.

349 Zum Beispiel *Steingart Morning Briefing* 29.4.2020.

350 *Steingart Morning Briefing* 6.3.2019.

351 Zum Beispiel S. Gusbeth, »Mietpreisbremse gegen Exzesse – China verschärft Regulierung des Immobilienmarkts«, *Handelsblatt* 1.9.2021, handelsblatt.com.

352 *Handelsblatt* 8.4.2019.

353 Elsner 2020, *Das chinesische Jahrhundert…*, a.a.O., 115ff., 152ff.

354 Zum Beispiel Müller 2021, *Die Rätsel Chinas…*, a.a.O., 91f.

355 Ausführlich in Elsner 2021b, *Die Zeitenwende…*, a.a.O.

356 Zum Beispiel J. Nawrocki, »Ulbricht muss kürzertreten«, *Die Zeit* 27.4.1970, zeit.de

357 W. Rügemer, *Die Kapitalisten des 21. Jahrhunderts. Gemeinverständlicher Abriss zum Aufstieg der neuen Finanzakteure*, Köln: PapyRossa, 2018, 3. erweiterte Auflage 2021, 323, 325.

358 Losurdo 2017, »China und das Ende der…«, a.a.O., mit weiteren Hinweisen zum Ende des 500-jährigen »kolumbianischen Zeitalters«.

359 Losurdo 2017, a.a.O., 53f., zitiert weitere Historiker zur Rückkehr der historischen Normalität.

360 Zum Beispiel U. Teusch, *Der Krieg vor dem Krieg: Wie Propaganda über Leben und Tod entscheidet*, Frankfurt/M.: Westend, 2019.

361 Zum Beispiel Ding 2018, »Entwicklung ohne Einmischung«, a.a.O.

362 Zum Beispiel T.T. Thuy, J.B. Welfield, L.T. Trang, (Eds.), *Building a Normative Order in the South China Sea. Evolving Disputes, Expanding Options*, Cheltenham, UK, Northampton, MA, USA: Edward Elgar, 2019.

363 Zum Beispiel wiederum Felipe u.a. 2013, »Why has China succeeded? And why it will continue to do so«, a.a.O.; ferner unter anderem: Frijters 2018, »Why the US has no chance against China on its own«, a.a.O.; Weber 2021, *How China Escaped Shock Therapy*, a.a.O.; Macheda, Nadalini 2021, »China's Escape from the Peripheral Condition: A Success Story?«, *Review of Radical Political Economics*, a.a.O.; J. Petras 2017, »China, Saudi-Arabien und die USA: Aufrütteln und zerschmettern«, NEOPresse 14.12.2017, neopresse.com.

364 Ausführlich zum Beispiel J. Hardy u.a., »Regional resilience and global production networks in China«, *Competition & Change* 22(1), 2017, 63-80.

365 Zum Beispiel Lin 2017, »Lessons from China and East Asia's catch up: the new structural economics perspective«, a.a.O.

366 Zum Beispiel L. C. Bresser-Pereira et al., »South Korea's and China's catching-up: a new developmentalist analysis«, *Revista de Economia Politica* 40(2), 2020, 264-284.
367 F. Macheda 2020a, »The Structural Roots of China's Effectiveness against Coronavirus Pandemic«, *International Critical Thought* 10(4), 2020, 605-634.
368 Hancock 2021, »China's Economy Slowly Edges Toward World Dominance«, *Bloomberg*, a. a. O.
369 Zum Beispiel W. Elsner, »The process and a simple logic of ›meso‹. On the co-evolution of institutional emergence and group size«, *Journal of Evolutionary Economics* 20(3), 2010, 445-477.
370 Ausführlich wiederum Elsner 2010, »The process and a simple logic of ›meso‹. On the co-evolution of institutional emergence and group size«, a. a. O.
371 So zum Beispiel B. Desmarchelier u. a., »Product space and the development of nations: A model of product diversification«, *Journal of Economic Behavior & Organization* 145, 2018, 34-51.
372 Ausführlicher Elsner 2020, *Das chinesische Jahrhundert* ..., a. a. O., 115 ff.
373 Zum Beispiel S. Dai, G. Yang, 2017. »Does Social Inducement Lead to Higher Open Innovation Investment? An Experimental Study«, *Working Papers on East Asian Studies* 112 (PDF), Mai 2017, Universität Duisburg-Essen, www.uni-due.de.
374 Ausführlich Elsner 2020, *Das chinesische Jahrhundert* ..., a. a. O., 172 ff.
375 Zum Beispiel Küsters 2021, *Feindbild China* ..., a. a. O.
376 Siehe dazu die entsprechenden Abschnitte in Elsner, *Die Zeitenwende* ..., a. a. O.
377 Losurdo 2017, »China und das Ende der...«, a. a. O.
378 Ebendort, 56.
379 Ebendort, 57.
380 Zum Beispiel O. Eschke, »2020: Das Ende der Armut«, 22.5.2020, german.china.org.cn.
381 Zum Beispiel Crome 2017, *Chinas Aufstieg* ..., a. a. O., 9; Kunzmann 2018, *Theorie, System* ..., a. a. O., 18 ff., 107 ff.
382 Zum Beispiel Kunzmann 2018, *Theorie, System* ..., a. a. O., 5 ff., 18 ff., 25 ff.
383 Elsner 2020, *Das chinesische Jahrhundert* ..., a. a. O., 160 ff.
384 Losurdo 2017, »China und das Ende der ...«, a. a. O., 57.
385 Losurdo, a. a. O., 62.
386 Zum Beispiel auch Müller 2019, *Die Rätsel Chinas* ..., a. a. O., 95 f.
387 Ausführlich zum Beispiel Davis 2004, *Die Geburt der Dritten Welt. Hungerkatastrophen und Massenvernichtung im imperialistischen Zeitalter*, a. a. O.
388 Ebenda; auch zum Beispiel Küsters, *Feindbild China* ..., 2021, a. a. O., 28 ff.
389 Zum Beispiel auch: W. Müller, »US-Wirtschaftskrieg, EU-Ambivalenz – Wie der Westen den Aufstieg Chinas stoppen will«, in: *isw-Report* 119, München, 2019, 16-20.
390 J. Fischer, »China ist der große Gewinner des Corona-Jahrs: Bleiben dem Rest der Welt nur noch Kotau und Tribut?«, *Deutsche Wirtschafts-Nachtrichten* 26.12.2020, deutsche-wirtschafts-nachrichten.de.
391 Zum Beispiel D. Ganser, *Illegale Kriege. Wie die NATO-Länder die UNO sabotieren*, Zürich: Orell Füssli, 2016.

392 Zum Beispiel V. Prashad, »›Every Time the US ›Saves‹ a Country, It Converts It Either into a Madhouse or a Cemetery‹«, *Tricontinental* 22.4.2021, repr. *Global Research* 26.4.2021.

393 Kennedy 2017 [1988], *The Rise and Fall* …, a. a. O., 576 ff.

394 Aktuell zum Beispiel Graham Allison, *The Great Rivalry: China vs. the U.S. in the 21st Century*, Belfer Center for Science and International Affairs, Harvard Kennedy School, Cambridge, MA, USA, Dezember 2021, belfercenter.org

395 Zum Beispiel eine internationale Demokratieumfrage des Pew Research Center namens »1. Dissatisfaction with performance of democracy is common in many nations«, 29.4.2019, pewresearch.org.

396 Zum Beispiel F. Coppola, »The political economy of inflation«, *European Journal of Economics and Economic Policies* 18(3), 2021, 331-343.

397 Ausführlich zum Stand Anfang 2021 bereits: Elsner 2021b, *Die Zeitenwende* …, a. a. O., 23 ff.

398 Zum Beispiel M. Goldberg, »Der Albtraum hört nicht auf«, *IPG Journal* 30.11.2021 (Übersetzung einer Kolumne in der *New York Times*).

399 Ebendort, 2.

400 Ausführlich zum Beispiel G. W. Domhoff, *Who Rules America? The Corporate Rich, White Nationalist Republicans, and Inclusionary Democrats in the 2020s*, London, New York: Routledge 2021.

401 Mies, Wernicke (Hg.), *Fassadendemokratie und Tiefer Staat: Auf dem Weg in ein autoritäres Zeitalter*, a. a. O.

402 Zum privatisierten »Geschäftsmodell« der US Army, die ein Aufbrechen alter Traumata der amerikanischen Bevölkerung bei toten offiziellen Soldaten (Vietnam-Krieg) scheut, zum Beispiel C. Sorensen, *Understanding the War Industry*, Atlanta, GA, USA: Clarity Press, 2020; T. Waldman, *Vicarious Warfare. American Strategy and the Illusion of War on the Cheap*«, Bristol, UK: Bristol University Press, 2021; zu High-Tech-Waffen, ein anderes, militärtechnologisches Thema, das wir anderswo bereits beleuchtet haben Elsner 2021b, *Die Zeitenwende* …, a.a.O:, zum Beispiel 252 ff.

403 John Komlos, »The Actual U.S. Unemployment Rate Was 24.4% in May 2020«, *CESifo Working Paper, No. 8383*; www.econstor.eu, besucht 14.4.2022; siehe auch die regelmäßigen realistischen Berechnungen des *Economic Policy Institute*, www.epi.org, besucht 28.4.2021.

404 Ausführlich bereits Elsner 2021b, *Die Zeitenwende* …, a. a. O., 140 ff.; neuerdings zum Beispiel D. Signer, »Einst waren sie Ärzte oder Elektrotechniker – heute stehen sie für eine kostenlose Mahlzeit an. In Amerika grassiert der Hunger«, *Neue Zürcher Zeitung* 7.4.2021, *nzz.ch*.

405 Als ein Beispiel die Zustände in der noch relativ wohlhabenden Stadt Philadelphia: Shocking footage from Philadelphia's ›ZOMBIE Skid Row‹ shows groups of opioid-addicted homeless men struggling to STAND amid needle-littered streets of filth and trash can, fires, *Mail online* 13.4.2021, dailymail.co.uk.

406 Noch einmal: Bardi 2017, *Der Seneca-Effekt* …, a. a. O.

407 zum Beispiel »EU-Indien-Gipfel: Hohe Erwartungen in Brüssel und Delhi«, *China.Table* 27.4.2021.

408 An dieser Stelle der Verweis auf eine Hintergrundstudie: Bröckers, Schreyer,

Wir sind (immer) die Guten. Ansichten eines Putinverstehers oder wie der Kalte Krieg neu entfacht wird, a. a. O., 65-153; siehe auch: S. Lendman, »US Supported ›Nazism‹ in Ukraine. Censorship in the US, West, and Ukraine«, *Global Research* 9.2.2021; ders., »Russia's Red Lines, Weaponizing Ukraine for War«, *Global Research* 23.4.2021.

409 Zum Beispiel auch: A. Martyanov, Losing Military Supremacy. The Myopia of American Strategic Planning, Atlanta, GA: Clarity Press, 2018; eine aktuelle offiziöse US-Studie (des Think Tanks Chatham House) bestätigt für den Fall Russlands eine Unterlegenheit der US-Technologie in weiten Bereichen: M. Boulègue, *Advanced military technology in Russia. Capabilities, limitations and challenges*, www.chathamhouse.org/2021/09/advanced-military-technology-russia.

410 Zum Beispiel European Council on Foreign Relations und Stiftung Mercator, *The Power Atlas. Seven battlegrounds of a networked world*, hg. von M. Leonhard, Berlin, London et al., Dezember 2021, ecfr.eu/special/power-atlas; deutsche Kurzfassung zum Beispiel German Foreign Policy, »Europas Macht erodiert«, Dezember 2021, www.german-foreign-policy.com/news/detail/8795.

Ausgewählte Literatur

Allison, Graham, 2017. *Destined for War. Can America and China Escape Thucydides's Trap?* Boston: Houghton Mifflin Harcourt.

Allison, Graham, 2021. *The Great Rivalry: China vs. the U.S. in the 21st Century*, Belfer Center for Science and International Affairs, Harvard Kennedy School, Cambridge, MA, USA, www.belfercenter.org/publication/great-rivalry-china-vs-us-21st-century.

Amin, Samir, 2010. *Eurocentrism: Modernity, Religion, and Democracy. A Critique of Eurocentrism and Culturalism*, Oxford, UK: Pambazuka Press.

Araújo, Marta / Silvia Maeso (Eds.), 2015, *Eurocentrism, Racism and Knowledge*, London, New York: Palgrave Macmillan.

Armstrong, Patrick, 2020. »Schwarze Schwäne fliegen ein – Überraschung: Imperialer Zusammenbruch durch Covid-19«, *Linke Zeitung (LZ)* 13.5.2020, linkezeitung.de/2020/05/13/schwarze-schwaene-fliegen-ein-ueberraschung-imperialer-zusammenbruch-durch-covid-19/comment-page-1/.

Bardi, Ugo, 2017. *The Seneca Effect. Why Growth is Slow but Collapse is Rapid*. Heidelberg et al.: Springer.

Barnett, Michael N., 2019. »The End of the Liberal International Order That Never Existed«, *the global*, 16.4.2019, theglobal.blog/2019/04/16/the-end-of-a-liberal-international-order-that-never-existed/.

Baron, Stefan, Guangyan Yin-Baron, 2018. *Die Chinesen. Psychogramm einer Weltmacht*, Berlin: Econ.

Behrens, Uwe, 2021. *Feindbild China. Was wir alles nicht über die Volksrepublik wissen*, Berlin: edition ost.

Beinhocker, Eric D., 2006. *The Origin of Wealth. Evolution, Complexity, and the Radical Remaking of Economics*, Boston, USA: Harvard Business School Press (zitiert nach der Taschenbuch-Ausgabe: London: Random House, 2007).

Bergeijk, Peter A. G., 2020. *Deglobalization 2.0. Trade and Openness During the Great Depression and the Great Recession*, Cheltenham, UK, Northampton, MA, USA: Edward Elgar.

Brand, Ulrich / Markus Wissen, 2017. *Imperiale Lebensweise. Zur Ausbeutung von Mensch und Natur im globalen Kapitalismus*, München: oekom-Verlag.

Bresser-Pereira Luiz C. et al., 2020. »South Korea's and China's catching-up: a new developmentalist analysis«, *Revista de Economia Politica* 40(2), 264-284.

Bröckers, Mathias, Paul Schreyer, 2019. *Wir sind (immer) die Guten. Ansichten eines Putinverstehers oder wie der Kalte Krieg neu entfacht wird*, Frankfurt/M.: Westend.

Buchter, Heike, 2020. »Wirtschaftskrise in den USA. Ein Land stürzt ab«, *Die Zeit* 21/2020, *Zeit online* 13.5.2020.

Bücklers, Walther, 2021. »China, Xinjiang und der Genozid«, *NachDenkSeiten* 6.11.2021; www.heise.de/tp/features/China-Xinjiang-und-die-Uiguren-61344 43. html.

Canfora, Luciano, 2018. *Europa, der Westen und die Sklaverei des Kapitals*, Köln: PapyRossa, 2018.

Chang, Ha-Joon, 1999. »The Economic Theory of the Developmental State«, in M. Woo-Cumings (Ed.), *The Developmental State*, 182-199, Ithaca, NY: Cornell University Press.

Chang, Ha-Joon, 2002. *Kicking Away the Ladder: Development Strategy in Historical Perspective*, London: Anthem Press.

Chang, Ha-Joon, 2007. *Bad Samaritans: The Myth of Free Trade and the Secret History of Capitalism*, London: Random House.

Chang, Ha-Joon, 2010. »How to ›do‹ a developmental state: political, organisational and human resource requirements for the developmental state«, in: O. Edigheji (Ed.), *Constructing a democratic developmental state in South Africa: Potentials and challenges*, 82-96, Cape Town: HSRC.

Chen, Ping, 2010. *Economic Complexity and Equilibrium Illusion: Essays on market instability and macro vitality*, London, New York: Routledge.

Chen, Ping, 2021. »China and the West: The Metabolic Nature of the Changing World Order«, in: J. Svejnar, J. Y. Lin (Hg.), *China and the West*, Cheltenham, UK, Northampton, MA, USA: Edward Elgar, 93-111.

Crome, Erhard, 2017. *Chinas Aufstieg und die geopolitischen Folgen*, welttrends.de/res/uploads/Crome-Chinas-Aufstieg-2017.pdf.

Dai, Shuanping, Gang Liu, 2017. »Emergence of New Products and Agile Innovation in a Catching-up Economy: Evidence from the Low-speed Electric Vehicle Industry in the Shandong Province, China«, Präsentation, EAEPE Annual Conference, Budapest, October 2017, mimeo.

Dalio, Ray, 2021. *The Changing World Order. Why Nations Succeed and Fall*, New York: Simon & Schuster.

Davis, Mike, 2004. *Die Geburt der Dritten Welt. Hungerkatastrophen und Massenvernichtung im imperialistischen Zeitalter*, Berlin, Hamburg: Assoziation A, 3. Auflage 2019 (englisches Original: 2002).

de Paula, Luiz F., Elias Jabbour, 2020. »The Chinese Catching-Up: A Developmentalist Approach«, *Journal of Economic Issues* 54(3), 855-875.

Derian, James D., 2009. *Virtuous War. Mapping the Military-Industrial-Media-Entertainment-Network*, London, New York: Routledge.

Diamond, Jared, 2005. *Collapse: How Societies Choose to Fail or Survive*, London, New York: Penguin Books.

Diamond, Jared, Jianguo Liu, 2005. »China's environment in a globalizing world«, *Nature* 435, 1179-1186, doi:10.1038/4351179a.

Ding Xiaoqin, 2018. »Entwicklung ohne Einmischung«, *junge Welt* 7.2.2018.

Domhoff, G. William, 2021. *Who Rules America? The Corporate Rich, White Nationalist Republicans, and Inclusionary Democrats in the 2020s*, London, New York: Routledge.

Egan-Krieger, Tanja von, 2021. »The ›ideal market‹ as a normative figure of thought. Analysing the reasoning of the World Bank pro land grabbing«, *real-world economics review* 95.

Elsner, Wolfram, 2010. »The process and a simple logic of ›meso‹. On the co-evolution of institutional emergence and group size«, *Journal of Evolutionary Economics* 20(3), 445-477.

Elsner, Wolfram, 2015. »Speculative financial capitalism wacking out over an »impossible« profit rate. The infeasibility of a »usual« real average profit rate, considering fictitious capital, and its implications«, in: T.-H. Jo, F. S. Lee (Eds.), *Marx, Veblen, and the Foundations of Heterodox Economics. Essays in Honor of John F. Henry*, 199-227, London, New York: Routledge; überarbeitete Fassung von: »Financial Capitalism Trapped in ›Impossible‹ Profit Rate. The Infeasiblity of a ›Usual‹ PR, Considering Fictitious Capital«, *IJPEE – International Journal of Pluralism and Economics Education*, 4(4), 2013, 243-262.

Elsner, Wolfram, 2020. *Das chinesische Jahrhundert. Die neue Nummer eins ist anders*, Frankfurt/M: Westend.

Elsner, Wolfram, 2021. »Globalisation, de-globalisation, re-globalisation. On old globalisation, de-globalisation pre- and under Corona, and the restructuring of VACs ›post-Corona‹«, *International Journal of Pluralism and Economics Education* 12(1), 14-27.

Elsner, Wolfram, 2021a. »Collapse. Institutional Decline and Breakdown, Its Endogeneity and Its Asymmetry vis-à-vis Emergence. A theoretical frame«, *Journal of Economic Issues* 55(1), 79-102.

Elsner, Wolfram, 2021b. *Die Zeitenwende. China, USA und Europa »nach Europa«*, Köln: PapyRossa, 2021.

Elsner, Wolfram, Torsten Heinrich, Henning Schwardt, 2015. *The Microeconomics of Complex Economies. Evolutionary, Institutional and Complexity Perspectives*, San Diego, Oxford, Amsterdam et al.: Elsevier/Academic Press.

Eschke, Oliver, 2020. »2020: Das Ende der Armut«, 22.5.2020, german.china.org.cn/txt/ 2020-05/22/content_76077897.htm.

Escobar, Pepe, 2020a. »The Unbearable Lightness of China«, *Global Research* 27.4.2020, www.globalresearch.ca/unbearable-lightness-china/5710984.

Escobar, Pepe, 2020b. »Why China's President Xi won't Repeat Ming Dynasty Mistakes«, *Global Research* 13.5.2020, www.globalresearch.ca/why-chinas-president-xi-wont-repeat-ming-dynasty-mistakes/5712722; deutsche Übersetzung: einar schlereth.blogspot.com/ 2020/06/weshalb-chinas-prasident-xi-nicht-die.html.

Felipe, Jesus, Utsav Kumar, Norio Usui, Arnelyb Abdon, 2013. »Why has China succeeded? And why it will continue to do so«, *Cambridge Journal of Economics* 37(4), 791-818.

Fellner, Hannes A., 2017. »Zur Geschichte der Alten Seidenstraßen«, in: B. Müller, P. Buchas (Hg.), *Die Neue Seidenstraße. Vision – Strategie – Wirklichkeit*, Wiener Neustadt: Urban Forum, 17-36.

Fitzthum, Robert, 2018a. *China verstehen. Vom Aufstieg zur Wirtschaftsmacht und der Eindämmungspolitik der USA*, Wien: Promedia.

Fitzthum, Robert, 2018b. »Der nächste Feind«, *Rubikon* 31.10.2018, www.rubikon.news/artikel/der-nachste-feind.

Frank, Andre Gunder, 1998. *ReOrient. Global Economy in the Asian Age*, Oakland, CA: University of California Press (deutsch: *ReOrient. Globalwirtschaft im asiatischen Zeitalter*, Wien: Promedia, 2016).

Franke, Martin, 2021. »Afrika liefert, Peking bezahlt. Mit chinesischer Hilfe läuft der Aufbau der Infrastruktur«, *Frankfurter Allgemeine Zeitung* 22.2.2021, *faz.net*.

Frankopan, Peter, 2015. *The Silk Roads: A New History of the World*, London, New York: Bloomsbury.

Frankopan, Peter, 2019. *Die neuen Seidenstraßen: Gegenwart und Zukunft unserer Welt*, Berlin: Rowohlt.

Frijters, Paul, *Why the US has no chance against China on its own*, 24.10.2018, club-troppo.com.au/2018/10/24/why-the-us-has-no-chance-against-china-on-its-own.

Ganser, Daniele, 2016. *Illegale Kriege. Wie die NATO-Länder die UNO sabotieren*, Zürich: Orell Füssli, 2016

Ganser, Daniele, 2020. *Imperium USA: Die skrupellose Weltmacht*, Zürich: Orell Füssli, 2020

Gerschenkron, Alexander, 1962. *Economic Backwardness in Historical Perspective*, Cambridge, MA: Harvard University Press.

Glahn, Richard von, 2016. *The Economic History of China. From Antiquity to the Nineteenth Century*, Cambridge, UK: Cambridge University Press.

Gordon, Noah, 2011. *Der Medicus*, München: Heyne.

Hansen, Valerie, 2012. *The Silk Road: A New History*, Oxford, New York: Oxford University Press.

Hardy, Jane, Yassamin Imani, Zhuang Beini, 2017. »Regional resilience and global production networks in China: An open political economy perspective«, *Competition & Change* 22(1), 63-80.

Herrmann-Pillath, Carsten, 2017. *China's Economic Culture. The ritual order of state and markets*, London, New York: Routledge.

Hirschel, Dierk, 2020. *Das Gift der Ungleichheit. Wie wir die Gesellschaft vor einem sozial und ökologisch zerstörerischen Kapitalismus schützen können*, Berlin: Dietz.

Höllmann, Thomas, 2022. *China und die Seidenstraße. Kultur und Geschichte von der frühen Kaiserzeit bis zur Gegenwart*, München: C. H. Beck.

Horesh, Niv, Lim, Kean Fan, 2018. *An East Asian Challenge to Western Neoliberalism. Critical Perspectives on the »China Model«*, London, New York: Routledge.

Hua, Shiping, Ruihua Hu, 2015. *East Asian Development Model: Twenty-first century perspectives*, London, New York: Routledge.

Hudson, Michael, 1972. *Super Imperialism: The Origin and Fundamentals of U.S. World Dominance*, 2. Auflage, London, Sterling, VA: Pluto Press.

Hudson, Michael, 2015. *Finance as Warfare*, Bristol, UK: World Economics Association.

Kaczmarczyk, Patrick, 2017. »Wachstum durch Freihandel – Ein Mythos«, *Makroskop*, 24.2.2017, makroskop.eu/2017/02/wachstum-durch-freihandel-ein-mythos.

Kadri, Ali, 2020. »Neoliberalism vs. China as model for the developing world«, *real-world economics review* 91, 108-127, www.paecon.net/PAEReview/issue91/Kadri91.pdf.

Kanth, Rajani, 2005. *Against Eurocentrism: A Transcendent Critique of Modernist Science, Society and Morals*, New York: Palgrave Macmillan, 2005.

Karagiannis, Nikolaos, Wolfram Elsner, 2021. »Growth and Development of China: A Developmental State ›With Chinese Characteristics‹«, *Forum for Social Economics* 50(3), 257-275.

Kennedy, Paul, 1988. *The Rise and Fall of the Great Powers: Economic Change and Military Conflict from 1500-2000*, New York: Random House (zitiert nach der Paperback-Ausgabe London: William Collins, 2017).

Khanna, Parag, 2019. *Unsere asiatische Zukunft*, Berlin: Rowohlt.

Kiely, Ray, 2018. *The Neoliberal Paradox*, Cheltenham, UK, Northampton, MA, USA: Edward Elgar.

Klein, Naomi, 2007. *Die Schock-Strategie: Der Aufstieg des Katastrophen-Kapitalismus*, Frankfurt: S. Fischer.

Knight, Jack, 2014. »China as a developmental state«, *World Economy* 37(10), 1335-1347.

Kronauer, Jörg, 2019. *Der Rivale. Chinas Aufstieg zur Weltmacht und die Gegenwehr des Westens*, Hamburg: Konkret.

Kronauer, Jörg, 2022. *Der Aufmarsch – Vorgeschichte zum Krieg. Russland, China und der Westen*, Köln: PapyRossa.

Kuczynski, Jürgen, 2019. *Asche für Phönix – Oder: Vom Zickzack der Geschichte. Aufstiege, Untergang und Wiederkehr neuer Gesellschaftsordnungen*, Köln: PapyRossa.

Kühner, Stefan, 2022. *Der digitale Wettlauf. USA, EU, China und die übrige Welt*, Köln: PapyRossa.

Küsters, Günter, 2018. *Das Verhältnis von EU und China im Kontext globaler Machtverschiebungen und der aktuellen Kontroverse um Chinas Großprojekt der »Neuen Seidenstraße«*, www.attac.de/fileadmin/user_upload/Kampagnen/Europa/workshops/Guenter_Kuesters_Verhaeltnis_von_EU_und_China.pdf.

Küsters, Günter, 2021. *Feindbild China – Die aktuellen Zuspitzungen, Wiederaufstieg, Hintergründe und Chinas außenpolitische Prinzipien*, www.kapheute.de/wp-content/uploads/2021/03/Feindbild-China-und-Chinas-aussenpolitische-Prinzipien_K_incl_Schlaglichter.pdf, 18-34.

Kunzmann, Marcel, 2018. *Theorie, System und Praxis des Sozialismus in China*, Berlin: Verlag Mirco Kolarczik (2. Auflage).

Kurz, Jürgen, 2021. »Meine Xinjiang Reise im Mai 2021«, unter anderem in: www.juergenk.de/6.html.

Lamperti, Francesco, Clara Elisabetta Mattei, 2018. »Going up and down: rethinking the empirics of growth in the developing and newly industrialized world«, *Journal of Evolutionary Economics* 28(4), 749-784.

Ledderose, Lothar, 2021. *China Schreibt Anders*, Stuttgart: Alfred Kröner Verlag.

Lendman, Stephen, 2021. »US Supported ›Nazism‹ in Ukraine. Censorship in the US, West, and Ukraine«, *Global Research* 9.2.2021

Lin, Justin Yifu, 2017. »Lessons from China and East Asia's catch up: the new structural economics perspective«, in: V. Popov, P. Dutkiewicz (Eds.), *Mapping a New World Order*, 53-70, Cheltenham, UK, Northampton, MA, USA: Edward Elgar.

Lin, Justin Yifu, Yan Wang, 2017. »China's Contribution to Development Cooperation: Ideas, Opportunities and Finances«, in: S. Yusuf (Ed.), *China and the Global Economy*, Cheltenham, UK, Northampton, MA, USA: Edward Elgar, 826-851.

Long, Zhiming, Rémy Herrera, 2018. »The Enigma of China's Growth«, *Monthly Review* 70(7), monthlyreview.org/2018/12/01/the-enigma-of-chinas-growth.

Losurdo, Domenico, 2017. »China und das Ende der ›kolumbianischen Epoche‹«, *Marxistische Blätter* 3/2017, 52-62.

Losurdo, Domenico, 2019. »Das gekreuzigte China«, *UZ* 9.8.2019, www.unsere-zeit.de/das-gekreuzigte-china-58316/.

Macheda, Francesco, 2020. »The Structural Roots of China's Effectiveness against Coronavirus Pandemic«, *International Critical Thought* 10(4), 605-634.

Macheda, Francesco, 2020a. »The Structural Roots of China's Effectiveness against Coronavirus Pandemic«, *International Critical Thought* 10(4), 605-634.

Macheda, Francesco, Roberto Nadalini, 2021. »Samir Amin in Beijing: delving into China's delinking policy«, *Review of African Political Economy* 48(167), 119-141.

Mackinder, Halford John, 2019 [1904]. *Der Schlüssel zur Weltherrschaft. Die Heartland-Theorie*, hgg. mit einem Lagebericht von W. Wimmer, Frankfurt/M: Westend.

Maddison, Angus, 2007. *Contours of the World Economy 1-2030 AD*, Oxford, UK: Oxford University Press.

Mahbubani, Kishore, 2020. *Has China Won? The Chinese Challenge to American Primacy*, New York: Public Affairs/Hachette Book Group.

Martyanov, Andrei, 2018. *Losing Military Supremacy. The Myopia of American Strategic Planning*, Atlanta, GA: Clarity Press, 2018

Mazzucato, Mariana, 2013. *The Entrepreneurial State. Debunking Public vs. Private Sector Myths*, London, New York: Anthem Press.

Mies, Ulrich, 2019. *Der Tiefe Staat schlägt zu. Wie die westliche Welt Krisen erzeugt und Kriege vorbereitet*, Wien: Promedia.

Mies, Ulrich, Jens Wernicke (Hg.), 2017. *Fassadendemokratie und Tiefer Staat: Auf dem Weg in ein autoritäres Zeitalter*, Wien: Promedia.

Milanovic, Branko, 2014. »For Whom the Wall Fell? A Balance Sheet of the Transition to Capitalism«, *The Globalist* 7.11.2014, www.theglobalist.com/for-whom-the-wall-fell-a-balance-sheet-of-the-transition-to-capitalism/.

Moosa, Imad A., 2021. *The Economics of COVID-19. Implications of the Pandemic for Economic Thought and Public Policy*, Cheltenham, UK, Northampton, MA, USA: Elgar.

Müller, Wolfgang, 2019. »US-Wirtschaftskrieg, EU-Ambivalenz – Wie der Westen den Aufstieg Chinas stoppen will«, in: *Der Aufstieg Chinas und die Krise des neoliberalen Kapitalismus*, Report 119, München: isw, 16-20.

Needham, Joseph, 1956. *Science and Civilization in China*, Band 2: *History of Scientific Thought*, Cambridge, UK: Cambridge University Press.

Palley, Thomas I., 2021. *Neoliberalism and the Road to Inequality and Stagnation. A Chronicle Foretold*, Cheltenham, UK, Northampton, MA, USA: Edward Elgar.

Petras, James, 2017. *China, Saudi-Arabien und die USA: Aufrütteln und zerschmettern*, www.neopresse.com/gesellschaft/china-saudiarabien-und-die-usa-aufruetteln-und-zerschmettern.

Polya, Gideon, 2013. *The US Has Invaded 70 Nations Since 1776*, www.countercurrents.org/polya050713.htm.

Pomeranz, Kenneth, Steven Topik, *The World That Trade Created: Society, Culture, and the World Economy, 1400 to the Present*, New York: M.E. Sharpe, 2. Aufl. 2006.

Poppe, Melchior, 2018. »Warum in 20 Jahren kein Chinese mehr ein Auto kauft«, *Focus* 19.12.2018, www.focus.de, besucht 14.4.2022.

Prashad, Vijay, 2021. »›Every Time the US ›Saves‹ a Country, It Converts It Either into a Madhouse or a Cemetery‹«, *Tricontinental* 22.4.2021, repr. *Global Research* 26.4.2021

Quan, B., D. Xu, 2020. »China's urban transport policy: from car-oriented to people-oriented cities«, in: C.-L. Chen et al. (Hg.), *Handbook on Transport and Urban Transformation in China*, Cheltenham, UK, Northampton, MA, USA: Edward Elgar, 390-403.

Rasmus, Jack, 2015. *Systemic Fragility in the Global Economy*, Atlanta, GA, USA: Clarity Press.

Rasmus, Jack, 2017. *Central Bankers at the End of Their Rope? Monetary Policy and the Coming Depression*, Atlanta, GA: Clarity Press.

Roberts, Godfree, 2019. »Russland, China und die europäische Halbinsel«, www.theblogcat. de/archiv/archiv-2019/november-2019/, engl. Original: thesaker.is/russia-china-and-the-european-peninsula/, 1.11.2019.

Roberts, John M., Odd A. Westad, 2013. *The History of the World*, Oxford, New York: Oxford University Press.

Romanoff, Larry, 2019a. »History of Chinese Inventions«, *Global Research* 24.10.2019, www.algora.com/Algora_blog/2020/03/01/history-of-chinese-inventions-the-present-and-the-future-recent-chinese-state-of-the-art-innovations, deutsch: vk.com/@vuia46-geschichte-der-chinesischen-erfindungen-gegenwart-und-zukunft.

Romanoff, Larry, 2019b. »God Save the Queen: The US Destruction of the British Empire«, *Global Research* 2.11.2019, www.globalresearch.ca.

Rügemer, Werner, 2018. *Die Kapitalisten des 21. Jahrhunderts. Gemeinverständlicher Abriss zum Aufstieg der neuen Finanzakteure*, Köln: PapyRossa, 3. erweiterte Auflage: 2021.

Rupp, Rainer 2021. »Chinas Jahrhundert der Erniedrigung«, *RT DE* 16.8.2021, de.rt.com/meinung/122332-chinas-jahrhundert-der-erniedrigung/.

Schuhler, Conrad, 2020. *Wie weit noch bis zum Krieg? Die USA, China, die EU und der Weltfrieden*, Köln: PapyRossa.

Schumann, Michael, 2021. *Die ewige Supermacht – Eine chinesische Weltgeschichte*, Berlin: Propyläen/Ullstein.

Sieren, Frank, 2018. *Zukunft? China! Wie die neue Supermacht unser Leben, unsere Politik, unsere Wirtschaft verändert*, München: Penguin/Random House/Bertelsmann.

Signer, David, 2021. »Einst waren sie Ärzte oder Elektrotechniker – heute stehen sie für eine kostenlose Mahlzeit an. In Amerika grassiert der Hunger«, *Neue Zürcher Zeitung* 7.4.2021, *nzz.ch*.

Sorensen, Christian, 2020. *Understanding the War Industry*, Atlanta, GA, USA: Clarity Press.

Stiglitz, Joseph E., 2002. *Globalization and Its Discontents*, New York: Norton.

Stiglitz, Joseph E., 2017. *Globalization and Its Discontents Revisited: Anti-Globalization in the Era of Trump*, New York: Norton.

Teusch, Ulrich, 2019. *Der Krieg vor dem Krieg: Wie Propaganda über Leben und Tod entscheidet*, Frankfurt/M.: Westend.

Thuy, Tran Truong, John B. Welfield, Le Thuy Trang (Eds.), 2019. *Building a Normative Order in the South China Sea. Evolving Disputes, Expanding Options*, Cheltenham, UK, Northampton, MA, USA: Edward Elgar.

United Nations Office for South-South Cooperation UNOSSC, »Launch of South-South in Action: China-Africa Development Fund«, 11.9.2020, *unsouthsouth.org/2020/*.

van Bavel, Bas, 2016. *How Market Economies Have Emerged and Declined since AD 500*, Oxford, UK: Oxford University Press.

Vitali, Stefania, James B. Glattfelder, Stefano Battiston, 2011. »The Network of Global Corporate Control«, *PLoS One*, 6(10), dx.doi.org/10.1371/journal.pone.0025995.

Wacquant, Loic, 2010. Crafting the Neoliberal Sate: Workfare, Prisonfare, and Social Insecurity«, *Sociological Forum* 25(2), 197-220; onlinelibrary.wiley.com/doi/abs/10.1111/j.1573-7861.2010.01173.x.

Waldman, Thomas, 2021. *Vicarious Warfare. American Strategy and the Illusion of War on the Cheap*«, Bristol, UK: Bristol University Press.

Wang, Huiyao, Lu Miao (Hg.), 2019. *Handbook on China and Globalization*, Cheltenham, UK, Northampton, MA, USA: Edward Elgar.

Watson, Peter, 2005. *Ideas: A History of Thought and Invention form Fire to Freud*, New York: HarperCollins (dt.: *Ideen: Eine Kulturgeschichte von der Entdeckung des Feuers bis zur Moderne*, München: Bertelsmann, 2006).

Weber, Isabella M., *How China Escaped Shock Therapy. The Market Reform Debate*, London, New York: Routledge, 2021.

Willson, S. Brian, 2021. »Cold War Hysteria«, *Global Research* 16.3.2021, www.globalresearch.ca/cold-war-hysteria/5739894.

White, Colin, 2018. *A History of the Global Economy. The Inevitable Accident*, Cheltenham, UK, Northampton, MA, USA: Edward Elgar.

Wolff, Ernst, 2014. *Weltmacht IWF: Chronik eines Raubzugs*, Marburg: Tectum.

Wu Shanlin, 2018. »The Mercantilist Root of the United States, Europe and Japan's Refusal to Accept China's Market Economy Status«, *World Review of Political Economy* 9(3), 315-329.

Yu Xiaoxuan, »Das Prinzip Volksherrschaft«, *junge Welt*, 24.11.2021.

Zhang Fan, 2018. *The Institutional Evolution of China, Government vs Market*, Cheltenham, UK, Northampton, MA, USA: Edward Elgar.

Zhang Lanying, Guanqi Li, Huili He, 2018. »Controlling Corporate Power in China: Case Studies of Seed Companies and Water Distribution«, *American Journal of Economics and Sociology* 77(2), 511-540.

Zhang, Yanlong, Wolfram Elsner, 2017. »A social-leverage mechanism on the Silk Road: the private emergence of institutions in central Asia, from the 7th to the 9th century«, *Journal of Institutional Economics* 13(2), 379-400.

Zhao Hongjun, 2018. *China's Long-Term Economic Development. How have Economy and Governance Evolved since 500 BC?* Cheltenham, UK, Northampton, MA, USA.: Edward Elgar.